普通高等教育"十一五"国家级规划教材
体育院校通用教材

体育测量与评价

袁尽州 黄海 主编

全国体育院校教材委员会 审定

人民体育出版社

图书在版编目（CIP）数据

体育测量与评价 / 袁尽州，黄海主编. -- 北京：人民体育出版社，2012（2024.7重印）
普通高等教育"十一五"国家级规划教材 体育院校通用教材
ISBN 978-7-5009-4183-5

Ⅰ.①体… Ⅱ.①袁… ②黄… Ⅲ.①人体测量（运动医学）—高等学校—教材 Ⅳ.①G804.49

中国版本图书馆CIP数据核字(2011)第227719号

*

人民体育出版社出版发行
环球东方（北京）印务有限公司印刷
新 华 书 店 经 销

*

787×1092 16开本 15.5印张 337千字
2012年1月第1版 2024年7月第14次印刷
印数：63,501—69,500册

*

ISBN 978-7-5009-4183-5
定价：35.00元

社址：北京市东城区体育馆路8号（天坛公园东门）
电话：67151482（发行部） 邮编：100061
传真：67151483 邮购：67118491
网址：www.psphpress.com
（购买本社图书，如遇有缺损页可与邮购部联系）

前 言

体育测量评价是一门新兴的、综合性的应用学科，近年来随着测量技术、数理统计方法的进步，电子计算机、信息技术的飞速发展，电子自动测量、信息自动处理技术在体育训练、教学、科研、竞赛、管理中的广泛应用，已由主观评价逐渐转向客观评价，即由定性分析逐渐向定量分析发展，由人工机械测量逐渐向电子智能化测量方向发展，而且表现出了强劲的发展势头。

体育测量评价是我国高等体育专业的基础理论课程，自1995年全国体育学院通用教材《体育测量评价》出版以来，教学实践证明，这门课程对提高高等体育专业学生的科研能力发挥了重要作用。为此，在全国体育院校教材委员会领导下，我们组织了具有教学经验的教师和专家编写了这本新版的体育院校通用教材《体育测量与评价》。

这本新版教材是在1995年版本的基础上重新编写的，既继承了原教材的优点并保留了精华部分，又借鉴和参考了国内外最新的同类教材，特别是汲取了我国近十几年来体育科学发展中取得的新成果，系统地介绍了体育测量、评价方面的基础理论和知识，并结合我国高等体育教育改革的实际，介绍了运动训练、群众体育、学校体育等方面的标准化测量方法及标准。同时介绍了许多应用性案例教学内容，以提高学生应用知识的能力。在教学内容体系上注意了尽量地避免与其他学科的重复，以适应高等体育教育改革的需要。

本书使用对象以体育教育、运动训练和运动人体科学等专业本科学生为主，也能满足民族传统体育专业和社会体育等专业教学的需要，还可以作为体育专业研究生、体育科研人员、体育教师和健身指导人员的参考用书。

本教材由西安体育学院袁尽州教授、黄海教授担任主编，马相华、方程、杜新星、张东彦、张明军、高新友（按姓氏笔画排序）等同志参加了编写。

本教材编写过程中，参考和引用了一些其他教材的内容和科研成果，在此深表感谢。由于作者水平所限，书中难免有纰漏和不妥之处，恳请同行和读者多提宝贵意见，以便进一步修改完善。

目 录

第一章 体育测量与评价概论 …………………………………………………（1）

　第一节 体育测量评价的含义与特点 …………………………………………（1）
　　一、体育测量的含义 …………………………………………………………（1）
　　二、体育评价的含义 …………………………………………………………（2）
　　三、体育测量评价的特点 ……………………………………………………（4）
　第二节 体育测量评价学科的研究对象与任务 ………………………………（5）
　　一、研究对象 …………………………………………………………………（5）
　　二、研究任务 …………………………………………………………………（5）
　第三节 体育测量评价学科发展简况 …………………………………………（7）
　　一、人类学测量时期 …………………………………………………………（7）
　　二、人体机能测量时期 ………………………………………………………（7）
　　三、运动能力综合性测量时期 ………………………………………………（8）
　　四、标准化测量时期 …………………………………………………………（8）

第二章 体育测量的科学性 ………………………………………………………（10）

　第一节 体育测量的基础理论 …………………………………………………（10）
　　一、测量的概念及类型 ………………………………………………………（10）
　　二、测量量表 …………………………………………………………………（11）
　　三、测量误差的类型及减小途径 ……………………………………………（13）
　第二节 测验难度与区分度 ……………………………………………………（17）
　　一、测验难度 …………………………………………………………………（17）
　　二、测验区分度 ………………………………………………………………（18）
　第三节 测量的可靠性 …………………………………………………………（20）
　　一、可靠性概述 ………………………………………………………………（20）
　　二、可靠性的类型 ……………………………………………………………（21）
　　三、可靠性的估价方法 ………………………………………………………（22）
　　四、可靠性分析中应注意的问题 ……………………………………………（31）
　　五、影响可靠性的主要因素 …………………………………………………（31）
　第四节 测量的有效性 …………………………………………………………（33）
　　一、有效性概述 ………………………………………………………………（33）

二、有效性的分类 …………………………………………………………………… (34)
　　三、有效性的估价方法 ………………………………………………………………… (35)
　　四、影响有效性的因素 ………………………………………………………………… (37)
　第五节　测量的客观性 …………………………………………………………………… (38)
　　一、客观性概述 ………………………………………………………………………… (38)
　　二、客观性的估价方法 ………………………………………………………………… (39)
　　三、影响客观性的因素 ………………………………………………………………… (42)

第三章　评价的基本理论 ……………………………………………………………………… (45)
　第一节　评价的基础知识 ………………………………………………………………… (45)
　　一、评价的基本形式 …………………………………………………………………… (45)
　　二、评价的参照标准 …………………………………………………………………… (46)
　第二节　评价方法 ………………………………………………………………………… (47)
　　一、离差法 ……………………………………………………………………………… (48)
　　二、百分位数法 ………………………………………………………………………… (51)
　　三、累进计分法 ………………………………………………………………………… (56)
　　四、综合评价法 ………………………………………………………………………… (58)

第四章　身体形态的测量与评价 ……………………………………………………………… (61)
　第一节　身体形态测量概述 ……………………………………………………………… (61)
　　一、人体主要测量点 …………………………………………………………………… (61)
　　二、身体形态测量注意事项 …………………………………………………………… (63)
　第二节　体格测量与评价 ………………………………………………………………… (64)
　　一、体格测量 …………………………………………………………………………… (64)
　　二、体格评价 …………………………………………………………………………… (70)
　第三节　身体成分测量与评价 …………………………………………………………… (73)
　　一、身体成分测量 ……………………………………………………………………… (73)
　　二、身体成分评价 ……………………………………………………………………… (79)
　　三、骨密度测量 ………………………………………………………………………… (80)
　第四节　身体姿势测量与评价 …………………………………………………………… (81)
　　一、身体姿势概述 ……………………………………………………………………… (81)
　　二、身体姿势测量与评价 ……………………………………………………………… (81)
　第五节　骨龄测量与评价 ………………………………………………………………… (85)
　　一、骨龄与成熟度 ……………………………………………………………………… (85)
　　二、骨龄测量 …………………………………………………………………………… (85)
　　三、骨骼预测身高的方法 ……………………………………………………………… (87)

第五章　身体机能的测量与评价 ………………………………………………（89）

第一节　循环机能的测量与评价 ……………………………………………（89）
一、心率的测量 …………………………………………………………（90）
二、血压的测量 …………………………………………………………（93）
三、心血管机能指数的测量与评价 ……………………………………（94）

第二节　呼吸机能的测量与评价 ……………………………………………（98）
一、肺通气机能的测量 …………………………………………………（99）
二、最大摄氧量的测量 …………………………………………………（102）

第三节　感觉与神经系统机能的测量与评价 ………………………………（110）
一、感知跳跃距离测验 …………………………………………………（110）
二、感知推木盘距离测验 ………………………………………………（111）
三、简单反应时测验 ……………………………………………………（112）
四、闪光融合临界频率测验 ……………………………………………（112）
五、皮肤两点辨别阈测验 ………………………………………………（113）

第四节　平衡机能的测量与评价 ……………………………………………（113）
一、静力性平衡能力的测量 ……………………………………………（114）
二、动力性平衡能力的测量 ……………………………………………（115）
三、动静态平衡能力综合测量 …………………………………………（117）

第六章　身体素质测量与评价 …………………………………………………（118）

第一节　力量素质测量与评价 ………………………………………………（118）
一、力量素质的分类及测量形式 ………………………………………（118）
二、力量素质测量的内容和方法 ………………………………………（119）
三、力量测量的注意事项 ………………………………………………（124）

第二节　速度素质测量与评价 ………………………………………………（125）
一、速度素质的分类及测量形式 ………………………………………（125）
二、速度素质测量的内容和方法 ………………………………………（125）
三、速度素质测量的注意事项 …………………………………………（129）

第三节　耐力素质测量与评价 ………………………………………………（129）
一、耐力素质的分类及测量形式 ………………………………………（129）
二、耐力素质测量的内容和方法 ………………………………………（130）
三、耐力素质测量的注意事项 …………………………………………（135）

第四节　柔韧性素质测量与评价 ……………………………………………（136）
一、柔韧性素质的分类及测量形式 ……………………………………（136）
二、柔韧性素质测量的内容和方法 ……………………………………（136）
三、柔韧性素质测量的注意事项 ………………………………………（140）

第五节 灵敏素质测量与评价 ……………………………………… (141)
  一、灵敏素质测量的内容和方法 ………………………………… (141)
  二、灵敏素质测量的注意事项 …………………………………… (144)
第六节 身体素质的成套测验 ……………………………………… (145)
  一、巴罗（Barrow）运动能力测验 ……………………………… (145)
  二、斯科特（Scott）运动能力测验 ……………………………… (147)
  三、中国学生体质调查中的身体素质测验（中学组）…………… (149)
  四、部分国家身体素质与运动能力成套测验 …………………… (149)

第七章 体育教学中的测量与评价 …………………………………… (150)

第一节 理论知识测验 ……………………………………………… (150)
  一、理论知识测验概述 …………………………………………… (150)
  二、理论知识测验的类型 ………………………………………… (150)
  三、理论知识测验的编制 ………………………………………… (151)
第二节 试卷质量分析 ……………………………………………… (154)
  一、试卷成绩分布统计学估计 …………………………………… (155)
  二、试卷可靠性分析 ……………………………………………… (156)
  三、试卷有效性分析 ……………………………………………… (156)
  四、难度与区分度的分析 ………………………………………… (156)
第三节 体育教学效果和质量评估 ………………………………… (157)
  一、教师教学能力的评价 ………………………………………… (157)
  二、学生学习进步幅度的评价 …………………………………… (158)

第八章 运动技术测量与评价 ………………………………………… (161)

第一节 运动技术测量概述 ………………………………………… (161)
  一、运动技术测量常用方法 ……………………………………… (161)
  二、运动技术测量的分类 ………………………………………… (161)
  三、运动技术测量内容 …………………………………………… (162)
第二节 部分运动项目技术测量与评价方法示例 ………………… (164)
  一、篮球 …………………………………………………………… (164)
  二、排球 …………………………………………………………… (172)
  三、足球 …………………………………………………………… (177)
  四、乒乓球 ………………………………………………………… (181)
  五、网球 …………………………………………………………… (185)
  六、游泳 …………………………………………………………… (188)
  七、体操 …………………………………………………………… (190)

第九章 运动员选材的测量与评价 ……………………………………… (192)

第一节 运动员选材概述 ……………………………………………… (192)
一、运动员选材的内涵 ……………………………………………… (192)
二、运动员选材要素 ………………………………………………… (193)
三、运动员选材的测量学任务 ……………………………………… (195)

第二节 运动员选材的组织 …………………………………………… (196)
一、运动员选材的层次和阶段 ……………………………………… (196)
二、运动员选材的类别 ……………………………………………… (198)
三、运动员选材的程序 ……………………………………………… (199)

第三节 部分运动项目的选材指标体系 ……………………………… (200)
一、不同运动项群运动素质选材要点 ……………………………… (200)
二、主要运动项目运动素质选材测评指标 ………………………… (201)
三、主要运动项目身体形态、机能选材测评指标 ………………… (203)

第十章 体质测量与评价 ……………………………………………… (205)

第一节 体质与健康概述 ……………………………………………… (205)
一、体质的概念及理想体质 ………………………………………… (205)
二、健康 ……………………………………………………………… (206)
三、体质和健康的关系 ……………………………………………… (207)
四、影响体质的主要因素 …………………………………………… (207)
五、国内外体质研究的发展 ………………………………………… (208)

第二节 体质测试的内容及综合评价 ………………………………… (209)
一、体质测试的概念和内容 ………………………………………… (209)
二、体质综合评价的基本原则 ……………………………………… (210)
三、体质监测的意义 ………………………………………………… (210)

第三节 学生体质监测 ………………………………………………… (211)
一、我国学生体质健康监测的发展历程 …………………………… (211)
二、学生体质监测各年级测试指标 ………………………………… (211)
三、学生体质健康标准测试项目及权重系数 ……………………… (213)
四、学生体质监测各年级指标评价 ………………………………… (213)
五、评价方法 ………………………………………………………… (214)
六、学生体质监测的主要研究成果 ………………………………… (215)

第四节 国民体质监测 ………………………………………………… (216)
一、学龄前儿童体质监测 …………………………………………… (217)
二、儿童青少年体质监测 …………………………………………… (218)
三、成年人体质监测 ………………………………………………… (218)

　　四、老年人体质监测 …………………………………………………… (220)

第十一章　测验的编制与实施 …………………………………………… (222)

　第一节　编制测验的基本原则 …………………………………………… (222)

　　一、科学性原则 …………………………………………………………… (222)

　　二、可比性原则 …………………………………………………………… (222)

　　三、适用性原则 …………………………………………………………… (223)

　　四、鉴别性原则 …………………………………………………………… (223)

　　五、相关性与独立性原则 ………………………………………………… (223)

　第二节　测验编制的基本程序 …………………………………………… (224)

　　一、确定测验目的和拟测属性 …………………………………………… (224)

　　二、选择测验 ……………………………………………………………… (224)

　　三、编写测验实施细则 …………………………………………………… (225)

　　四、预备试验 ……………………………………………………………… (225)

　　五、测验编排程序 ………………………………………………………… (227)

　第三节　测验的组织与实施 ……………………………………………… (228)

　　一、测验前的准备工作 …………………………………………………… (228)

　　二、测验的组织实施 ……………………………………………………… (229)

　　三、测验后的工作 ………………………………………………………… (229)

附表 ……………………………………………………………………………… (230)

主要参考文献 …………………………………………………………………… (232)

第一章 体育测量与评价概论

体育测量与评价是一门应用学科，本章首先阐述了体育测量评价学科的含义与特点，分析了测量与评价的相互关系，说明了学科的研究对象和主要任务，介绍了体育测量评价学科的发展概况。通过本章学习能使学生对体育测量评价有一个全面的了解，为学习理解这门学科知识打下理论基础。

第一节 体育测量评价的含义与特点

一、体育测量的含义

测量在《辞海》里的解释是："用量具或仪器来测定零件（或装配在一起的部件或机器）的尺寸、角度、几何形状或表面相互位置的过程的总称，也包括用仪表来测定各种物理量的总称。"如人们在体育教学、训练和健身等实践活动中用体重计来测定人的重量，用温度计测试人的体温，用尺子来测试人跳跃的距离等物理量，人们借助测量对客观事物进行数量化的确定，从而更好地认识和掌握事物的客观本质。随着科学技术的发展，人们对体育现象的认识日趋深入，不但可以对体育现象中的重量、温度、长度等物理特性作出精确的测量，而且对人的运动技能、智力、性格特征、体育道德等心理特性用非物理量也能进行测量，从而加深了对人类精神现象的认识，促进了体育科学的发展。

体育测量是对人的身体形态、机能、身体素质、运动能力、知识、心理品质、个性以及体育实施过程中的许多问题的数量化过程，包括物理量和非物理量的测定。对人进行的体育测量比对物体的单纯物理特性测量要困难得多，因为人是活的生命体，其物理量特征和非物理量特征时刻在发生着变化，在测量时不易控制。比如一块铁，现在测量为 500 克，过了几天或几个星期测量仍然是 500 克；一张纸长 0.5 米，过几个星期再测量仍然长 0.5 米。然而对人的测量则不同，比如对人的安静时脉搏进行测试时，今天每分钟 65 次，也许第二天测试每分钟 75 次或 80 次。这是因为，安静时的脉搏极容易受到个体的休息、睡眠、机能状况、测试时心理和情绪等的影响而时刻变化的。而测量物体的物理特性一般比较稳定，测量单位也比较精确，可以用直接的方法测定出物体重量、长度等。

体育测量可用直接的方法测定出人的物理量,如身体形态测量中的身高、坐高、体重等长度和重量,这类指标的物理量相对比较稳定,变化较小。而对人的运动能力、身体素质测量时多数也用物理量,包括跳的远度、举起的重量、跑的时间等。比如今天某运动员立定跳远测试成绩为2.9米,也许第二天测试成绩可能会是2.7米,因为,用立定跳远成绩反映运动员的爆发力,很容易受到个人的睡眠、身体状况、测验状态、准备活动、测验态度等因素的影响,这些物理量极容易受到测量对象的个体变化而随时发生变动,不易控制。实际上是用测量的物理量间接推测运动能力。另外,对人的心理品质、个性等测量,只能用间接测量法获得心理特征的非物理量,测量结果也不像物理特性的测量那样准确稳定。概括起来说,在体育测量中可以用直接测量法获得身体形态、身体素质、运动能力等物理变量,也可以用间接测量的方法获得人的心理品质、个性特征等非物理量。这表明了体育测量方法的多样性、变量的易变性和复杂性。

目前,体育测量中人的多种能力还有不能测量的指标,比如运动时大脑的思维想象、人体对不同环境的适应能力等,虽然现在没有科学的方法进行测量,但这并不等于说人的多种能力今后也不能测量。美国心理学家桑戴克认为,任何事物的存在必然有其数量;美国学者麦柯尔进一步认为,凡是有数量的东西都可以测量。这说明了一个简单的道理,即世界上的任何事物现象都有程度上的差别,程度上的差别也就是数量上的不同;既然有数量上的不同,就可以进行数量化的测定。人的运动能力有强、弱之区分,就为体育测量提供了可能和理论基础,虽然不如物理特性的测量那样精确、稳定,但并非不能测量。

任何领域中的测量都难以做到绝对精确和没有误差,导致测量的误差主要有3种情况:首先是测量工具的精确程度影响测量的精确程度,测量的仪器设备条件越好测量误差会相对越小。其次是测量的事物缺乏绝对一致性是影响测量结果精确程度的重要因素。比如测一条绳子的拉力,由于选取绳子的部位不同,所测得的拉力会有差异;在一堆苹果中,由于选取的苹果不同,所测得的含糖量就会不同。最后是测量者的因素会造成测量结果的误差,比如测量技术的熟练程度如何、观察能力或测量时注意力是否集中等,都会造成测量误差。此外,体育测量对象人的身心在不同时间、不同情况下表现不同,人的主观努力程度对测量数值的影响很大,造成了体育测量所能控制的条件有限,也是体育测量的误差产生的主要原因。所以,体育测量不如物理特性测量的精确程度高。正因为这样,在体育测量工作中应采取有效的方法选择测量指标,科学地编制测验,妥善地选择和控制测量对象,尽量减少测量误差,从而提高测量的精确程度。可以相信,随着体育科学、数理统计学、计算机技术的发展,体育测量的技术和方法也会不断完善,从而使体育测量成为一门更加精确的学科。

二、体育评价的含义

评价在体育实践中是对客观或主观测量的信息进行分析和价值判断,并赋予一定意义解释的过程。评价的目的，是依据测量获取有价值的信息，对观测对象的行为能力的变化动态作出科学合理的判断和解释，指导人们不断改善体育实践活动。

体育评价，是从事体育实践的工作人员非常关注的问题，它对完成工作任务会产生重要的影响。体育评价通常包括3个主要范畴，即体育实践环境、指导对象自身和指导活动过程。

对体育实践环境的评价，主要因素应当包括判断自然属性和人的特征，比如教学训练的场地、器材和物资的供应、设备的质量、指导人员的数量和质量等因素。因为，体育实践环境的属性和特征，对指导对象的行为能力是否能够按着预期的目标发展变化起着相当重要的作用，比如篮球教学训练，首先要有篮球场地，但是仅有场地器材未必能使指导对象掌握和提高篮球技、战术。目前对于体育实践环境的评价，由于种种条件的限制，在很多情况下很难得到落实，这是今后体育评价应解决的问题。

关于指导对象自身的评价，主要因素是判断指导对象人的身体或心理特征，比如身体形态、机能、运动能力、智商、个性等，评价目的不是为了鉴别指导对象的能力强弱，而是为了区别对待，有针对性地制定教学计划、训练方案和运动处方，优化和促进体育实践活动过程，提高体育实践活动的效果。这也是目前体育领域应用最普遍的评价。

指导活动过程的评价，也是对实践活动效果的评价。体育实践活动必然会对指导对象的行为能力产生某些相对具有持久性的影响，过程评价的任务在于评断指导对象的行为能力向着规定目标发展的情况，是体育指导人员最为关注的问题。评价由3个步骤完成：首先明确规定体育实践活动要达到的目标，其次确定拟达到目标成绩的判断标准，最后进行指导对象的成绩测量评价。过程评价的成败，取决于指导人员完成评价任务的才能。

体育评价是通过对照某些标准来判断测量结果，并赋予其结果某种意义的过程。根据不同的评价指导思想和目的任务，常用的评价参照标准有效标参考性标准、常模参考性标准和个体参考性标准。

效标参考性标准也称为理想标准，属于绝对评价标准。是根据某个理论模式或事物变化趋势的预测结果制定的，用于评价个体某种技术水平、掌握运用该技术的能力、人体生物学的标准值等，比如我国的《等级运动员标准》、人体高血压或低血压的临界值等，都是典型的效标参考性标准。

常模参考性标准也称为比较标准，属于相对评价标准。是根据个体观测值与群体该项观测值的关系制定的，可以客观地描述个体的水平在群体中所处的位置，这种标准可以用统计学程序来确定。

个体参考性标准也称为进步幅度评价，属于时间序列的评价标准。因为，每个个体所处的环境和条件不同，存在个体差异是必然的，因此，评价个人在体育实践活动前后某些观测值的变化幅度，会提高个人在体育实践活动中的积极性和主动性。

不论采用哪种标准，都可以从不同角度来判断教学训练对象的能力。在体育实践中究竟选择哪种标准，则要求体育指导者根据具体的评价目的来决定。比如：一个学生身

体素质测验100米成绩为11.5秒，达到了我国《等级运动员标准》的二级运动员水平，假设该学生与99名同性别和年龄的学生一起进行100米跑，该学生跑的时间最短，表明该学生比同龄99%的学生跑得快。由此可见，要判断学生是否具有胜任某种工作的能力，适宜用效标参考性标准；如果为了对比个体能力之间的差异，对照标准要有程度上的差别，就应当选择常模参考性标准。以上述某学生100米跑11.5秒这个范例来分析，如果用效标参考性标准来评价，则可以肯定地说他达到了二级运动员的水平；如果用常模参考性标准来评价，则可以说他在同龄学生中跑得最快，具有短跑运动潜力，可以建议他参加田径运动专门训练。

体育实践中的评价主要包括过程评价和综合评价。体育教学训练等实践活动是一个信息反馈，教与学互动的连续过程，主动观察指导对象学习当中的掌握程度，评价就是一个不间断的持续过程。过程评价也称为形成期评价，持续贯穿于教学训练过程的不同阶段，主要目的是在执行预期教学训练任务过程中，判断指导对象在每一阶段达到的程度，同时对未完成的任务，提出明确具体的目标，为改进后续教学训练提供依据。综合评价也称为总结期评价，是在教学训练结束，对指导对象在全部学习过程中的成绩作出综合全面的判断，评定指导对象任务完成的程度，测量取得的成绩，评价指导对象的级别。综合评价是对指导对象能力的全面判断，其结果也可以作为教师和教练员制订教学训练计划的参考依据，从这一角度来看综合性评价也具有诊断性评价的功能。

三、体育测量评价的特点

体育测量评价的目的在于通过测量获取各种体育现象属性和特征的信息资料，通过评价对获取的信息资料进行加工处理，从而作出价值判断；最终在教学训练实践中，指导人员根据评价结果的信息反馈，有依据地制订教学训练计划，主动调控教学训练过程，科学地判断教学训练效果，形成一个完整的信息反馈系统，从而实现提高教学训练效果的目的。体育测量评价正是这一过程的两个方面：测量注重于将体育现象具有的物理量或非物理量转化为数值或符号，进行信息和资料的收集过程；评价则是对测量获取的信息资料进行加工处理，通过科学分析作出价值确定或赋予某种意义的过程。两者密切联系，不可分割，没有科学的测量这个前提，就不可能有真实客观的数据，也就不会有接近客观实际情况的比较准确的价值判断结果。

体育测量很少为了自身的目的而进行，它是根据体育教学训练中评价的目的，从诸多因素中通过定性分析和定量分析的方法，科学、有效地选择测量方法手段，是体育指导人员普遍的做法。通过测量获得的数据资料，如果没有通过评价作出价值判断，数据资料本身并不存在价值和意义。比如：某7岁男生50米跑了9.8秒，另一同龄男生跑了9.9秒，从跑的成绩只能说明前者比后者快一些。如果对照学生体质测试标准，就知道前者9.8秒的成绩在同龄男生中得5分为优秀，而后者9.9秒的成绩只能得4分为良好，说明不同的成绩在同龄男生中所具有的价值和水平，也说明了体育测量评价的相互依存性。

体育测量评价的目的是为了改进体育教学训练工作,提高教学训练质量,更好实现教学训练目的而服务的。体育测量方法的选择和制定必须根据教学训练的目的要求,遵循教学训练的规律,保证教学训练对象的全面发展,而不能脱离教学训练发展基本规律和目的要求,任意安排测量。对各种测量结果的评价,也必须遵循能够改进和提高教学训练工作的目的,对教学训练过程发挥积极良好影响的作用。只有这样才能充分体现体育测量评价的特点,发挥它在体育实践活动过程中的作用。

第二节 体育测量评价学科的研究对象与任务

一、研究对象

体育测量评价学科的研究对象是体育现象各种信息的测量与评价的理论与方法。随着体育实践活动领域的拓展,人们对体育现象内在规律认识的不断深入,应用范围不断扩大。从过去的体育教育扩大到运动训练,目前进一步向着健身运动领域快速发展。体育实践中不同领域测量与评价的目的与要求是不同的,在体育教育领域的测量评价,主要应根据知识和运动技能形成的规律,通过评价为科学制订教学计划、调控教学过程、评价学习成绩,达到提高教学效果的目的。运动训练中的评价,则更加注重挖掘个人最大运动潜力和形成最佳竞技状态的规律,通过评价调控训练过程,实现运动员在重要比赛中创造最佳运动成绩的目的。大众健身领域中的评价,应遵循人的体质特征和运动健身规律,通过评价制订运动健身方案或运动处方,保证健身锻炼者体质健康水平不断提高。随着体育实践活动的发展,体育测量评价的内容也更加丰富。

对体育测量评价的内容,目前在认识上尚不完全统一,概括起来大致有人体形态测量、人体机能测量、身体素质测量、基本运动技能测量、运动技术和战术测量、知识测验、情感和个性测量等主要内容。科学技术的发展,为体育测量评价提供了可持续发展的技术支持,使体育现象越来越多地能够进行定量描述。体育测量评价理论的发展,对目前许多不能进行定量分析的事物,也可以采用标准化的程序进行定性分析。随着社会文明的进步,人们对体育的需求会日益增强,体育实践活动涉及的领域势必扩大,科学的体育实践活动,对体育测量与评价的理论和方法也会提出新的要求,这正是本学科今后需要人们去不断研究和探索的领域。

二、研究任务

1. 为制订教学训练计划提供依据

通过测量评价获取教学训练对象综合能力信息,是制订教学训练计划普遍的工作步

骤。在教学训练之前，全面地测量评价指导对象的基本身体素质、运动技术和战术等个人初始状态水平的综合信息，可以为确定教学训练目标提供重要的客观依据，并以此目标制订教学训练计划，使之符合指导对象的个体实际情况。切实可行的计划是教学训练工作收到事半功倍效果的前提。

2. 为调控教学训练过程提供依据

教学训练计划在实施过程中由于受到教学条件、师资水平以及学生学习态度等主客观因素的影响，在各个阶段的教学训练过程中，都可能出现与原定的计划和目标发生偏离的现象。因此，在教学训练计划实施过程中，应有计划地通过测量和评价，及时判断个体和群体的差异，评价实际教学训练进度与原定阶段目标计划的偏离状况，并根据反馈信息及时修订计划，调整内容，使整个教学训练过程按着预期的目标发展，优化教学训练过程，从而提高教学训练效果。

3. 为激发学习动力提供依据

体育教学训练过程是一个可控系统，通过信息的传递和反馈得以实现。有计划、有步骤地将教学训练的测量结果反馈给学生个人，可以使他们了解自己的情况和能力水平，客观地认识个人取得的成绩，发现自己的不足和差距，明确今后努力的方向，激发其学习的动力，积极主动参与教学训练实践活动，提高学习效率。

4. 为选拔体育人才提供依据

体育专门人才除了后天进行科学训练外，很重要的是其从事专业训练所具有的潜在能力，通过体育测量评价可以预示青少年在准备从事的运动项目中未来能达到的成绩和水平，发现他们具有的运动潜能，帮助他们选择最适宜的运动项目，为运动选材提供依据，提高运动训练的成材率。

5. 增强科学研究能力

学习和掌握体育测量与评价的理论和方法，可以为体育科学研究课题设计提供科学依据。体育测量理论可以为设计和检验研究方法的效度和信度提供依据。实用的各种测量技术手段，为体育科学研究提供了收集信息的方法，评价的理论与方法，可以直接应用于测量数据的处理、分析和评价，丰富了体育科学研究的技术手段，为提高科学研究的能力奠定了坚实的基础。

6. 为各级职能部门决策提供依据

在体育测量评价学科理论指导下，组织实施的多种国家或地方的标准化测量获得数据，经过科学评价和分析后取得的结论，可以成为各级体育职能部门制订政策和法规的科学依据。比如我国学生体质健康测量评价工作实施以来，为全面了解学生体质健康现状提供了依据，政府职能部门据此制定了改进学校体育工作的发展对策，从而提高了决策的正确性和科学性。

第三节　体育测量评价学科发展简况

同其他体育学科一样，体育测量评价也有其相应的产生与发展过程，在这一发展过程中，具体来说大致经历了4个阶段，即人类学测量时期、人体机能测量时期、运动能力综合性测量时期和标准化测量时期。

一、人类学测量时期

早在几千年前，就已经有了类似人体测量方面的研究存在。如古埃及、希腊、印度等国，为了了解身体各环节比例，对身体的各个部位进行测量，试图用人体某一部位作为身体整体测量的计量单位。"掷枪人"就是当时对人体各部理想比例进行大量研究的结果。

我国远在两千多年前，就有关于人体测量方面的研究记载。在祖国医学经典著作《内经·灵枢》的《骨度篇》中，对人体测量方法即有了较详细而又科学的阐述。

关于人体测量方面的大量研究始于19世纪中后叶。当时主要以身体的左右对称、身体各部的比例为重点内容进行研究。此后，美国哈佛大学的萨金特发展与实施了有组织的大面积群体测量，并将50百分位数作为基准值给以评价。这一研究成果对体育测量评价学科的发展作出了极大贡献。1885年在美国举行了"保健体育、康乐体育协会"成立大会，首先讨论了测验的一致性和评价标准。然而，最早在这方面著书立说进行系统研究的是马丁，于1925年写出《人体测量学》一书。书中介绍的测量方法在当时被广泛应用，该书主要论述了运动对人体形态的影响及体型的分类。

二、人体机能测量时期

1880年前后，研究重点开始由单一的人体测量转向肌力测量。研究者主张与其研究肌肉的大小，不如研究机能更有价值，并设计了肌力测验。1914年马丁在研究小儿麻痹病人肌肉状态时，发现"局部肌力是全身力量良好标志"的原则，这一理论的发现使得肌力测验大大前进了一步。其后因社会上有一些人提出了"身体高大的人不一定是强壮的人，而身体强壮的人不一定有高度耐久力"的主张，使肌力测量曾一度冷落。1884年，意大利生理学家莫索发明了肌力记录仪，并将身体机能状态与肌力测量联系起来进行研究。他认为："任何身体机能发生障碍，都可以降低人体作业能力，部分肌肉疲劳可以影响其他肌肉疲劳。"从本质上指出身体状态与肌肉活动有着密切的关连。

萨金特的肌力测验，经罗杰斯的研究于 1926 年再度引起体育界的重视。他以科学的方法向人们证明，肌力测验是人体运动能力的反映，即肌力与人体一般运动能力的关系密切，用肌力测验反映运动能力是有价值的，这个观点推动了肌力测量向前发展。

1900 年前后循环机能研究取得了迅速发展，人们逐渐将肌力、机能、疲劳等一起进行综合研究，通过大量的研究发现，它们之间的确有着密切的联系，这些研究证明："人体循环系统处于良好工作状态时，身体运动能力也呈高水平工作状态，当其疲劳或发生障碍时，身体运动能力也随之下降"，并以此为理论依据编制一些测验用于体育运动实践中。1905 年 C.W.克兰普顿创立了"站位与卧位脉搏血压变化测验"，用来指导体育实验活动，这些研究成果在当时大大促进了体育测量评价学科的发展。

三、运动能力综合性测量时期

19 世纪初，科学技术的进步为体育评价学科发展提供了更广阔的空间，并逐渐转向对人体实际运动能力的研究。许多科学家认为，对身体运动速度、耐力等多方面进行综合性研究，更能客观地、真实地反映出身体运动能力。1901 年萨金特率先创造了 6 个单项组成的成套测验，以 30 分钟连续完成测验并能坚持到底者为优秀。当时，一些发挥人体基础运动能力的跑跳、腾越、攀登及其他综合性测验很快得到普及。1913 年美国政府为了鼓励青年人努力达到最低身体能力标准，公布了男女田径奖章测验。此后，依受试群体的年龄、身高、体重不同进行分组的测验竞相推出。在评价方面有的还将测验结果的第 70 百分位数测量值定为及格标准。这个时期除注重对身体能力进行测量外，还注意结合群体特征对身体运动能力进行评价研究，期望能够较为客观地对人体运动能力作出综合性的价值判断。

四、标准化测量时期

随着现代社会科技进步和学术交流的需要，能使不同地区、不同国家之间进行比较研究，各国不但在测量内容方面力求统一，而且在测量仪器、实验方法等方面也力求尽量统一，以使测量达到标准化、规范化。例如美国的"体育及格标准"、前苏联的"劳卫制"、日本的"体力测定"、中国的"国民体质监测系统""普通人群体育锻炼标准"和"学生体质健康标准测试"等，都是标准化测量与评价的典型成果。在各国研究并实施标准化测量的基础上，逐渐实现了国际间的研究合作。1964 年国际体力测量组织成立，并于 1974 年以"国际体力测定标准化委员会"名义公布了标准化体力测量内容，极大地促进了体育测量评价学科的发展。

我国于 20 世纪 80 年代初期，由华南师范大学的陈骏良先生率先翻译了第一本美国《体育测量与评价》专著，由此引进了体育测量评价学科。此后，北京体育学院、武汉体育学院先后翻译出版了日本的《体力测定与评价》、前苏联的《运动计量学》、美国的《实用体育测量学》等译著。1985年邢文华教授等编著出版了第一本《体育测量与评价》教学参考书，1987年全国高等师范院校编写出版了《体育测量学基础》。1992年12月全国体育学院教材委员会《体育测量评价》教材组，在西安体育学院召开了第一次教材会议，经过几年的努力，于1995年正式出版了体育学院通用教材《体育测量评价》。全国体育院校和多数师范院校体育专业先后将《体育测量评价》列为重要的专业基础课程。由于本学科专家学者的共同努力，体育测量评价在较短的时间得到了快速发展，逐步形成了具有我国特色的体育测量评价理论体系。

随着计算机和互联网技术的普及，人类社会迎来了信息时代，体育作为文化交流的媒介，受到了各国的高度重视。体育测量与评价的应用领域在不断扩大，许多新领域的测量指标和评价系统的研发，对测量与评价理论和方法都提出了新的要求。而电子技术的发展，对体育测量方法和技术也带来了很大的冲击，开发研究新的测量仪器设备，实现测试方法的标准化和准确性，测量数据采集的自动化和分析处理应用软件的研发，成为体育测量评价学科新的研究问题，这些都需要相关专家学者的共同努力，以新的成果促进体育测量评价学科不断发展。

思考题：

1. 根据体育测量评价含义分析测量与评价的关系。
2. 试分析体育测量评价的特点。
3. 简述体育测量评价学科发展趋势。

（黄　海）

第二章 体育测量的科学性

体育测量的科学性是定量描述体育测量结果（数据）质量的指标，包括测量的有效性、可靠性和客观性。体育测量的科学性可以通过一定的方法作出定量分析和判断；测量科学性高低是评价的前提和基础。尤其对于间接测量和定性测量而言，只有在保证测量结果的科学性前提下，这些测量结果才能发挥其应有的作用。

第一节 体育测量的基础理论

一、测量的概念及类型

（一）测量的概念

测量的广义概念是指对事物某种特性进行量化的过程。是人们借助于专门的工具，通过实验的方法，对某一客观事物取得数量观念的认识过程。在测量时，首先要明确被测量事物属性是什么，即有明确的测量目的，然后再选择有效、准确的测量方法（工具），最后才能科学地完成测量。不管任何测量，都必须具备以下3个特征：

第一，测量的对象及目的必须明确。测量的对象和目的不同时，测量手段方法就不同。

第二，测量必须有工具或法则，即测试标尺。在测量过程中，最困难的工作就是确定合理有效的测量标尺。测量过程也是一个比较过程，将被测事物属性特征量与测量标尺进行比较完成量化。一定的测量结果是建立在特定的标尺之上。标尺有定量和定性之分：定量标尺用于对明确具体的事物属性进行量化，如对时间测量可用秒、分、时等标尺（单位）进行量化；定性标尺（法则）用于对模糊、复杂、综合的事物属性的量化，如心理测量、知识测验、体育裁判的评分等。一套试题就是测量学生某方面知识水平的定性标尺（法则）。当测量的法则变化时，测量的结果必然发生变化。所以，测量的核心工作就是测量方法、工具的研究和测量法则的制定。体育比赛中，各种评分规则就是对运动员的技术水平进行测量的法则。

第三，测量的结果是以数字来表示，往往是带有单位的数值。

（二）测量的类型

按照测量方法与手段的不同，可分为定量测量和定性测量：使用具有定量测试尺度工具的测量称为定量测量，如身高、体重、血压测量；按照定性法则进行的测量为定性测量（习惯称为测验），如心理测验，智力测验，体育比赛中体操、跳水、花样游泳等项目的评分等。

按照测量结果与测量属性的关系，可分为直接测量和间接测量：使用具有测量单位的工具可直接测量事物属性的测量为直接测量，如体重、身高、血压测量等。用其他事物属性的测量结果反映要测量的事物属性的测量为间接测量，如用立定跳远的距离测量下肢爆发力、用台阶指数推测法测量最大摄氧量等。

二、测量量表

所谓测量量表是指测量所获得数据属性的表述规则。测量量表的表述规则是由实数列的特性所决定的。实数列具有3种特性，即顺序、距离、原点。顺序系两个以上的实数有顺序之分；距离是两个实数之间差距可以描述；原点是对应于零位数的参照点。

包含实数列特性越多的一组观测值，因它包含的信息量多，量表级别也就高；相反，含实数列特性少的一组观测值，因它反映的信息量少，故量表级别也就低。据此，可将测量量表分成4种类型：

（一）名称量表

名称量表不含实数列任一特性，即无序、无距、无原点，是各种量表中含信息量最少、最低级的一种量表。

名称量表只是各种事物属性的汇集，量表中的数字之间各自具有独立性，数字只起标示符号的作用，即只起区别作用，而无其他任何含义。

例如，体育比赛中运动员的号码，一个数字只代表一位运动员。每位运动员的号码只具有区分不同运动员个体的作用，而不代表他们运动水平的高低。这里的数字相当于一个符号的作用。一场比赛中一位运动员只能有一个号码，不可能也不允许同一位运动员有两个号码出现。还有表示类别的数字，如用1表示男性，用2表示女性，这里的1和2也是名称量表。名称量表是最低级量表，不能作任何数学计算，只能进行数字出现的次数或频率的统计，可作非参数统计处理。

(二) 顺序量表

顺序量表包含实数列顺序特性，但无距、无原点。顺序量表的有序特性说明它较名称量表含信息量多，亦属低级量表。

顺序量表中的数字具有等级性或序列性的特征，其顺序或等级具有某种价值意义，但其序列特征不表示数与数之间的距离是相等的。

例如，一些对抗性运动项目比赛结果的名次顺序，这些数字说明第一名比第二名运动水平高，第二名比第三名运动水平高；名次顺序反映了不同运动员之间水平和实力。但各名次之间的差距，也就是说序列等级两两之间的差异不能确切得知，例如第一名比第二名水平高多少，无法通过名次定量描述。因此，顺序量表无距离属性。顺序量表中的数字不能随意置换，否则就会破坏量表的原有结构，使量表发生质的改变。

顺序量表可作等级相关、肯德尔和谐系数以及秩次变差分析等统计运算。

(三) 区间量表

区间量表包含实数列顺序、距离两个特性，但它无原点。区间量表较顺序量表含信息量多，属高级量表。

区间量表没有绝对原点，即无原点特性，但它却有相对原点，这个参照点是根据需要人为制定的。当相对原点不同时，测量的结果也不同。关节角度的测量结果、考试的分数均属于此类量表。

例如，测量肩关节角度时，当上肢伸直与躯干夹角为90°时，如果把水平方向作为原点，则肩关节角度应为0°；如果把垂直方向作为原点，则肩关节角度应为90°。

在保持区间量表顺序、距离，原量表结构不变的前提下，可对量表作任何线性变换。但应注意的是，区间量表如果是定性测量数据，则两个测量值之间不能进行比例运算，不能认为一个测量值是另一个测量值的几倍。例如两个学生在同一次考试中，甲学生考了80分，乙学生考了40分，甲学生水平比乙学生水平高一倍并不成立。如果在区间量表中取任何两个数的比率，就会改变原量表的性质。因区间量表属高级量表，故可用多种统计学方法进行数据处理。

(四) 比例量表

比例量表具有实数列顺序、距离、原点的全部特性。因它含信息量最多，故属最高级量表。

由于比例量表有绝对原点，所以对某一事物进行测量，实际上就是测量它与另一取相同测量单位之比。量表中的数值，不但可以说明两个事物或现象的某种特性、差异程度，而且可以以量值的比例作出定量描述。

比例量表在体育测量中最为常见，它可以用多种统计学方法进行数据处理。应该指出的是，体育实践活动中，比例量表的分析应紧密结合具体测量属性，否则可能会出现错误。如对推铅球成绩测量结果是距离，但测量属性是运动员的投掷能力。如果甲的推铅球成绩是 8 米，乙的成绩为 4 米，从距离角度而言，则 8 米是 4 米的两倍，但并不能代表甲的投掷能力是乙的两倍。此类例子常见于体育测量中，所以说，在体育测量中比例量表的数据分析应予以注意。

三、测量误差的类型及减小途径

（一）测量误差的类型

测量误差是指测量实测值 X 与测量真值 A_0 之差。测量的误差越小，测量数据就越能准确地反映事物属性。所以，如何减小测量误差，是测量专家最关注的问题，也是测量理论的核心问题。

在测量中，对于连续型变量而言，不管测量的仪器和手段多么先进，测量误差都不可能完全消除，没有绝对准确和毫无误差的测量。只能通过各种手段尽量减小误差。为了使测量结果尽量准确、可靠，测试者可以通过严格掌握测量条件，提高测量仪器精度，改进测量技术、方法等，尽力使测量误差减小。

测量误差的类型可以按照其表示方式和性质划分。

1. 按照其表示方式划分

按照误差的表示方式，可分为绝对误差和相对误差。

（1）绝对误差：绝对误差 Δ_X 等于测量值 X 与真值 A_0 的差值即

$$\Delta_X = X - A_0$$

由于真值永远是未知数，故绝对误差无法求得。在实际测量中，可用多次测量结果求得平均值或以其他相对准确的测量值 A 替代真值 A_0。从严格意义上讲，A 并不等于 A_0，故称为约定真值。测量值与约定真值的差值称为偏差。习惯上人们将偏差称为绝对误差。

（2）相对误差：相对误差是指绝对误差 Δ_X 与约定真值 A 的百分比表示：

$$\delta_A = \frac{\Delta_X}{A} \times 100\% \tag{式 2-1}$$

2. 按照误差性质划分

按照误差性质可分为随机误差、系统误差和抽样误差。

（1）随机误差：随机误差又称偶然误差，指在测量中由一些主观或客观偶然因素引起又不易控制的测量误差。随机误差产生的原因极为复杂，但存在却是绝对的。随机误差大小不固定，忽高忽低，但它随着测量次数的增加，其变化会呈现一定规律性。它总是围绕着被测量的真值波动（真值以重复测量的均值为代表）。所以说，除严格按照标准化测量条件要求，实施规范化和标准化的测量外，增加测量次数，取多次测量平均值，也是减小随机测量误差的有效办法。在感知能力测验中，随机误差比较大，如反应时测量的随机误差很大，为了减小反应时的测量误差，测量次数可增大到20次左右。

（2）系统误差：系统误差是指在测量中，由于仪器未校正至测试要求，或对测量条件掌握过宽或过严，使测量结果出现规律性的偏大或偏小。这类误差如不及时发现并纠正，会使数据统计结果偏离方向。对于事前已知的系统误差，可以进行系统的修正。最可怕的是对已出现的系统误差毫无察觉，而且不知其大小。对这类误差的消除办法是提高责任心，严格执行标准化测量，通过复测验收数据，及时发现并纠正。

（3）抽样误差：由于抽样而引起样本统计量与总体参数之间的差异叫抽样误差。测量中虽然严格遵守抽样原则，但不论用何种方法抽样，从总体中抽取样本进行研究，样本统计量与总体参数都不会完全一致。这是因为个体之间差异是客观存在的，即使采取随机抽样，仍然无法避免样本统计量与总体参数之间的差异。抽样误差的大小主要取决于3个因素，即样本数量大小、个体差异大小和抽样方法的合理性。所以在人力、物力、时间等条件允许的情况下，严格遵守抽样原则，扩大样本含量，提高样本对总体的代表性是减小抽样误差的最有效办法。

（二）引起测量误差的主要因素

引起误差的因素对于某一个具体测验来说，有很大的特异性。对于定量测量结果，像体育测量中的形态测量、机能测量、素质、技术等测量的误差取决于测量的精度（分辨率）、测量的工具、测量的方法、测试者技术、受试对象的本身状态等因素。

对于定性测量结果，像心理测验、教育测验、社会测验的误差，主要与测验本身、测验的实施条件、受试对象的本身有关，测验本身主要考虑的因素有测题的形式、测题的质量、测题的数量、评分的规则等。

测验的实施过程中，测验要按照标准化的测验要求实施和组织，如答题的要求尽量明确，评分的方法尽量要客观、准确，严格控制测试的客观条件。

与被试有关的测量误差主要有动机的作用、测验的经验技巧、测验的焦虑、生理及心理因素等。

（三）体育测量误差的减小途径

体育测量涉及的范围非常广泛，其中包括定性测量，如心理测验、知识水平测验、智力测验等；也包括定量测量，如身体形态测量、身体机能测量、身体素质测量、某些运动技术测量等。对于不同类型的测量，其误差来源途径也不相同。如何根据不同测量类型特点，有效地减小测量误差，以提高体育测量的可靠性，对提高体育科研、教学、训练水平等有着非常重要的作用。

1. 选择科学的测试方法，严格控制测量的条件

对于许多定量测量而言，测量误差与测量的精度（分辨率）、测量的工具、测量的方法、测量的时机、测量的客观条件和测试者的水平等因素有密切的关系。在测量时，首先应根据测量指标的特点，选择合理的测量方法，测量方法要简便易行，重复测量的可靠性要高；其次测量精度要能达到要求；最后再考虑控制测量的条件，熟练掌握测量技术等其他因素。

在体育测量中，测量条件的控制对测量误差有很大的影响，如测量光反应时时，在暗室条件下测量的误差，比在光线较强的条件下小得多。测量声反应时时，在安静的环境下测量的误差，比在嘈杂的环境下小得多。在测量灵敏素质时，由于动作速度很快，肌肉容易疲劳，导致测量结果产生较大误差，所以，可以采用10秒钟限时测验，以控制测量误差。由于灵敏性测量的时间很短，受试者是否正确熟练地掌握测量的方法及要求，对测量结果有很大影响，所以，必要时可让受试者在测验前做适当的练习，以减小测量的误差。

2. 调整与控制好受试对象的身体机能状态和心理状态

体育测量中，许多测量目的在于测量人体最大的各种能力，如运动能力、身体素质、运动成绩等。这种最大能力的发挥受主观心理因素的影响比较大，如参加测验的动机、测验的焦虑等因素对测验成绩就有很大的影响。要减小这种测验误差，必须重视做好受试者的思想工作，必要时，可采用竞赛、奖励等手段激发他们参加测验的动机，克服由于动机不强，使得真实的能力不能充分发挥。但是，当参加测验的动机太强烈时，产生强烈的精神压力，会使受试者心理紧张、焦虑，同样会使测验的结果失真，产生较大的测量误差。这时，应采取有效的手段，调整好受试者的心理状态，克服心理紧张、焦虑等心理障碍，以有效地减小测量误差。

体育测量中，运动能力、身体素质、运动成绩等这些最大能力的发挥与受试者测验前的身体机能状态等因素有密切的关系。在大强度的运动能力测验之前，适当地做准备活动有利于人体快速进入运动状态，提高运动成绩。在定量负荷测验中，受试者则需要充分地静坐休息，使心率达到安静状态水平，这样才能保证测验结果的真实、可靠。其次，还要充分考虑疲劳、疾病等生理因素对测验结果的影响。

3. 测量的设计要科学、组织实施要规范

在体育测量中有许多群体成套综合测量，如体育达标测验、体质监测、身体素质、运动能力综合测验、知识测验等。这种测验的测量误差除了与受试对象本身状态有关外，还与测验本身设计、测验的组织实施过程有密切关系。测验设计时应予考虑的主要因素有以下方面：

第一，测量指标的选择要科学合理。要减小成套测验的测量误差，就必须减小每一个单项测量的误差，尽量选择可靠性高的测量指标。例如在身体素质成套测验中，要测量下肢爆发力，常用的方法有立定跳远、纵跳等，立定跳远测量的是水平距离，测量的误差小，而纵跳测量的是人体重心上升的垂直高度，测量的难度大，误差也大。因此，选择立定跳远测量下肢爆发力有利于减小身体素质成套测验的误差。

第二，测量的方法要规范统一。在测量指标确定之后，对每一个测量指标的测量方法都应作出明确规范的规定，以利于统一测试尺度，减小测量的误差。如引体向上、仰卧起坐等，如果动作不规范时，测量的次数也就不同，从而引起较大的误差。

在测验的组织实施过程中，要避免出现系统误差，就要按照标准化的测验要求实施和组织，严格控制测试的客观条件。测试前，测试人员要经过严格的培训，合理分工，调试好仪器设备，充分做好测试的准备工作。要减小过失误差，提高测试人员的责任心，加强测试现场的检查与指导。在必要的时候，要对受试者进行适当的指导，以保证规范地完成测验。

在知识测验设计中，要减小测量的误差，应重点考虑测题的形式、质量和数量以及评分的规则等因素。如答题的要求尽量明确，评分的方法尽量客观准确。

4. 减小抽样及数据统计分析中的误差

减小抽样误差的主要途径，一是坚持随机抽样的原则，保证样本的质量；二是尽量增加样本量，提高样本对总体的代表性。在数据的统计分析过程中，对测量数据进行必要的筛查和剔除可疑数据，也可以减小误差。

5. 合理选择测量次数及取值方法

根据斯皮尔曼-布朗公式可知，通过增加重复测量的次数可减小随机误差以达到提高可靠性的目的。所以重复测量次数的多少就是一个直接影响测量误差大小的因素。

对于不同的测量，由于随机误差的大小不同，重复测量次数的多少就不同，对于随机误差比较大的测量，重复测量次数应多些。测量次数的多少，还要考虑受试者的生理、心理承受能力及测量客观条件等因素。测量结果的取值方式不同，也直接影响测量的误差。在体育测量中测量次数的确定和测量结果取值方式有以下几种情况：

（1）受试者需要承受极限生理负荷完成的测验。如一般耐力测验，在这类极限强度的测验中，受试者体力消耗极大，而在第二次测验时难以消除疲劳，故一般只测一次。对于瞬时性、损伤性和操作难度大的测验，如运动后即刻脉搏、血压、血乳酸、肌肉活检以及其他生理生化指标的测验，一般也只测一次。对于测量误差很小、可靠性比较高的测验，一般也只测一次，如形态测量中的身高、体重等。理论知识的测验，也是测一次。

（2）持续时间短的大强度非极限负荷的最大能力测验。如立定跳远、投掷和灵敏性等测验，一般可以测2~3次或多次。这类测验，受试者虽然必须极力完成，但时间短，体力消耗不大，所以在后续测验中也可能发挥本人的最佳成绩。测量结果一般可取最佳成绩。

(3) 对于负荷很小，但测量结果波动大、敏感和易受干扰的测验。如反应时或感知觉测验，为减小随机误差，重复测量的最佳次数为 30 次。观测值可取测验的平均值或总和，如果除去测验中的最高和最低的成绩，取其余测验成绩的平均值作为观测值则更好。

综上所述，体育测量中，由于测量范围的广泛性和测量对象的复杂性，决定了引起测量误差的原因非常复杂。不同的测量，引起误差的主要原因也不尽相同。要减小体育测量误差，必须对症下药，采取合理有效的办法，才能将测量误差减小到最低程度。

第二节　测验难度与区分度

一、测验难度

测验难度是指受试者完成测验的难易程度。在人体各种技能测验、知识水平测验中，测验的难度是一个非常重要的问题。当测验的难度适合受试者时，测验可能是成功的；当难度不适合受试者时，测验可能无法完成。并不是所有测验都有难度问题，对于形态、心理等测验不存在测验的难度问题。

(一) 难度系数的计算

难度系数表示习惯上以正确应答人数占总人数的比例来表示，也可以平均成绩与满分成绩之比表示。正确应答比例越小，说明试题难度越大。难度系数数值应在 0～1 之间。当某一试题受试者全部都答对时其难度系数为 1，即该试题最容易；相反，某一试题受试者全部都答错时，其难度系数为 0，即该试题最难。难度系数计算公式如下：

$$P = \frac{R}{N} （或 \frac{\overline{X}}{W}） \tag{式 2-2}$$

式中：P 为难度系数，R 为正确应答人数，$\overline{X}$ 为平均成绩，N 为总人数，W 为满分成绩。

例 1：50 名学生参加测验，第一题答对人数为 20 人，第五题答对人数为 10 人，试计算这两道题目的难度系数。

$$P_1 = \frac{20}{50} = 0.4 \qquad P_2 = \frac{10}{50} = 0.2$$

此例中第一题难度系数为 0.4，较为适中；第五题难度系数为 0.2，则偏难。

例 2：某校学生进行体操技术测验，平均成绩为 7 分，满分为 10 分，试计算该技术测验的难度系数。

$$P = \frac{\overline{X}}{W} = \frac{7}{10} = 0.7$$

该技术测验的难度系数为 0.7。

(二) 难度系数的选用

测验中对试题难度系数的使用大致如下：

0.1 以下	最难；
0.1 ~ 0.4	较难；
0.4 ~ 0.6	适中；
0.6 ~ 0.9	较易；
0.9 以上	最易。

二、测验区分度

(一) 区分度系数的计算

区分度是指测验对受试者实际水平的区分程度或分辨程度，即对学生实际存在的个体差异水平的鉴别能力，所以也称为鉴别力。一般来说，学习好的学生应得高分，学习差的学生应得低分。区分度的取值范围在 -1 ~ +1 之间。如高分组全部通过，低分组全部未通过，则区分度最大（$D = 1$），D 为正值时称积极区分；若低分组全通过，而高分组全部未通过，则 $D = -1$，D 为负值时称消极区分，考试作弊严重的话往往会出现消极区分。D 为正值时，D 值越大区分度则越大，其效果越好。最大的积极区分度 D 值为 1，当 D 值为 0 时则无区分度。区分度与有效性有着极为密切的关系。

计算区分度系数应先确定高低分组人数比例，其比例一般为总人数的 25% ~ 33%，我国标准测验取 27%。对于客观性试题和主观性试题区分度的计算方法不同，下面分别作介绍：

1. 客观性试题区分度计算

公式为： $$D = P_H - P_L \qquad \text{(式 2-3)}$$

式中：D 为区分度，P_H 为高分组通过试题人数比例，P_L 为低分组通过试题人数比例。

这种计算方法适用于答对得 1 分、答错得 0 分的客观性试题。首先将试卷按成绩由高分向低分顺序排列，然后按高低分组各 27% 人数比例确定高低分组，再分别计算两组通过人数比例（P_H、P_L），进而求出试题区分度（D）。

例3：100名学生参加考试，某题高分组有25人通过，低分组有5人通过，试计算某题区分度。

计算步骤：

(1) 确定高低分组人数

100人 × 27% = 27人

(2) 分别计算 P_H、P_L

$P_H = \dfrac{25}{27} = 0.93$ 　　　$P_L = \dfrac{5}{27} = 0.19$

(3) 计算区分度 D

$D = P_H - P_L = 0.93 - 0.19 = 0.74$

本试题区分度为0.74，是一道区分度很高的试题。

2. 主观性试题区分度计算

公式为：
$$D = \dfrac{X_H - X_L}{N(H - L)} \qquad (式2-4)$$

式中：D 为区分度，X_H 为高分组得分总和，X_L 为低分组得分总和，H 为某题最高得分，L 为某题最低得分，N 为高、低分组人数。

例4：100人参加测验，某试题得分情况如表2-1所示，试计算该试题区分度。

表2-1　高、低分组得分统计

高分组			低分组		
得分 x	人次 f	总分 fx	得分 x	人次 f	总分 fx
5	5	25	5	0	0
4	8	32	4	0	0
3	12	36	3	2	6
2	1	2	2	4	8
1	1	1	1	10	10
0	0	0	0	11	0
总计	27	96	总计	27	24

计算步骤：

(1) 确定高低分组人数 N。100人 × 27% = 27人。

(2) 根据表2-1分别计算高低得分组的得分总和，$X_H = 96$，$X_L = 24$。

(3) 根据表2-1得出最高得分 $H = 5$，最低得分 $L = 0$。

(4) 代入公式得：$D = \dfrac{96 - 24}{27(5 - 0)} = 0.53$

该试题的区分度为0.53，是一道区分度较高的试题。

（二）区分度选用

试题区分度指数意义如表 2-2 所示。要提高试题的区分度，须注意试题的难度，适宜的难度可使区分度增至最大。也就是说，当试题难度系数为 0.5 时，高分组的人全答对，低分组的人全答错，此时试题区分度为 1，这说明试题难度与区分度关系密切。当难度大于或小于 0.5 时，则区分度指数随之减小（表 2-3）。如果区分度指数为负值，这种消极区分结果，比没有区分度更坏，因为它说明某题低分组得分超过了高分组得分。一般来说，难度系数为 0.4 或 0.6 时，区分度仍较好；而当难度系数为 0.3 或 0.7 时，试题的区分度下降很多。一份试卷中，区分度 0.4 以上的题目应占 25% 以上，0.21～0.29 也应占 25% 以上，0～0.2 为 15% 左右，整个试卷的平均区分度指数应在 0.3 以上，这样的试卷区分度结构较为适宜。

表 2-2 区分度指数

指数	意义
0.4 以上	很好
0.3～0.39	较好
0.2～0.29	较差
0.19 以下	可疑

表 2-3 难度与区分度关系

难度指数	区分度指数
0.5	1.0
0.4（或 0.6）	0.8
0.3（或 0.7）	0.6
0.2（或 0.8）	0.4

区分度与测量数据的离散程度有一定的关系。测量数据的离散程度越大，即标准差越大，区分度越高。所以，可以用标准差的大小来比较同质测验的区分度的高低。

第三节 测量的可靠性

一、可靠性概述

测量的可靠性（又称信度）是指在相同测量条件下，对同一受试者使用相同测量手段进行重复测量，测量结果的一致性程度。多次重复测量结果也会出现一定程度的误差，这种误差的大小决定了某些测量指标的可靠性的高低。测量结果的误差越大，测量的可靠性越低。

不同的测量指标，重复测量的一致性程度也不相同。有些指标，如身高、体重的测量，多次重复测量结果的一致性程度很高；而有些测量则不然，即使实施过程中严格控制测量条件、保持仪器的精确度，多次重复测量结果也会出现一定程度的误差。这种误差的大小决定了测量指标的可靠性程度。如反应时重复测量结果的一致性程度远远不如身高、体重重复测量结果一致性程度高。由此可见，测量的可靠性是估计测量误差的一种方法。

可靠性是描述测量误差大小的指标，反映测验结果描述事物属性的准确性程度。数学上把测量的可靠性定义为：

$$r = \frac{\sigma_T^2}{\sigma_X^2} = \frac{\sigma_X^2 - \sigma_E^2}{\sigma_X^2} = \frac{\sigma_E^2}{1 - \sigma_X^2} \qquad \text{（式 2-5）}$$

式中：σ_X^2 表示测量值的方差，σ_T^2 表示真值方差，σ_E^2 表示误差的方差。

当误方差为零时，可靠性系数 $r = 1$。可靠性系数的范围在 0～1 之间。这再次说明了可靠性的高低主要取决于测量误差的大小。

二、可靠性的类型

（一）一致可靠性

一致可靠性指同一天内由同一批测试者对同一批受试者重复测量结果的一致程度。从另一个角度来看，还可以认为它是指由多次测量组成的一组测验内部各次测量结果的一致程度。

从测量—再测量结果估价其内部一致可靠性。大面积群体测量，不可能对全体受试者实施重复测量，可采用随机抽样的办法，检验可靠性的高低。

（二）稳定可靠性

稳定可靠性指在两天或数天时间内，测试者对同一批受试者重复测量结果的一致程度。

对某事物的特性进行测量时，如果该指标的特性具有相对稳定性，其测量—再测量的结果之间的差异是由于测量误差而引起的，这时可采用稳定可靠性描述测量误差，如身高、体重、速度素质指标等。如果测量指标的稳定性较差（如脉搏、血压等指标）重复测量间隔时间过长，测量—再测量结果之间的差异是指标本身变化而引起的，并不完全是由于测量误差引起的,这就会低估测量的可靠性,在这种情况下就应采用一致可靠性描述测量误差的大小。

(三) 等价可靠性

等价可靠性指在不同的测量间隔时间内,对受试者实施难度相同,而题目形式或题目内容不同的同质测量结果的一致程度。

例如知识测验中,等价可靠性的估计非常重要。如果使用同一套题目进行重复测验,学生第二次得分都要比第一次分数高,这是因为知识测验是一个很好的学习过程。在这种情况下,测验的可靠性就会低估,采用等价可靠性就会避免这种情况的发生。

三、可靠性的估价方法

(一) 积差相关法

在测量条件不变的情况下,某一指标的两次重复测量结果相关系数的大小可以反映测量误差的大小,因此,这个相关系数的大小与可靠性的高低是一致的,在这种情况下,采用积差相关法可以估价这个测量方法可靠性的高低。积差相关公式如下:

$$r = \frac{N\Sigma XY - (\Sigma X)(\Sigma Y)}{\sqrt{[(\Sigma X^2) - (\Sigma X)^2][N(\Sigma Y^2) - (\Sigma Y)^2]}} \quad \text{(式 2-6)}$$

式中:r 为测量可靠性,N 为样本数,X 为第一次测量结果,Y 为第二次测量结果。

在 excel 统计软件或 Spss 软件中有 Pearson 相关系数计算功能。也可以利用具有双变量统计功能计算器计算 Pearson 相关系数。

应用这种方法时,首先要观察前后两次测量值有无规律性的增大或减小,也就是说,是不是存在系统误差,若有系统误差存在就不宜使用积差相关法计算可靠性。因为系统误差不影响计算结果,可靠性就会被高估。

另外,在样本个数较少时也不宜采用此计算方法,因存在抽样误差,当数据过少时计算结果也会出现偶然性。⊖

例 5:对 25 名学生分别进行两次纵跳测验,数据(测量单位:厘米)如下,试估价该测验的可靠性。

第一次 56 54 45 43 45 52 38 40 46 47 42 42 49 41 60 64 62 61 47 49 60 54 54 55 44

第二次 54 55 48 42 40 56 43 41 47 45 40 44 50 41 55 62 56 57 46 52 62 50 48 51 46

用 office 软件中的 excel 计算该测验的可靠性系数的过程如下：

第一步，先将两组数据输入计算机（图 2-1）。

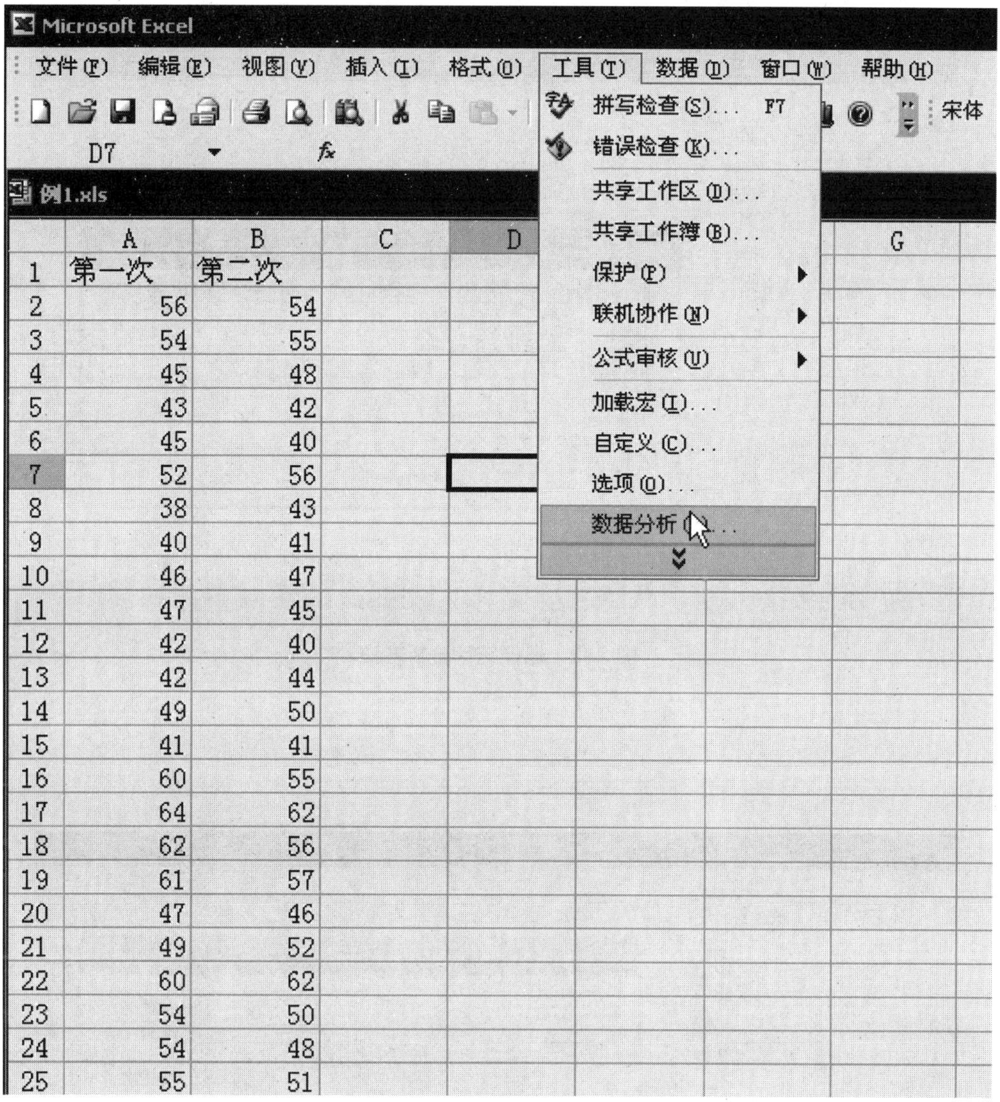

图 2-1　数据输入格式

第二步，计算两次重复测量数据的相关系数。在工具栏中选择数据分析点击鼠标左键，然后会弹出一个统计分析方法选择的对话框（图 2-2），选定相关分析点击鼠标左键会弹出来一个选定数据区域的对话框（图 2-3），选定数据区域和第一行的标志后，点击确定（图 2-4），就会得到相关系数 r=0.9076（图 2-5），最后得到本测验的可靠性系数为 0.91。

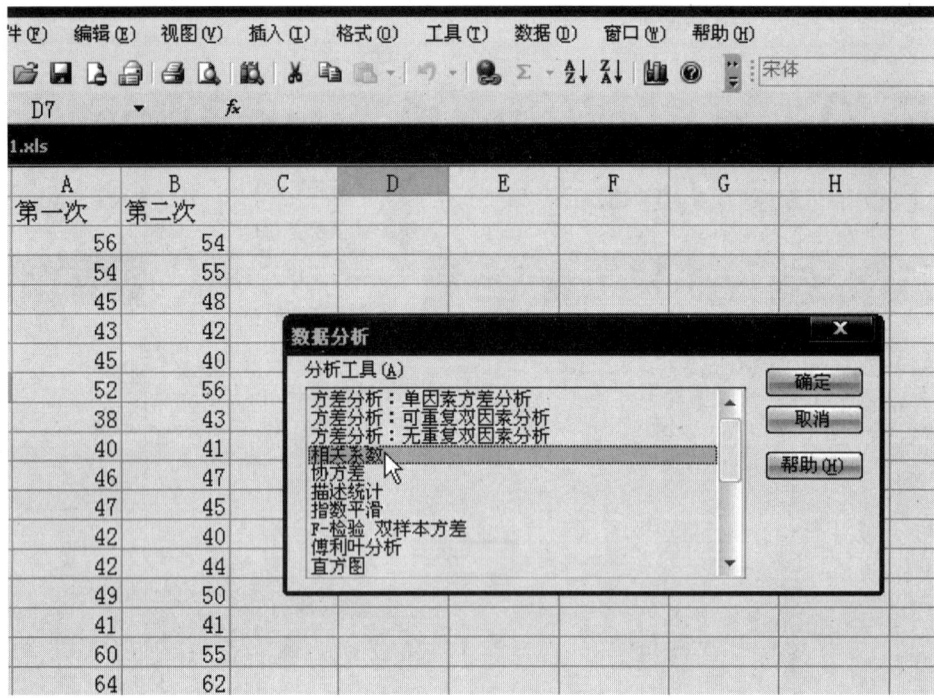

图 2-2　选择统计分析方法

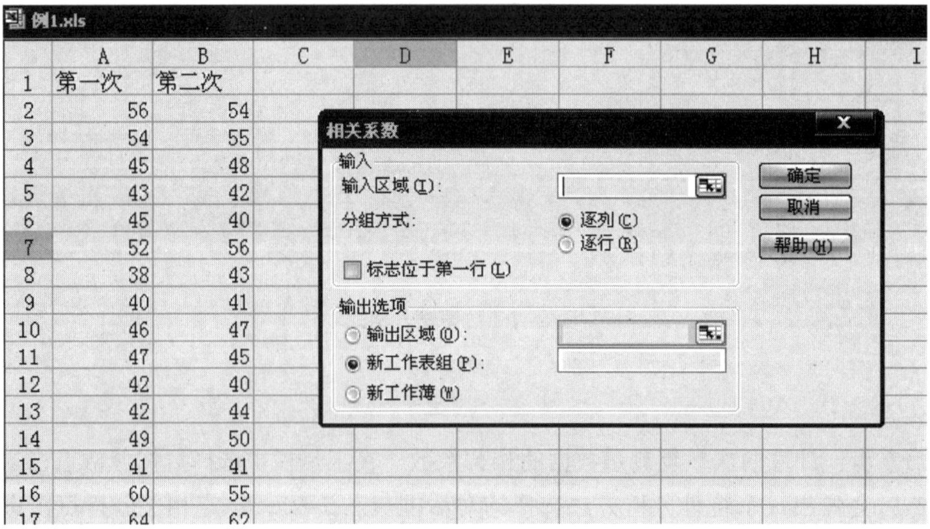

图 2-3　定义统计处理数据区域

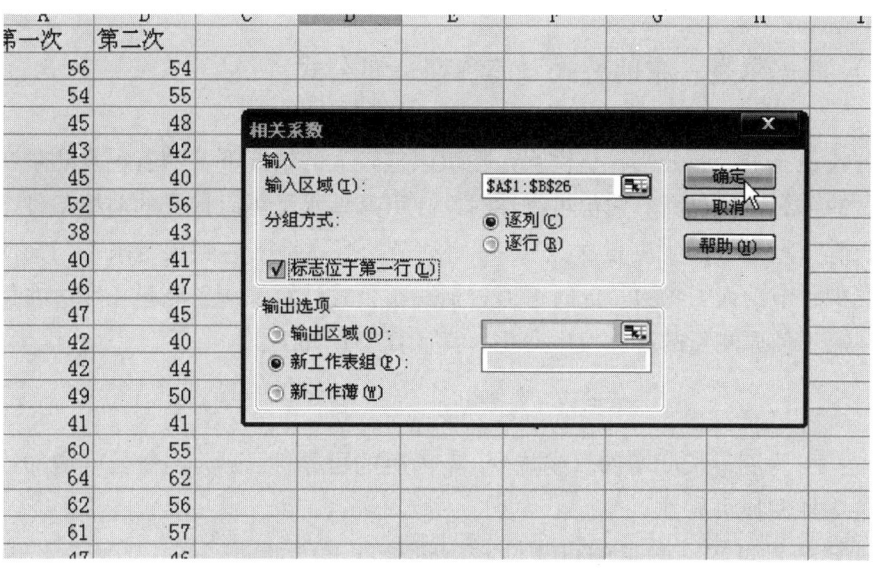

图 2-4 定义统计分析结果输出区域

图 2-5 计算结果

假设第二次测量结果有系统误差,可给第二次每个测量数据统一增加 5 厘米,然后再计算可靠性系数仍然为 0.91。结果表明,有系统误差和没有系统误差的可靠性系数完全一样,证明在有系统误差时,积差相关法会使可靠性被高估。

另外,采用这种方法计算可靠性时,对样本量有一定的要求,样本量小于 30 时,可靠性计算结果不一定真实,需要对相关系数进行显著性检验。以例 5 为例,取 0.01 水平,自由度 $df = 25 - 2 = 23$,$r = 0.91$,$r_{0.01}(23) = 0.462$,因为 $r \geq r_{0.01}(23)$,所以,$p<0.01$ 相关有非常显著性意义。

(二) 斯皮尔曼—布朗公式（简称斯—布公式）

此公式是一个经验公式，它说明在随机误差较大的情况下，随着重复测量次数的增加，测量的可靠性就提高。估价可靠性时，在可靠性水平可以接受的前提条件下，调整测量的长度（增加或减少测量次数），可使测量的可靠性既达到预定水平，又使测量次数尽可能少，节约人力物力。此时可通过斯—布公式计算来调整测量长度。在使用此公式时应注意不使原测量的难度发生变化。其计算公式如下：

$$r_{kk} = \frac{k \times r_{11}}{1 + (k-1) \times r_{11}} \quad \text{（式 2-7）}$$

式中：r_{kk} 为测量长度增加（或减少）k 倍后的可靠性，k 为测量长度增加或减少的倍数，r_{11} 为原测量可靠性。

由计算结果可知，测量的可靠性随测量长度的增加而提高，随测量长度的减少而降低。原则上来说，选择可靠性系数可以接受，而且测量次数又较少的方法是比较好的。

例：某测量次数为 5 时，测量结果可靠性系数为 0.5，如果要求测量的可靠性系数达到 0.8。问测量次数至少增加多少次？

解：设测量次数增加倍数为 k，根据题意，$r_{kk} = 0.8$，$r_{kk} = 0.5$。

代入斯—布公式：

$$0.8 = \frac{k \times 0.5}{1 + (k-1) \times 0.5}$$

由上式可计算出 $k = 4$，测量次数 $X = k \times 5 = 20$ 次。

所以此项测量的可靠性要达到 0.8，测量次数至少应为 20 次。

(三) 裂半法

裂半法适用于估价重复测量次数是偶数倍的多次测量可靠性估计，计算时将总测量分为奇、偶次数相等的两半，然后先将奇数次与偶数次的总和进行积差相关计算，据此计算出的可靠性系数只是原测量次数一半的可靠性，要计算整个测量长度的可靠性，需进一步用斯—布公式进行修正（裂半公式），其公式如下：

$$r = \frac{2r_{\frac{1}{2} \cdot \frac{1}{2}}}{1 + r_{\frac{1}{2} \cdot \frac{1}{2}}} \quad \text{（式 2-8）}$$

式中：r 为测量可靠性，$r_{\frac{1}{2} \cdot \frac{1}{2}}$ 为奇数次和与偶数次和的相关系数。

例：对 6 名学生实施 8 次足球射门测验，测验结果如表 2-4 所示，试估价其可靠性。

表 2-4 计算奇、偶次和

受试者	测量次数						成绩总和	
	①	②	③	④	⑤	⑥	奇数次	偶数次
A	4	4	6	5	4	6	14	15
B	4	4	4	4	4	5	12	13
C	7	6	8	7	7	5	22	18
D	4	3	5	4	4	5	13	12
E	7	8	5	7	6	7	18	22
F	5	6	6	6	7	5	18	17

解：列表计算奇、偶次成绩总和。

计算奇数次和与偶数次和的相关系数：

$$r_{\frac{1}{2} \cdot \frac{1}{2}} = 0.75$$

$r_{0.05}(4) = 0.729$，因为 $r_{\frac{1}{2} \cdot \frac{1}{2}} \geq r_{0.05}(4)$，所以本相关系数有显著性意义（注：如果无显著性意义，本测验无可靠性而言，就不必再带入裂半公式）。

代入裂半法公式 $r = \dfrac{2r_{\frac{1}{2} \cdot \frac{1}{2}}}{1 + r_{\frac{1}{2} \cdot \frac{1}{2}}} = \dfrac{2 \times 0.723}{1 + 0.723} = 0.84$

由计算可知，本例测量可靠性系数为 0.84。

这种方法是 Pearson 相关法与斯—布公式的结合应用，此方法同样不能适合有系统误差测量结果可靠性的计算，与 Pearson 相关法一样，需要对奇数次和偶数次和的相关系数做显著性检验。另外，重复测量的次数必须是偶数倍。

（四）方差分析法

方差分析法适用于对两次以上的多次重复测量可靠性的估价，特别是对稳定可靠的计算尤为适宜。因为方差分析法是对多组平均数之间的方差检验，即便在重复测量中出现系统误差，也因其可对误差来源进行分析鉴定，可以避免对可靠性作出错误估价，所以是一种较好的估价可靠性的方法。方差分析应采用双因素无重复方差分析，计算公式如下：

$$r = \frac{MS_B - MS_E}{MS_B} = 1 - \frac{MS_E}{MS_B} \qquad \text{（式 2-9）}$$

$$MS_E = \frac{SS_T + SS_E}{df_t + df_E} \qquad \text{（式 2-10）}$$

式中：r 为可靠性系数，MS_B 为个体间均方差，MS_E 为误差均方差，MS_T 为实验间均方差，SS_T 为实验间差方和，SS_E 为误差差方和，df_t 为实验自由度，df_E 为误差自

由度。❶

例：对45名学生进行简单反应时测量，每人连续测5次，测量结果如表2-5所示，试计算可靠性。

表2-5 简单反应时测量结果

学生编号	第1次	第2次	第3次	第4次	第5次
1	0.1408	0.1490	0.1655	0.1656	0.1574
2	0.2568	0.2236	0.2236	0.2154	0.2070
3	0.1656	0.1573	0.1657	0.1905	0.1408
4	0.1656	0.1657	0.1987	0.1656	0.1574
5	0.1739	0.1407	0.1490	0.1657	0.1573
6	0.1905	0.1905	0.1988	0.1739	0.1988
7	0.1822	0.1573	0.1491	0.1739	0.1573
8	0.1895	0.1739	0.1573	0.1822	0.1822
9	0.1988	0.2153	0.2071	0.1988	0.1822
10	0.1905	0.2153	0.2071	0.2071	0.1739
11	0.1491	0.1822	0.1491	0.1822	0.1988
12	0.2071	0.1988	0.2071	0.1822	0.1739
13	0.1574	0.1574	0.1408	0.1490	0.1491
14	0.1574	0.1491	0.1822	0.1573	0.1408
15	0.1574	0.1491	0.1822	0.1739	0.1904
16	0.1987	0.1988	0.1822	0.1739	0.2070
17	0.1325	0.1408	0.1656	0.1159	0.1739
18	0.1822	0.1408	0.1573	0.1573	0.1491
19	0.2237	0.1905	0.1574	0.3148	0.2153
20	0.1491	0.1988	0.1574	0.1739	0.1739
21	0.3976	0.1822	0.2567	0.2401	0.1739
22	0.1574	0.1656	0.1739	0.1984	0.3728
23	0.2402	0.1739	0.1822	0.1574	0.2153
24	0.2054	0.1491	0.1822	0.1905	0.1656
25	0.2071	0.1574	0.1657	0.1490	0.1574
26	0.1823	0.1988	0.1822	0.1739	0.1821
27	0.2071	0.2071	0.1657	0.1822	0.1988
28	0.1905	0.1905	0.1656	0.1822	0.1739
29	0.1739	0.1656	0.1574	0.1574	0.1574
30	0.1740	0.1656	0.1739	0.2070	0.1574

本例题可以用excel软件先做无重复双因素方差分析，然后计算可靠性。具体步骤如下：

---

❶引自：JERRY R. THOWAS, JACK K. NELSON Reasearch Methods in Physical Activity.

（1）用 excel 软件做方差分析具体操作过程如图 2-6、图 2-7、图 2-8 所示。

图 2-6　选择数据分析方法

图 2-7　定义数据区域及结果输出

第2次	30	5.2507	0.175023	0.000605		
第3次	30	5.3087	0.176957	0.000646		
第4次	30	5.4572	0.181907	0.001181		
第5次	30	5.4411	0.18137	0.001767		

方差分析						
差异源	SS	df	MS	F	P-value	F crit
行	0.055476	29	0.001913	2.510877	0.000537	1.597822
列	0.001017	3	0.000339	0.445177	0.721323	2.709402
误差	0.066282	87	0.000762			
总计	0.122776	119				

图 2-8　方差分析结果

(2) 计算 SS_E，将方差分析表中的数据带入公式可得：

$$MS_E = \frac{SS_T + SS_E}{df_t + df_E} = \frac{0.001017 + 0.066282}{3 + 87} = 0.000748$$

(3) 计算可靠性系数：$r = 1 - \frac{MS_E}{MS_B} = 1 - \frac{0.000748}{0.001913} = 0.609$

本例题测验的可靠性系数为 0.609。

(五) 库德—里查森计算法

这种方法适合于理论知识测验中客观性试题的可靠性计算。其优点是只需做一次测验就可以进行可靠性分析。其公式为：

$$r_{KR20} = \frac{K}{K-1}\left(1 - \frac{\sum pq}{\sigma^2}\right) \qquad (式 2-11)$$

式中：r_{KR20} 为测验可靠性系数，K 为题目数量，p 为各题正确应答占总人数的百分比，q 为各题错误应答占总人数的百分比，σ^2 为每个学生各题得分之和的方差。

例：8 个问题的测验，10 名学生得分如表 2-6 所示（正确应答得 1 分，错误应答得 0 分），试计算其测验可靠性。

表 2-6 列表计算有关统计量

题目	受试者												
K = 8	1	2	3	4	5	6	7	8	9	10	p	q	Pq
A	0	1	1	1	1	1	1	1	1	1	0.9	0.1	0.09
B	0	0	0	0	0	1	0	1	0	1	0.3	0.7	0.21
C	0	0	1	1	0	1	1	1	1	1	0.7	0.3	0.21
D	0	0	0	1	0	1	1	1	1	1	0.6	0.4	0.24
E	0	0	0	1	1	0	1	1	1	1	0.6	0.4	0.24
F	0	0	0	0	0	1	1	1	1	1	0.5	0.5	0.25
G	0	0	0	1	0	0	0	1	1	1	0.4	0.6	0.24
H	1	1	0	0	1	1	1	1	1	1	0.8	0.2	0.16
Σ	1	2	2	5	3	6	6	8	7	8			1.64

(1) 列表计算有关统计量

$\Sigma X = 48$，$\overline{X} = 4.8$，$\sigma^2 = 6.84$

(2) 代入公式计算可靠性系数

$$r_{KR20} = \frac{K}{K-1}\left(1 - \frac{\sum pq}{\sigma^2}\right) = \frac{8}{8-1} \times \left(1 - \frac{1.64}{6.84}\right) = 0.87$$

本测验可靠性系数为 0.87。

r_{KR20} 公式中需知各题难度，而库德—理查森将 r_{KR20} 公式修正后，只需以各受试者总

分的平均数和方差信息便可计算出可靠性系数。即

$$r_{KR21} = 1 - \frac{0.8\overline{X}(K-\overline{X})}{K\sigma^2} \quad \text{(式 2-12)}$$

将表 2-6 中的有关统计量代入公式：

$$r_{KR21} = 1 - \frac{0.8\overline{X}(K-\overline{X})}{K\sigma^2} = 1 - \frac{0.8 \times 4.8 \times (8-4.8)}{8 \times 6.84} = 0.77$$

一般来说当各题目间难度接近时，r_{KR20} 与 r_{KR21} 公式计算出的可靠性系数较为接近。

四、可靠性分析中应注意的问题

第一，对于测量误差很小的测量数据，如使用常规、通用仪器进行的测量，可靠性一般很高，没有必要计算可靠性。

第二，指标类型不同时，可靠性判断的标准和要求也应有所区别。如对于定量测量，可靠性一般比较高，判别标准要求较高。对于定性测量，可靠性水平一般比较低，判别标准亦应低些。

第三，对于没有量化过程的问卷调查，由于它不符合测量特征，故不存在可靠性问题。

五、影响可靠性的主要因素

（一）测量误差

测量误差越大则可靠性越低，反之则可靠性越高。尽可能严格控制测量条件是减小测量误差、提高测量可靠性的有效方法。

（二）测试对象的个体差异程度

可靠性系数受测量结果变异程度影响，测量数据的变异系数越小，可靠性系数就减小，反之可靠性系数增大。Kelly（克莱）公式可说明这种关系。

$$r_1 = 1 - \frac{s_2^2(1-r_2)}{s_1^2} \quad \text{(式 2-13)}$$

式中：r_1 和 r_2 分别为两个不同分布测量数据的可靠性系数，s_1 和 s_2 分别为两个不同分布测量数据的标准差。

例：某一测验用于 7 岁的学生群体，实得测验分数的标准差为 15 分，可靠性系数

为 0.8，假如用于 10 岁学生群体的标准差为 10 分，其可靠性系数为多少？

解：将已知数据代入公式 2-13 得：

$$r_1 = 1 - \frac{15^2(1-0.8)}{10^2} = 1 - 0.45 = 0.55$$

这个结果说明：

(1) 同质团体的测验可靠性比异质团体测验可靠性低。两者不能替代。
(2) 对于同一测试群体来说，个体差异程度越大，标准差越大，可靠性越高。

（三）重复测量间隔时间

测量再测量的间隔时间，会对测量的可靠性产生影响。如果某项测量指标随时间变化很快，测量再测量的间隔时间长短对可靠性影响很大。如运动后的即刻脉搏测量，重复测量的间隔时间哪怕只有 1 分钟，前后两次测量结果都会有一定差异，而这种差异并不是测量误差引起的。所以像这类指标就不能用测量再测量的方法估计可靠性。体育测量中，身体素质类指标的稳定性很好，随时间变化很小，重复测量的间隔时间就可以长到数天。所以，重复测量间隔时间的长短取决于测量指标的稳定性。

（四）测量的长度

测量的可靠性系数随测量长度（组数、次数）增加呈提高趋势。斯—布公式也证明，随着重复测量次数增加，测量的可靠性提高。但在体育测量中，许多测验由于受人体生理极限限制和心理作用，通过延长测量长度提高测量可靠性就往往会受到限制。

（五）测量容量与类型

在各种条件相同的情况下，测量容量越大，则可靠性越高。但当测量容量增加到一定限度后，继续增加对可靠性的影响就不那么显著了。另外，因受测量时间的限制，测量容量过大而产生疲劳、厌倦等情况时，将妨碍测量继续实施，甚至会起相反作用。

测量类型不同，可靠性高低也会不同。对于定量测量而言，测量的可靠性一般比较高，如形态测量，对于像心理测量等定性测量，可靠性相对较低，所以，对不同类型测量的可靠性高低判断时，应使用不同的标准评价。

影响可靠性的因素很多，除以上因素之外，受试者本身状态、测试环境、仪器及测试人员水平等，都会对测量的可靠性产生影响。因此，为了提高测量的可靠性，结合测量的具体过程作具体分析，排除可能会对可靠性产生影响的主要因素是十分重要的。

第四节 测量的有效性

一、有效性概述

测量的有效性（又称为效度）指所选择的测量手段达到测量目的的准确程度。也就是说，测验所能测量的属性与欲测属性之间的相关一致程度。或者说是一个测验对于它所要测量的事物属性测到了什么程度。在鉴定测量有效性时，必须以测量的目的为依据。

例如要了解身高发育水平，采用身高计测量身高的方法显然是有效的，因为它可以准确地得到身高测量数据。而要想测量下肢爆发力的大小，可选择立定跳远或纵跳，因为这两项测验成绩与下肢爆发力的大小高度相关，故其测量的有效性也就很高，如果用30米跑测量下肢的爆发力就不如用立定跳远或纵跳测量的有效性高。

有效性的数理定义：假定一项测量结果的总变差为 S_t^2，是由以下 3 项组成，一是要测量的事物属性有关因素引起的变差 S_{co}^2，二是与该测验无关的因素引起的变差 S_{tp}^2，三是测量误差的变差 S_e^2。即：$S_t^2 = S_w^2 + S_{tp}^2 + S_e^2$

有效性的定义式为：

$$\text{Val} = \frac{S_{co}^2}{S_t^2} = 1 - \frac{S_{tp}^2 + S_e^2}{S_t^2} \qquad (式 2-14)$$

由此可见，有效性与误差的变差有密切的关系，即受可靠性的限制。一项测验的有效性只能小于或等于可靠性。

有效性主要分析测验指标所测量的属性与我们要测量的事物属性之间的关系；而可靠性主要分析某测量结果是否真实地反映所测量事物的属性。

一项测量的有效性高，可靠性也必须高，因可靠性是有效性的必要条件。但一项可靠性高的测量，其有效性却不一定高。有些测量指标本身的可靠性很高，但用于不同测量目的时，其有效性高低差别会很大。例如，30米绕杆跑多次重复测量，成绩是非常接近的，用于测量灵敏性素质时，其可靠性高和有效性都很高。但用于测量速度素质时，其可靠性虽高，但有效性却不高。以上例子说明，当测量对象和测量条件不变时，一个测验的可靠性不会随测量目的不同而变化。但测量的有效性却随测量的目的不同而变化。

有效性系数的变化范围在 $-1 \sim +1$ 之间，绝对值越接近于 1，其有效性也就越高；越接近于 0，则有效性也就越低。

二、有效性的分类

迄今为止，有效性分类的方法依然很多，但近年来趋向于分为3类，即内容有效性、结构有效性、效标有效性。

（一）内容有效性

内容有效性指所选择测量内容反映总体属性的准确性程度。例如理论课考试中的笔试，不可能将所有学过的内容一一出题测验，只能按照教学大纲的要求，在各章节选择具有代表性的重点内容组成一套试卷。被选出的题目，在内容上对所学科目具有代表性的程度，称为内容有效性。

在编制测验时，内容有效性是一个相当复杂而又不容易解决的问题。要用有限的几个测验来代表总体内容是比较困难的。特别是一些心理测验，有时很难判断其内容是否能反映总体属性。所以，在分析内容有效性时，应视测量目的的要求和欲测事物的总体属性与所选择测量内容特征的一致性程度，其一致性程度越高，说明内容有效性越高。换句话说，不妨把全部内容视作一个总体，把选择出来的几个或一些认为对总体具有代表性的内容视作一个样本，如果这个样本对总体代表性程度高，而且所抽取的样本数量也足够，那么就可以说这项测量的内容有效性也高。例如，韦克斯勒成人智力量表中国修订本（WAIS-RC），在用来测验高考成绩优秀者与一般高中生时，两个群体智商水平平均值经检验具有显著性差异。说明此智力量表的测验内容引起个体的行为反应与总体行为反应一致性程度较高，测验题目内容可以代表各种智力因素，因而认为此量表具有较高的内容有效性。

（二）结构有效性

结构有效性是指一组测量所包含的各种属性与总体属性的各种拟测成分在结构上的一致性程度。

结构有效性是从心理测量发展而来，例如对智力行为心理特征结构，从理论角度进行逻辑分析后，根据智力所包含的各种因素而编制的测验。英国学者斯皮尔曼通过对学生的考试分数的统计分析得出了智力二因素论（G因素和S因素，1904），韦克斯勒智力测量量表就是根据它编制的测量量表。体育测量中，对于成套测验，特别是运动技术的测量，常采用结构有效性来分析所编制测验的有效性。

例如，欲了解学生篮球技术水平，选择了投篮、运球、传球等指标。从篮球技术整体结构来看，选择这三项进行测验，其各自代表属性结构与总体结构一致性程度较高，因为篮球技术的构成与之相符合，据此可以认为这套测验的结构有效性较高。

结构有效性与内容有效性有时容易混淆，它们在要求达到测量目的这一点上是相同的，但是在使用时是有区别的。结构有效性常用于心理测量与运动能力成套测验，特别是编制运动技术测验时经常使用，而内容有效性则常用于理论知识测验。

（三）效标有效性

效标是已被检验证明能够作为计算有效性的参照标准，并被证明是一项有效性、可靠性很高的测量结果。体育测量中常用的效标有定量效标与定性效标。

定量效标指通过定量测量得到的效标，如体育比赛中运动员的专项运动成绩，人体形态测量中，以水下称重法计算出的身体成分，在实验室条件下用气体分析仪、电动跑台或自行车功率计测量所得到的最大摄氧量等就是定量效标。还有一些合成效标，如体质评价总分、成套测验总分等，都可以作为定量效标使用。

定性效标是指通过定性测量获得的效标。如体操、花样滑冰、花样游泳、跳水等运动项目的评分结果；由专家根据该运动项目的特点、技术要求、竞赛规则等制定出评分标准，依据评分标准对运动员运动水平作出评定，还有一些对抗性运动项目如球类、柔道、摔跤等，这些运动项目最后的竞赛名次本身就是定性效标。

体育测量中，效标来源有以下3种途径：一是正规的比赛成绩、名次，如体操比赛的名次顺序可以作为反映运动员技术水平的效标。二是在实验室条件下，使用精密仪器所得测量结果，如用气体分析法测量最大摄氧量可以作为检验其他方法测量最大摄氧量的效标。三是标准化测验的测量结果可以作效标。

效标有效性是指所选择的测量与效标之间的相关一致性程度。如果两者之间的相关程度高，说明所选择的测量的效标有效性高。

许多测量指标在使用之前不知它否有效，或从逻辑分析推断它有效却不知其有效性高低，此时就要选择适宜效标，经测量后计算与效标之间的相关程度如何，如果相关程度高，说明效标有效性高；反之，则要重新更换测量指标，直至有效性达到满意时为止。

某些测量指标虽然非常有效，但须在实验室条件下进行。另外，尽管某项指标测量有效性很高，但限于经济性、实用性、可行性，不宜选来用作大面积群体测量指标使用。而经效标有效性检验，一些简便易行、有效性也较高的测量就可以解决这些问题，作为大面积群体测量指标推广使用。例如以水下称重法为效标、用皮褶厚度测量法计算身体成分就是典型范例。

三、有效性的估价方法

（一）逻辑分析法

对内容有效性及结构有效性来说，逻辑分析法是一种较为简便易行的估价方法。逻辑分析法的依据是科学的专业知识，以及长期从实践工作中科学总结出来的实践经验。内容有效性与结构有效性都从逻辑推理判断分析的角度，来看待所选择测验对总体属性的代表性程度。如在理论考试中，一套试题的内容有效性分析，要以教学大纲为依据，首先分析试题的命题范围和难度是否符合大纲要求，其次再考虑试题的区分度高低、覆盖面的大小，以及对考核知识的代表性高低等因素。这些主观分析完全取决于教师的教学经验和专业知识水平。

（二）积差相关法

在计算效标有效性时，常采用积差相关法。计算测试结果与所选择效标之间的相关系数，并根据相关系数的大小确定其有效性高低。使用此方法估价有效性时，需注意样本数量不能过少。

例：采用水下称重法对 15 名运动员体脂百分比进行测量，测量结果（X）可看做定量效标，试计算皮脂厚度法（Y）测量体脂百分比的有效性有多大？

X（%）　19.5　23.1　21.2　18.4　18.9　20.2　21.4　18.5　17.9　17.2　19.8　16.5　16.9　15.6　14.9

Y（%）　19.2　22.5　21.6　18.9　17.8　20.2　21.1　19.0　17.4　16.9　20.3　17.4　17.2　15.9　14.2

解：用 excel 软件计算出相关系数 $r = 0.969$（计算方法参考本章第三节）

此结果说明用皮脂厚度法测量体脂百分比的有效性很高。

积差相关法既可以计算有效性，也可以计算可靠性，但两者是有区别的。计算有效性时，X、Y 两变量往往代表两种不同测量方法的测量结果；而计算可靠性时，X、Y 两变量代表同一种方法两次重复测量结果。

（三）等级相关法

等级相关法是一种非参数统计方法。所选择效标为顺序量表时，可使用等级相关法进行有效性计算。等级相关法的优点是不涉及变量的分布形态及样本的数量，但当相同等级数量过多时不宜使用此法，否则会出现计算结果偏大而高估有效性的倾向。在一些球类及体操等运动项目比赛中，可将名次作为效标，将所选测量的结果与名次顺序作等级相关来检验其有效性。等级相关法计算公式如下：

$$r_s = 1 - \frac{6\sum d^2}{n(n^2-1)} \quad \text{（式 2-15）}$$

式中：r_s 为等级相关系数，d 为名次与测验成绩的序差，n 为样本数。

例：某市中学篮球比赛前 6 名结果如表 2-7 所示，试计算以投篮命中率来评定各队篮球技术水平的有效性。

表 2-7　以投篮命中率评定篮球技术水平有效性

队名	比赛名次	投篮命中率%	序	d	d^2
A	1	30.1	1	0	0
B	2	29.8	2	0	0
C	3	24.5	6	−3	9
D	4	28.0	3	1	1
E	5	27.0	4	1	1
F	6	25.0	5	1	1
$N = 8$					$\Sigma d^2 = 12$

解：列表计算 Σd^2（见表 2-7）

$$\Sigma d^2 = 12$$

代入公式 2-15 计算有效性系数

$$r_s = 1 - \frac{6\Sigma d^2}{n(n^2-1)} = 1 - \frac{6 \times 12}{6(6^2-1)} = 1 - 0.34 = 0.66$$

本例以投篮命中率来评定各队篮球技术水平的有效性为 0.66，具有一定的有效性，可以作为测量篮球运动技术水平的有效测量指标。

四、影响有效性的因素

（一）受试者群体特征

根据受试群体的具体特征，如年龄、性别、能力、个体差异等，选择适合他们的测验才可以达到测量目的。因为同一测量方法用于不同受试群体时，其难度就不一样，得到的结果也是不同的，测量的有效性高低也就不一样。例如：引体向上只适用于高中以上男子的上肢肩带肌肉耐力测量，而将它用于小学生以及女子时，则可能会因不能完成动作而达不到测量目的。受试者个体差异越大，测验的区分度越高，有效性越高；反之，区分度越低，有效性也就越低。所以说，一种测量用于某种场合效果极佳，而用于另一场合则效果不甚理想。这说明受试群体特征不同，测量的有效性也就会随之发生变化。

（二）样本含量及其代表性

扩大样本含量，不但可以提高样本对总体的代表性，而且可使随机误差趋于减小，测量的可靠性随之提高。除样本含量会对有效性产生影响外，抽样办法也很重要，应坚持随机抽样原则，否则将会影响样本对总体的代表性。

（三）测量的可靠性

测量的可靠性是限制有效性的一个重要因素，一项测量有效性系数的最大值，等于这项测量可靠性系数的平方根。可以说，测量的有效性被它的可靠性所限制。如果某项测量的可靠性不够理想，则势必影响其有效性。所以说，在检验测量有效性之前，首先检验指标本身的可靠性，会对有效性产生良好影响。

（四）效标的选择

因为效标有效性是以所选择的测量指标与效标之间的相关一致性程度来检验其是否有效，以及有效性程度高低，所以效标的选择极为重要。

（五）测量的难度与区分度

区分度是对受试者个体差异程度的分辨能力，区分度高，有效性也会提高。而区分度的高低取决于测验的难度，测量的难度适中时，测量的区分度最大，难度过高或过低时，区分度最小，有效性最低。因此调整好测量难度，也是提高有效性的一种有效方法。

第五节　测量的客观性

一、客观性概述

测量的客观性指不同测试者对同一受试者进行测量，其测量结果的一致性程度。

客观性实际上是测量可靠性意义的延伸与发展，所以也有人称它为测试者的可靠性。

测量的客观性理论常用于体育比赛中的评分项目，如体操、花样滑冰等运动。比赛中多名裁判员同时对一名运动员的运动水平进行评分，不同裁判员评分的结果不同，表现出客观性高低差异。

客观性系数的变化范围一般在 0～1 之间，越接近于 1，说明测量的客观性越高，反之测量的客观性越低。

二、客观性的估价方法

一些估价测量可靠性的方法,也适用于估价测量的客观性。

(一) 和谐系数法

1976年施搭姆(Stamm)首次使用此方法裁判评分的客观性及测量的可靠性。此方法适用于顺序量表数据的计算,适合计算裁判评分名次顺序的一致性程度。其公式如下:

$$\omega = 1 - \frac{12s}{m^2(n^3-n)} \qquad (\text{式 2-16})$$

式中:ω 为客观性系数,m 为测试者人数,n 为受试者人数,s 为受试者名次之和的离均差平方和。

(二) 方差分析法

单因素方差分析法适合于对裁判评分结果的客观性分析,计算公式如下:

$$r = \frac{MS_B - MS_W}{MS_B} \qquad (\text{式 2-17})$$

式中:MS_B 为运动员个体间均方差,MS_W 为裁判评分结果的均方差。

例:某比赛中5名裁判员对7名运动员评分结果如表2-8所示,试计算该评分客观性。

表2-8 裁判评分结果

裁判员	运动员						
	1	2	3	4	5	6	7
A	8.6	8.8	9.4	9.2	8.4	7.6	7.9
B	8.8	8.4	9.1	9.5	8.2	7.8	7.5
C	8.5	8.6	9.3	9.6	8.4	7.9	7.8
D	8.7	8.5	9.3	9.5	8.2	8.1	8.0
E	8.4	9.1	9.0	9.2	8.5	7.6	7.3

解:此题可用两种方法计算。一种是用方差分析法对评分结果的一致性程度进行估计;另一种可用和谐性系数法对评分名次顺序的一致性程度进行估计。

1. 单因素方差分析法

(1) 用 excel 软件进行方差分析(图 2-9、图 2-10),列出方差分析表(表 2-9)。

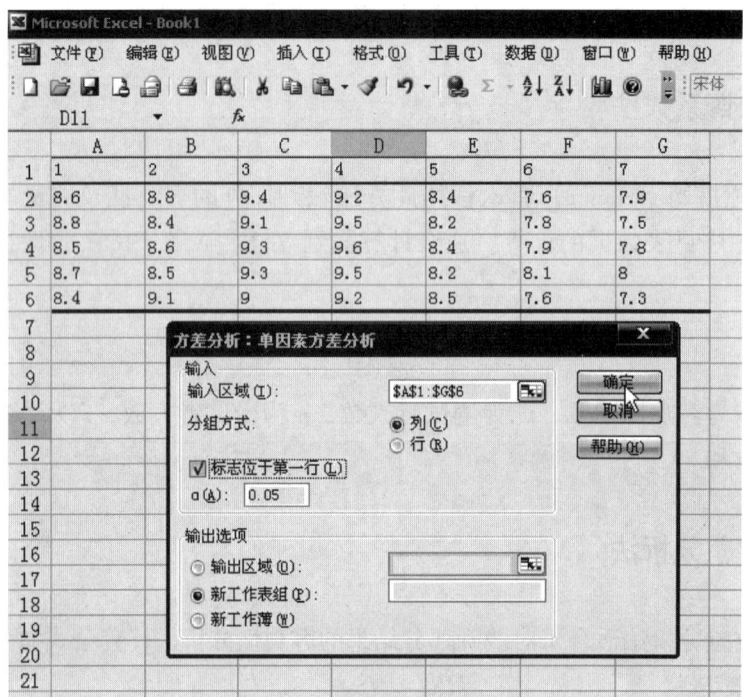

图 2-9 定义数据区域

图 2-10 方差分析结果

表 2-9 方差分析结果

差异源	SS	df	MS	F	P-value	F crit
组间	12.590	6	2.098	47.081	2.37E-13	2.445
组内	1.248	28	0.044			
总计	13.838	34				

(2) 计算客观性系数：$r = \dfrac{MS_B - MS_W}{MS_B} = \dfrac{2.098 - 0.045}{2.098} = 0.98$

2. 和谐性系数法

(1) 先将裁判评分结果转换成名次顺序如表2-10。

表 2-10 评分的名次顺序

裁判员	运动员						
	1	2	3	4	5	6	7
A	4	3	1	2	5	7	6
B	3	4	2	1	5	6	7
C	4	3	2	1	5	6	7
D	3	4	2	1	5	6	7
E	5	2	3	1	4	6	7
∑	19	16	10	6	24	31	34

(2) 求名次和的平均数 ($\bar{X}$)：

$\bar{X} = 140 \div 7 = 20$

(3) 求受试者名次之和的离均差平方和 (s)：

$s = \sum (X - \bar{X})^2 = (19-20)^2 + (6-20)^2 + (10-20)^2 + (6-20)^2 + (24-20)^2 + (31-20)^2 + (34-20)^2 = 466$

(4) 代入公式 2-16 求客观性系数：

$$\omega = \frac{12s}{m^2(n^3 - n)} = \frac{12 \times 466}{5^2(7^3 - 7)} = 0.666$$

以上两种客观性系数计算结果差异很大，原因与测量数据性质及属性有关，也与客观性估算的方法有关。方差分析法适合于计算定量测量结果客观性及可靠性，测量数据可以是区间量表或比例量表。其计算结果与测量的最小分辨率及测量数据之间的差异有密切关系，分辨率越高，可靠性或客观性系数越高。测量数据之间差异越小，可靠性或客观性系数越高。而和谐性系数法适用于定性测量结果客观性或可靠性的分析计算。测量数据必须是顺序量表。所以，本例题用方差分析法计算出的客观性系数高达0.98，与评分的分辨率（0.1分）高及评分分数之间差异很小有关。

哪种方法计算的客观性系数更准确可靠呢？这要结合测验的类型、目的及客观性计算方法特点加以综合分析。该测验是一种定性测量,其目的是为了区分运动员的名次顺序。和谐性系数法正是用于估计测量结果的名次顺序一致性程度的客观性估价方法。因此,该测验客观性系数应为 0.666,此例题用方差分析法计算客观性显然不合适。

三、影响客观性的因素

(一) 测试尺度

在一些主观判断因素较多的测试中,如评分运动项目,往往因测试者掌握测试尺度的不一致,造成测量的客观性较差。测试尺度与评分规则的好坏有密切关系,评分规则越详细、具体、科学,测试尺度越容易统一。应尽可能明确规定测试细节并且将其具体化,尽量减少测量中的主观因素,以提高测量的客观性。

(二) 测试者的水平

测试者水平的高低,直接影响测量的客观性。体育测量中专业水平较高、实践经验较丰富的裁判员评分结果的一致性程度较高;而一些从事裁判工作较少、专业知识水平较低、对评分规则理解相对肤浅的裁判员测量客观性较差。

(三) 测试者 (或专家) 人数

测试者(或专家)人数多少会给测量的客观性带来影响。人数过多,意见容易分歧;人数太少,个别人意见起的作用会过大。所以应根据实际情况,如受试群体规模、水平等具体情况,选择适宜测试人员(或专家)人数。对于一些评分难度较大、客观性较低的项目,可以通过增加裁判员人数的方法提高客观性。其次,也可以通过去掉一个最高分和一个最低分,取剩余的分值平均值的方法提高客观性。

除此而外,裁判员的职业道德修养及个人情感因素也会对测量的客观性产生较大影响。

思考题:

1. 试简述降低体育测量误差的主要途径与方法。
2. 何谓测量的有效性?影响有效性的因素有哪些?
3. 何谓效标?举例说明效标的类型。
4. 可靠性的估价方法有哪些?这些方法各有什么特点?
5. 试说明测量的有效性、可靠性与客观性之间的关系。
6. 简述试题难度与区分度的关系。

作业题：

1. 某测量的测量次数为 5 次时，测量的可靠性系数为 0.5。现要求测量的可靠性系数达到 0.8。问该测量的次数至少应为多少次。

2. 对 25 名学生分别进行两次纵跳测验，测量数据（测量单位：厘米）如下，试计算该测验的可靠性。

第一次　56　54　45　43　45　52　38　40　46　47　42　42　49　41　60　64
　　　　62　61　47　49　60　54　54　55　44

第二次　54　55　48　42　40　56　43　41　47　45　40　44　50　41　55　62
　　　　56　57　46　52　62　50　48　51　46

3. 某校 300 名学生参加生理学考试，高低分组人数的比例定为 25%，某试题高分组有 50 人通过，低分组有 15 人通过，试计算该题的区分度。

4. 有 60 名学生参加政治考试，某问答题满分为 10 分，评卷的结果，该题平均成绩为 6.5 分，某选择题有 40 人答对，试计算这两道题的难度系数。

5. 有 100 名学生参加考试，高低分组的人数为 26%，某一分析题得分如表 2-11 所示，试计算该题的区分度。

表 2-11　高低分组得分

高分组			低分组		
得分 x	人次 f	总分 fx	得分 x	人次 f	总分 fx
3	18		3	5	
2	6		2	6	
1	2		1	10	
0	0		0	5	
Σ			Σ		

6. 某比赛中 5 名裁判员对 7 名运动员评分结果如表 2-12 所示，试用和谐性系数法计算该评分客观性。

表 2-12　裁判评分结果

裁判员	运动员						
	1	2	3	4	5	6	7
A	8.6	8.8	9.4	9.2	8.4	7.6	7.9
B	8.8	8.4	9.1	9.5	8.2	7.8	7.5
C	8.5	8.6	9.3	9.6	8.4	7.9	7.8
D	8.7	8.5	9.3	9.5	8.2	8.1	8.0
E	8.4	9.1	9.0	9.2	8.5	7.6	7.3

7. 6个问题的测验，10名受试者得分如表2-13所示，请分别用r_{kr20}和r_{kr21}公式计算该测验的可靠性系数。

表2-13 受试者得分

题目	受试者												
$K=6$	1	2	3	4	5	6	7	8	9	10	p	q	pq
A	0	1	1	1	1	1	1	1	1	1			
B	0	0	0	0	0	1	0	1	0	1			
C	0	0	1	1	0	1	1	1	1	1			
D	0	0	0	1	0	1	1	1	1	1			
E	0	0	0	1	1	0	1	1	1	1			
F	1	1	0	0	1	1	1	1	1	1			
Σ	1	2	2	5	3	6	6	8	7	8			

(袁尽州)

第三章 评价的基本理论

评价是以测量结果为基础，以评价参照标准为依据，通过一定的程序和方法来判断测量结果的价值。评价是测量的最终目的。体育测量与评价是两个相互依存的概念，测量的目的在于对测量事物的各种属性进行定量描述（量化），而评价的目的则超出了对属性的简单描述，它主要是判断或确定这些测量数值的价值和意义。在评价时，有效和可靠的测量数据是科学判断的前提，但这还不够，还必须有一个科学合理的评价标准。如何制定评价标准是评价过程中的关键问题。

第一节 评价的基础知识

一、评价的基本形式

对体育教学训练过程进行评价，主要目的是通过获取信息、比较参照标准来判断教学和训练的效果，并通过信息反馈为改进和提高教学训练质量提供依据。通常，人们根据教学训练过程的不同阶段将其分为如下3种评价形式。

（一）诊断评价

诊断评价，又称为学前期评价或事前评价。其主要目的有三：第一，了解学生学习前的身体素质、专项技术及基本知识等现状和初始水平；第二，了解学生学习的动机、愿望、兴趣及要求等情况；第三，根据学生的实际情况科学地制定或修订教学训练计划，有针对性地安排教学或训练的内容和方法。

诊断评价主要通过两种测验获取信息：一是编制能反映身体素质、专项基本技术及基本知识的测验；二是编制有关学习动机、愿望、兴趣等内容的咨询量表。在教学训练开始之前对学生进行测验，根据以上这两种测验所获得的信息，与原定的目的任务和学生实际情况进行比较，对即将进行的教学训练计划、内容和方法等作出合理的安排，使其更加具有目的性和针对性，以适应学生的学习，有效地提高教学训练的效果。

（二）过程评价

过程评价又称为形成期评价或中间评价，是从教学训练开始至结束之前使用的一种评价形式，贯穿于整个教学和训练过程。通常，教师根据教学训练总任务、内容及学生情况，将教学训练过程划分为若干阶段（单元），并提出各阶段（单元）的任务（目标），以便组织教学或训练。过程评价就是以各教学训练阶段（单元）的任务（目标）作为评价参照标准，借此编制若干测验，并随着教学训练的进程而付诸测验。过程评价的程序是：获得各阶段的教学训练信息，与其任务进行比较，确定是否达到阶段（单元）的任务（目标），然后将比较和调整的信息反馈于教学训练。

过程评价的主要目的是：评价教学训练是否完成阶段（单元）的任务（目标），诊断存在的问题，及时将调整和改进的信息反馈于教学训练，为后继教学训练提供依据，使教师能够更好地把握整个教学过程，进而使教学训练得到控制。另外，过程评价还是教学训练过程中必不可少的一种手段，其反馈信息不但对教师的教而且对学生的学都有着莫大的益处。

过程评价中的各项测验必须根据各阶段（单元）的任务（目标）来编制。实施测验时，可采用随堂或定期两种测验形式。不管使用哪一测验，均可以通过考试、提问、作业等方法来获取信息。

（三）终结期评价

终结期评价又称为综合评价或事后评价，是在教学训练结束时使用的一种评价形式，它是以教学训练总任务作为评价参照标准的，其评价过程为：以总任务为依据编制测验，并在教学训练结束时实施测验，以测验结果来评价教学训练的质量和效果。终结期评价的主要目的是评价学生的学习成绩，通过评价判断以确定学生完成教学训练任务的程度，在此基础上，也可以解释学生个体之间、个体与群体之间的成绩差异。

终结期评价是对整个教学过程和教学结果的综合评价，除了评价学生的学习成绩之外，还可以评价教师的教学能力，总结教学训练过程中的经验，为下一轮教学训练提供各种改进教学训练的反馈信息。

二、评价的参照标准

评价是将测量的原始成绩与某一参照标准对比，从而判断和确定其价值和意义。评价的参照标准是根据测量数据属性和评价目的来确定的。众所周知，测量结果基本上是客观的，而评价参照标准是人为确定的。能否对测量结果作出科学而又准确的评价，这与所选择的评价参照标准有密切的关系。根据评价的不同目的，评价参照标准可分为相对参照标准和绝对参照标准。

（一）相对评价参照标准

相对评价参照标准又称比较标准或现状标准，它是基于测量的原始成绩经统计方法处理而制定的一种参照标准。这种参照标准主要目的是确定某一个体成绩在特定群体中所处的水平和位置。评价结果并不能说明这个个体实际水平的高低。例如：要评价某位运动员在他所在的队中水平的高低，需要根据这个队的所有运动员的成绩制定一个标准，才能对该运动员在队中水平的高低作出判断。由于相对参照评价标准是用于评价个体的现状和水平的，所以在制定相对参照标准时，必须以特定的受试者的测量数据，并经数理统计方法处理来建立评价标准。以此建立的评价参照标准一般只适用于特定时间和特定群体范围。所以制定这种标准时比较随意，只要能作出客观判断就即可。例如，要判断某位学生在某班上学习好坏，只要知道该学生考试成绩的百分位，就能判断该学生在班上水平位置高低。

（二）绝对评价参照标准

绝对评价参照标准又称为理想标准，它是根据教学训练的需要，提出受试者经过努力才能达到的一种参照标准。这种参照标准主要用于评价个体和群体能否达到预期的客观目标，其评价结果可以反映被评价者实际水平的高低，但与被评价者所在群体和评价的时间没有太大关系，此种评价参照标准其评价的范围较广，且标准一旦制定之后就必须保持长期的持续和稳定。如《国家运动员等级标准》《国家体育锻炼标准》及《中国学生体质健康标准》等均属于绝对标准。这种标准的制定对测量数据的科学性以及评价方法要求很高，既要符合客观实际，又要体现出一定的导向性和超前性。

评价标准按照评价的形式可分为评分标准和评级标准；按照评价对象又可分为个体标准和群体标准。

第二节 评价方法

评价方法，即制定评价标准的方法。根据评价的目的和测量数据的特征，运用一定的统计方法建立评价标准。选择正确合理的评价方法，是评价过程中的核心问题。要做到正确选择评价方法，必须了解每一种评价方法的特点及应用的条件。

制定评价标准，必须满足如下3个条件：

（1）评价的参照点。又称为评价计分的基准点。评价参照点可分为绝对零点和相对零点。

(2) 评价单位。又称为计分间距。是评价量表中分值之间的距离。这种距离可以是不变的（如标准分），也可以是递进的（累进量表）。

(3) 评价全距。或称为评价数据的取值范围。此范围必须能包含所有被评价数据，而且还略有宽余。

一、离差法

离差法是以测量原始观测值的平均数为参照点、以标准差为计算单位来制定评价标准的。使用离差法时，首先要检验原始观测值是否呈正态分布。唯有正态分布或接近正态分布的原始观测值，才能使用离差法制定评价标准。

（一）离差法制定评分标准（标准分）

1. Z分

Z分是标准分的最基本形式。它以平均数为0分的参照点，计分间距以一个标准差为1分。因此可得到Z分公式为：

$$Z = \frac{x - \bar{x}}{S} \text{（测量值越大，得分越高）}$$

$$Z = \frac{\bar{x} - x}{S} \text{（测量值越小，得分越高）} \quad \text{（式3-1）}$$

在标准正态分布 $\bar{x} \pm 5S$ 范围，Z分的范围为-5～+5分。由于Z分有负分，所以在实际中很少直接应用，但Z分可以转换为其他标准分。

2. T分

如果将平均数作为50分的参照点，计分间距以一个标准差为10分，可得到T分公式为：

$$T = 10Z + 50 \quad \text{（式3-2）}$$

在标准正态分布 $\bar{x} \pm 5S$ 范围，T分的范围为0至100分。

Z分、T分只能在测量数据范围达到标准正态分布范围 $\bar{x} \pm 5S$ 时才可应用。但这种情况很少，致使这两种标准分在实际中应用较少。

3. 标准百分

标准百分是由标准分演变而来的一种评分方法。使用标准百分时，首先要确定标准百分的评分范围（全距），一般定为0～100，当测量数据分布范围不同时，其评分结果不同，所以在制定标准百分时，首先要明确原始测量数据取值范围，可用 $\bar{x} \pm KS$ 表示（K 为常数，可定为 K = 5，K = 3 或 K = 2.5），然后再进行转换。标准百分公式为：

$$标准百分 = 50 + \frac{50(x - \bar{x})}{ks} \qquad (式 3-3)$$

一般说来，标准百分评分范围常用 0 ~ 100，而原始测量数据范围多为 $\bar{x} \pm 3S$，根据正态分布理论，在 $\bar{x} \pm 3S$ 范围已包含了 99.73% 的测量数据。此时，标准百分的计算公式为：

$$标准百分 = 50 + \frac{50(x - \bar{x})}{3s} \qquad (式 3-4)$$

例：某城市初一男生的立定跳远平均值为 165 厘米，标准差为 20 厘米，最大值为 215 厘米，最小值为 110 厘米。①试计算立定跳远成绩为 195 厘米学生的标准百分。②在 $\bar{x} \pm 2.5S$ 范围内，以 1 分为间距，制定一个百分制的评分标准。

解①：根据最大值和最小值确定评价全距，（最大值 – 平均值）/ 标准差 =（215 – 165）/ 20 = 2.5，（最小值 – 平均值）/ 标准差 =（110–165）/ 20 = 2.75，所以，K 值取 2.5 比较合理。根据公式 3 – 3 可得立定跳远成绩为 195 厘米学生的标准百分为：

$$标准百分 = 50 + \frac{50(x - \bar{x})}{2.5s} = 50 + \frac{50(195 - 165)}{2.5 \times 20} = 80 \text{ 分}$$

解②：在 $\bar{x} \pm 2.5S$ 范围内，计算分值增减 1 分测量值增减值 $\Delta x = \frac{Xmax - Xmin}{100} = \frac{(\bar{x} + 2.5s) - (\bar{x} - 2.5s)}{100} = \frac{215 - 115}{100} = 1$ 厘米，最大值 215 厘米对应满分值 100 分，分值由 100 分递减 1 分，则立定跳远测量值由 215 厘米递减 1 厘米可得到表 3–1 所示评分标准。

表 3–1　立定跳远评分标准

立定跳远成绩（厘米）	分值
215	100
214	99
213	98
……	……
……	……
116	1
115	0

（二）离差法划分评价标准等级

用离差法划分评价等级，一般定为 5 级，也可根据不同的评价目划分为 3 级或 4

级。划分等级的步骤如下。

1. 确定评价等级数和各等级之间人数的理论百分数

评价等级数是根据评价目的来确定的,一般来说,用于终结期成绩评价的定5个等级为宜,即优、良、中、下、差;而用于教学训练过程的诊断评价,则多用3个等级。各等级人数百分比,依不同的评价目的或用途来确定。不管采用哪种百分比,其总体应是符合正态分布特点,即"中间大,两头小"。中等水平的占多数,优劣的占少数。

2. 计算各等级之间的分界点

根据各等级人数百分比计算各个分界点对应的正态曲线下的面积,然后查正态分布表(附表1),确定其对应面积的u值,即横轴上的标准差(s)。下面以表3-2为例,求各等级之间的分界点。

表3-2 5级评价等级标准

等级	标准	理论百分数
优	$\bar{x}+1.28s+\Delta$ 以上	10%
良	$\bar{x}+0.67s+\Delta \sim \bar{x}+1.28s$	15%
中	$\bar{x}-0.67s \sim \bar{x}+0.67s$	50%
下	$\bar{x}-1.28s \sim \bar{x}-0.67s-\Delta$	15%
差	$\bar{x}-1.28s-\Delta$ 以下	10%

注:Δ为最小测量单位

优秀级的分界点:

(1)计算正态曲线下的面积。50% - 10% = 40%。

(2)查表求u值。查表40%的面积为0.3997,相对应的u值为1.28,即$\bar{x}+1.28s$是优秀级的分界点。

良好级的分界点:

(1)计算正态曲线下的面积。50% - (10% + 15%) = 25%。

(2)查表求u值。查表25%的面积为0.2486,相对应的u值是0.67,即$\bar{x}+0.67s$是良好级的分界点。

依次类推,可求出各等级的分界点,最后列出评价等级(见表3-2)。

3. 计算各等级之间的分界值

各等级之间的分界值,即各原始观测值的分界值。计算方法是:以原始观测值的平均数和标准差代入表3-2中,即可求出各等级之间的分界值。表3-3是某地区10岁男生身高的5个等级评价标准($\bar{x}=138.8$厘米;$S=5.3$厘米)。

表 3-3　10 岁男生身高评价表

等级	身高（厘米）	理论百分数
优	145.7 以上	10%
良	142.5 ~ 145.6	15%
中	135.3 ~ 142.4	50%
下	132.1 ~ 135.2	15%
差	132 以下	10%

二、百分位数法

百分位数法是以原始观测值的中位数为参照点，以百分位数为单位来制定评价标准的。百分位数既适合于正态分布也适合于非正态分布的观测值的计算。在大样本情况下，百分位数法制定标准比较简单而且客观，所以，现在用百分位数法制定等级评价标准或百分制的评分标准时比较常用。

（一）百分位数法制定评分标准

百分位法制定百分制的评分标准非常简单，每个测量值对应的百分位数就是百分制的分值。百分位数的计算公式为：

$$P_X = L_X + \frac{i}{F_X}\left(\frac{X \times N}{100} - C_{x-1}\right)$$　　　　（式 3-5）

式中：P_X 为第 X 百分位数；L_X 为所求的百分位数所在组的下限；X 为所求的百分位数的秩次；$X = 1，2，3，……$；F_X 为第 X 百分位数所在组的频数；C_{X-1} 为小于 L_X 的上组累计频数；i 为组距；N 为总样本数。

例：以 140 名男生立定跳远成绩（米）为例（表 3-4），计算 P_5 和 P_{20} 百分位数对应值。

表 3-4　某校男生立定跳远成绩频数分布表

分组	频数	累计频数
1.80	1	1
1.90	1	2
2.00	11	13
2.10	24	37
2.20	29	66
2.30	39	105
2.40	21	126
2.50	9	135
2.60	4	139
2.70	1	140

解：先计算 P_5 累计频数，P_5 累计频数 $= \frac{5 \times 140}{100} = 7$。依表 3-4 可知：$L_5=2.00$，$F_5 = 11$，$i = 0.1$，$N = 140$，$C_{X-1} = 2$，$X = 5$，代入公式 3-5 可得：

$$P_5 = 2.00 + \frac{0.1}{11} \left(\frac{5 \times 140}{100} - 2 \right) = 2.045$$

立定跳远成绩为 2.04 米，对应的百分位为第 5 百分位，百分制的分值就是 5 分。

依次可求出 $P_0 \sim P_{100}$ 各序数（位置）的百分位数（原始观测值）。也可根据需要求出以 5 个序数（位置）为间距的评价标准表（表 3-5）。

表 3-5 立定跳远百分位数评价标准

得分	成绩（米）	得分	成绩（米）
100	2.80	50	2.31
95	2.58	45	2.29
90	2.50	40	2.27
85	2.47	35	2.24
80	2.43	30	2.22
75	2.40	25	2.19
70	2.38	20	2.16
65	2.35	15	2.13
60	2.35	10	2.11
55	2.33	0	1.80

（二）百分位数法划分评价等级

用百分位数划分评价等级比较简单，其步骤是：

(1) 确定评价等级数（3 级或 5 级）。
(2) 确定各评价等级人数的理论百分数（以表 3-2 为例）。
(3) 确定各评价等级的分界点。以各等级的人数百分比为分界点（表 3-6）。

表 3-6 百分位数法划分评价等级

等级	标准（各等级分界点）	理论百分数%
优	$P_{90} + \Delta$ 以上	10
良	$P_{75} + \Delta \sim P_{90}$	15
中	$P_{25} \sim P_{75}$	50
下	$P_{10} \sim P_{25} - \Delta$	15
差	$P_{10} - \Delta$ 以下	10

注：Δ 取 0.01 米

求各等级的分界值。用百分位数公式 3-5 求出表 3-6 中各百分位数对应的测量值，得到等级评价标准如表 3-7 所示（以表 3-4 数据为例）。

表 3-7 百分位数评价等级表（男生立定跳远）

等级	成绩（米）
优	2.51 以上
良	2.41～2.50
中	2.20～2.40
下	2.12～2.19
差	2.11 以下

百分位法进行评价时，数据的样本量要足够大，否则制定出的标准就不一定合理。现在由于统计软件的应用，促进了百分位法的广泛应用。下面举例说明用 excel 软件制定百分位标准。

例：以某高校 100 名男大学生的肺活量数据为例，用百分位法制定一个等级评价标准，使优秀人数百分比为 5%，良好为 15%，中等为 60%，下等为 15%，差为 5%。

解：第一步，根据各等级的人数百分比列出等级评价的百分位区间值表 3-8：

表 3-8 等级分界点

等级	标准（各等级分界点）	理论百分数%
优	$P_{95} + \Delta$ 以上	5
良	$P_{80} + \Delta \sim P_{95}$	15
中	$P_{20} \sim P_{80}$	60
下	$P_5 \sim P_{20} - \Delta$	15
差	$P_5 - \Delta$ 以下	5

第二步，计算 4 个分界点 P_5、P_{20}、P_{80}、P_{95} 的肺活量数值，先将肺活量数据按列输入到 excel 表格，然后在点击工具栏，选择数据分析（图 3-1），点击后出现图 3-2 对话框，选择排位与百分比排位点击，出现图 3-3 对话框，选定数据区域和输出区域。点击确定后就得到计算结果（图 3-4），据此可得到：P_5 = 2934 毫升，P_{20} = 3333 毫升，P_{80} = 4907 毫升，P_{95} = 5477 毫升。

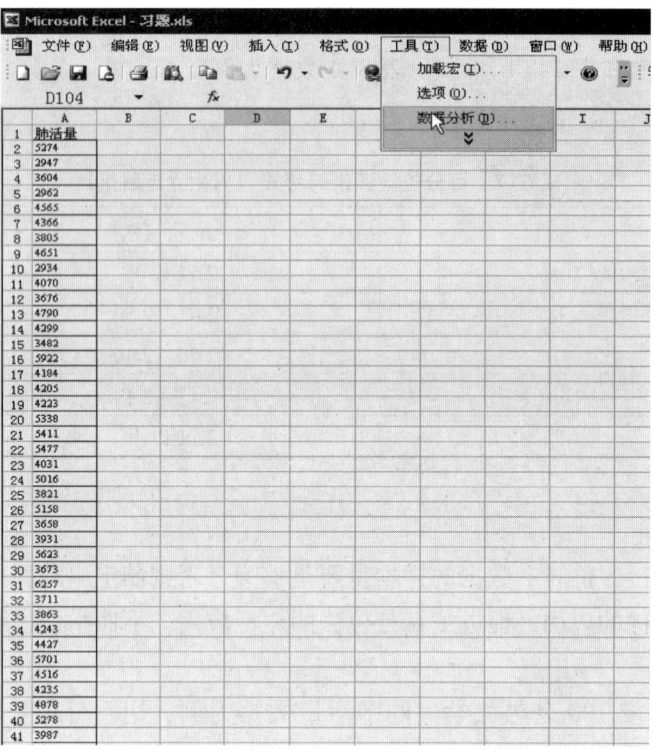

图 3-1　百分位计算示意图

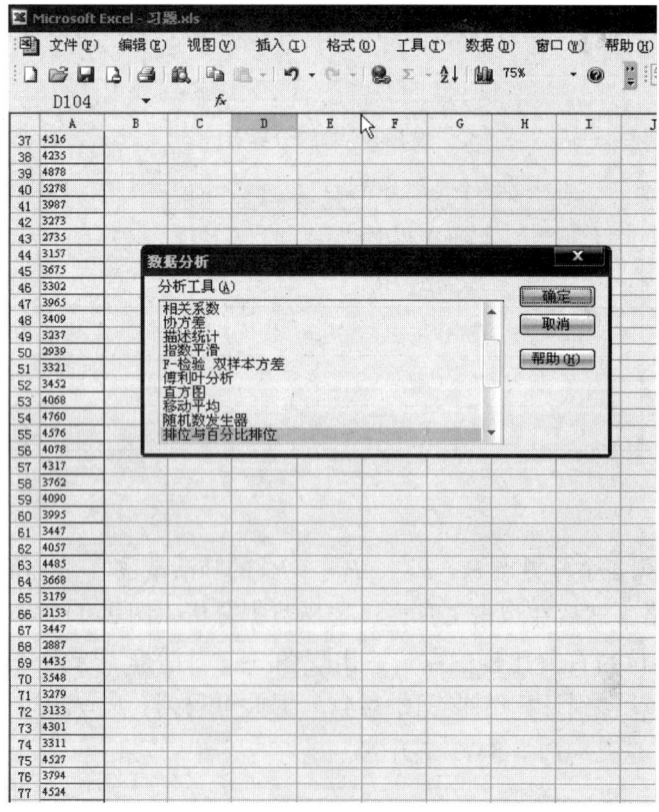

图 3-2　百分位计算示意图

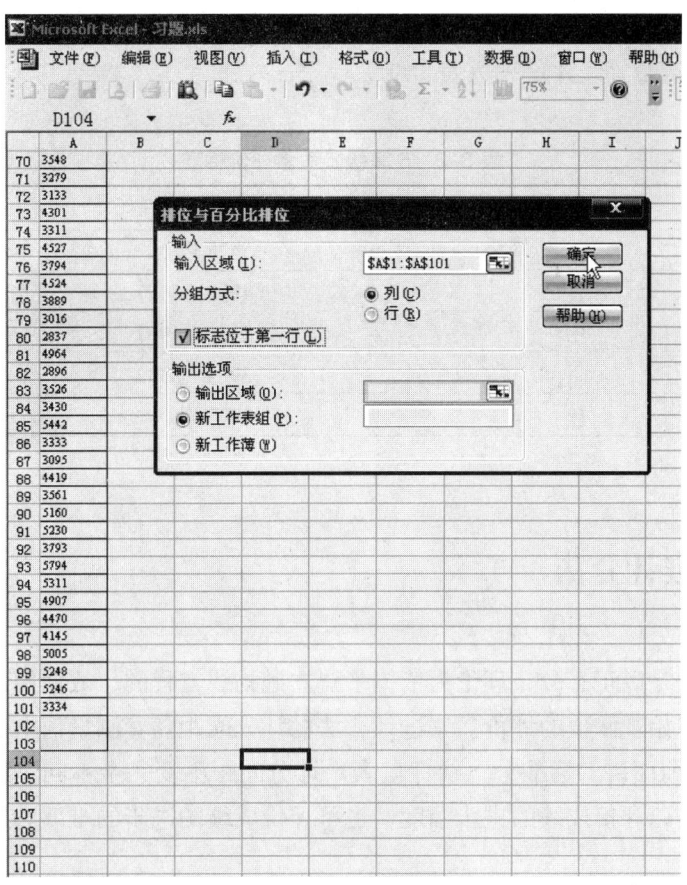

图 3-3 百分位计算示意图

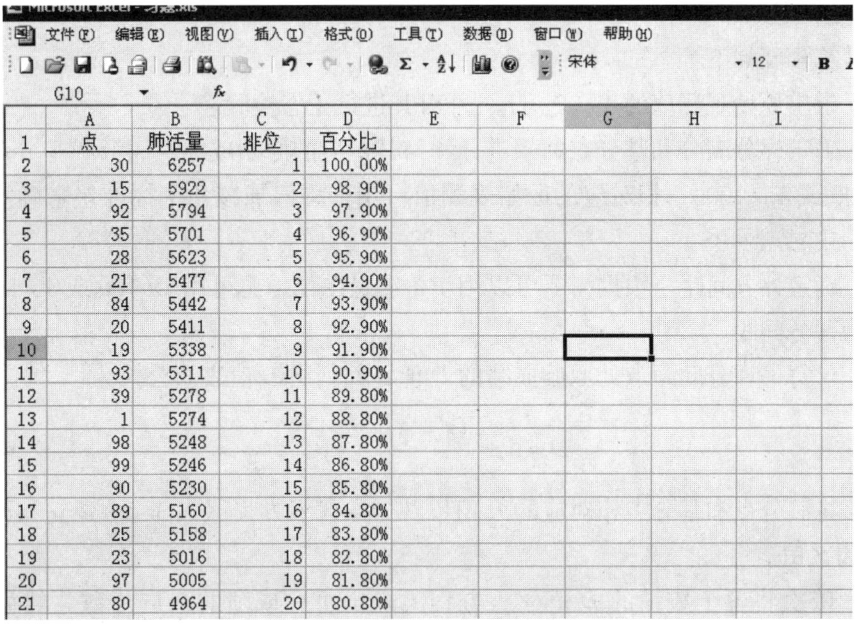

图 3-4 百分位计算结果

第三步，列出评价标准。根据测量数据可知 Δ=1 毫升。将以上 4 个分界值代入表 3-8，可得到肺活量等级评价表（表 3-9）。

表 3-9　5 等级肺活量评价标准

等级	成绩（毫升）
优	5478 以上
良	4908～5477
中	3333～4907
下	2934～3332
差	2933 以下

三、累进计分法

累进计分法是以正态分布理论为依据来建立抛物线方程的，故使用于正态分布或接近正态分布的原始观测值的评价。累进计分法的计分间距随着测量值增加而递进（非线性量表），这与前面讲的标准分（线性量表）计分间距不变完全不同。所以用此法制定的评价标准既可以评价成绩的进步幅度，也可评价成绩的进步的难度。累进计分法计算公式为：

$$Y = KD^2 - Z \qquad (式 3-6)$$

式中：Y 为累进分数，K 为系数，D 为某成绩在正态曲线图横轴上的位置，Z 为基分点以左的分数。

其计算步骤如下：

(1) 求出原始观测值的 $\overline{X}$、S、M_d，并对其进行正态检验。

(2) 确定评分满分和基分点的累进分和与其对应的原始成绩。满分和基分点一般定为 0～100 或 1～1000，相对应的原始观测值可用平均值加减几个标准差来确定，常用的有 $X \pm 5S$ 或 $X \pm 3S$。

(3) 确定评分间距。根据需要可以用 1 个测量单位，也可用 1/100 或 1/1000 个测量单位为评分间距。

(4) 求每一评分间距点处原始成绩的 D 值，并列出 D 值表。公式为：

$$D = 5 \pm \frac{(X - \overline{X})}{S} \qquad (式 3-7)$$

(5) 将满分点和基分点相对应的 D 值以及分数代入方程（式 3-6）建立方程组，求出 K 值和 Z 值。

(6) 依次将各个成绩的 D 值代入方程，求出每一成绩的累进分数。然后列出评价表。

例：已知某校男生跳高成绩 $\bar{x} = 128\text{cm}$，$S = 4\text{cm}$，$x_{max} = 140\text{cm}$，$x_{min} = 116\text{cm}$，检验呈近似正态分布。试制定累进评分表。

①确定满分和基分点的分数和原始成绩（$\bar{x} \pm 3S$ 取值）。

$\bar{X} - 3S = 128 - (3 \times 4) = 116$，为 0 分

$\bar{X} + 3S = 128 + (3 \times 4) = 140$，为 1000 分

基分点 D 值为：$D = 5 + (-3) = 2$

满分点 D 值为：$D = 5 + 3 = 8$

②将满分和基分点的 D 值代入方程（$Y = KD^2 - Z$），得：

$1000 = K \times 8^2 - Z$

$0 = K \times 2^2 - Z$

解方程得：$K = 16.67$，$Z = 66.67$

则：$Y = 16.67D^2 - 66.67$

③确定计分间距。以 1 个测量单位（1cm）为间距，以便从各个体原始成绩求出相应的分数。

④求 D 值并列表：

第一，求出计分间距对应的 D 值

$D = 1/4 = 0.25S$

第二，列 D 值表：

$D_{140\text{cm}} = 8$

$D_{139\text{cm}} = 8 - 0.25 = 7.75$

$D_{138\text{cm}} = 7.75 - 0.25 = 7.5$

$\vdots$

$D_{116\text{cm}} = 2$

⑤将 D 值依次代入方程（式 3-6），求出各跳远成绩的累进分。

$Y_{140} = 16.67 \times 8^2 - 66.67 = 1000$ 分

$Y_{139} = 16.67 \times 7.75^2 - 66.67 = 934$ 分

$\vdots$

$Y_{116} = 16.67 \times 2^2 - 66.67 = 0$ 分

⑥列出原始成绩与累进分对照表（表 3-10）。

本例题用 excel 软件计算过程如图 3-5 所示。

表 3-10　某中学男生跳远成绩与累进分对照表

成绩	分数	成绩	分数	成绩	分数
140	1000	131	484	122	138
139	934	130	438	121	109
138	871	129	393	120	83
137	809	128	350	119	59
136	850	127	309	118	38
135	693	126	270	117	18
134	638	125	234	116	0
133	584	124	200		
132	533	123	168		

图 3-5　累进计分示意图

四、综合评价法

综合评价是将各项不同计量单位的原始观测值，转换成统一计算单位后，以其总和（总均值）来反映测验整体属性的一种评价方法。

进行综合评价时，要注意如下 3 个问题：第一，用相应的统计方法将各项测验成绩的计量单位规范化，即转换成统一的计算单位。第二，对各项成绩进行正态检验。从理论上说，参加综合评价的各项测验成绩应呈正态和接近正态分布。第三，要考虑各项测验对整体属性的作用或影响大小，根据它们的作用或影响程度确定其权重（加权数），并根据其权重进行综合评价。

在体育评价中，常用的综合评价方法有如下几种：

（一）文字等级的综合评价法

所谓文字等级，即以优、良、中、下、差等来描绘学生成绩。这种评价方法常用于主观成分较大的各种综合属性测验中，如评价写作能力、语言表达能力等。在某些综合属性的测验中，若各项测验成绩均以文字和等级进行评价，则可将这些文字和等级转换成分数，然后求出其总分。文字等级转换分数的方法是：

(1) 赋予各等级分数。如 A（优）= 4 分，B（良）= 3 分，C（中）= 2 分，D（下）= 1 分，E（差）= 0 分。或者，$A^+ = 14$，$A = 13$，$A^- = 12$，$B^+ = 11$，……$E^+ = 2$，$E = 1$，$E^- = 0$，等等。

(2) 将转换的分数求总和或求总平均值。以总和（总均值）进行综合评价。

（二）等权评价法

这里的"权"也称权重或权系数。它表示每个测量指标在综合测验总体属性中的重要性程度。如果各项测量指标在综合测验总体属性中的重要性程度比较接近或差异不大，就把它们看做"等权"，可以简化评价过程。在体育测量与评价中，有很多测验是用分数来取值的，例如某些技术评分、课程考试，或者那些经过转换的 Z 分、T 分、标准百分和累进分等等。当进行综合评价时，就可以在各单项测验评价的基础上，将各个体在各项测验所得的分数累加求出总分或总平均分，最后以各个体的总分（总平均分）作为整体属性的综合评价。

等权评价法最大的优点是简单、快捷，然而，它无法考虑各项测验对整体属性的作用或影响程度。

（三）加权评价法

此法是在把被评价个体的各单项测验成绩统一转化为分值之后，考虑了各项测验对整体属性的作用或影响，借此赋予或求出各项测验对整体属性的权重（加权数），然后用加权总分的公式求出加权总分。加权总分的计算公式为：

$$加权总分 = W_1 T_1 + W_2 T_2 + \cdots\cdots + W_N T_N \qquad (式3\text{-}8)$$

式中：W 为各测验的权重（加权数），T 为各个体在各测验中的分数。

加权总分的计算步骤为:
(1) 将各测验成绩的原始观测值转化为相应的分数。
(2) 求各测验的加权数。常用的方法有如下几种:
①以经验或理论判断各项测验对整体属性的作用或影响大小,并以其程度赋予或给予一个加权数。一般来说,总加权数为1,那么各测验的加权数则为0.1,0.2,……0.9。
②用专家咨询法求出各项测验的加权数。即将整体属性及各项测验列成一个咨询量表,然后请专家判断赋值(比重或百分比)。以专家的赋值求出各项测验的权重。
③用统计方法求出各项测验的权重。如以标准回归系数、主成分分析的贡献率、标准判别系数及模糊相关等方法,均可求出各项测验的加权数。
(3) 将各个体的各项测验分数代入加权总分公式3-8,分别求出各个体的加权总分或加权平均分。

综合评价除以上方法外,还可以借助电子计算机,用比较复杂的统计方法,建立各种综合评价的数学模型,如相关模型、回归模型、判别模型、模糊数学模型以及主成分和因子分析模型等等。

思考题:

1. 何谓评价标准?制定评价标准的依据是什么?
2. 简述几种评价方法的特点及应用的条件。

作业题:

1. 某中学进行100米跑测验,$\bar{X} = 13.4$秒,$S = 0.8$秒,数据符合正态分布。
①用离差法制定一个等级评价标准,使优等人数百分比为10%,良等为20%,中等为40%,下等为20%,差等为10%。
②试求出测验成绩为11.8秒、14.2秒的Z标准分和T标准分。
③取$K = 2.5$,制定一个标准百分的评分标准,测量数据计分间距取0.1秒。
④取$K = 2.5$,制定一个累进记分评分标准(0~100分),测量数据计分间距取0.1秒。

2. 以表3-4为例,用百分位法制定一个等级评价标准,使优等人数百分比为5%,良等为15%,中等为60%,下等为15%,差等为5%。

(袁尽州)

第四章 身体形态的测量与评价

身体形态测量，是定量化研究人体外部特征的重要方法。包括观察和计量两个过程，属于前者的有姿势的观测，属于后者的有身高、体重和胸围等指标的测量。其测量获得的数据资料在许多的专业领域中均有着非常广泛的实用价值。它是研究人体的生长发育规律、体质水平、营养状况和运动员选材必不可少的方法手段。同时，对运动能力、身体素质、运动技术和身体机能等方面的研究，也可提供大量有价值的信息。

根据"国际体力测定标准化委员会"（ICPFT）提出的方案，以及国内外许多教科书，概括起来，身体形态的测量内容主要有体格测量、身体成分测量和身体姿势的测量等。另外，本章还介绍了骨龄的测量及利用骨龄来预测身高的方法，为运动选材、研究人体生长发育规律提供一定的依据。

第一节 身体形态测量概述

形态测量时，使用精密的测量仪器，按照规定的姿势和测量点定位，使用标准化的测量方法，严格遵守形态测量的各项规则施测，是获得准确测量数据资料的前提。

一、人体主要测量点

人体测量点，通常是根据骨结节、隆凸和骨骺的边缘等骨性标志确定的（图4-1），也有一些是依据皮肤的皱褶、皮肤特殊结构和肌性标志确定的。

在体育领域中，常用的人体测量点简介如下：

(1) 头顶点：头顶部正中矢状面上最高的一点。
(2) 头后点：头后部正中矢状面上最向后突出的一点。离眉间点最远的一点。
(3) 头侧点：头的两侧最向外突出的点。
(4) 枕外隆凸点：头后部枕外隆凸的尖端。
(5) 眉间点：面部两眉之间，鼻根上方，正中矢状面的隆起部位。
(6) 耳屏点：外耳道前方耳屏软骨上缘的起点。

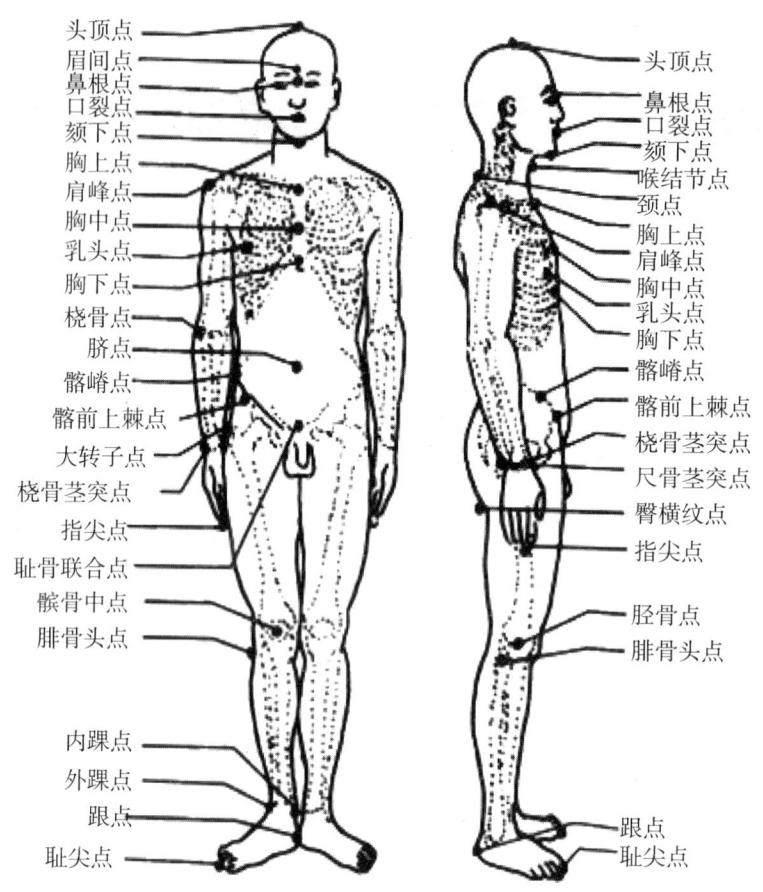

图 4-1 人体主要测量点

(7) 颏下点：头部保持耳眼水平位时，颏部在正中矢状面上最低的一点。

(8) 颈点：第七颈椎棘突尖端的点，低头时颈部下方正中线上第一个突出的点，能随着头部的转动而左右移动。

(9) 喉结节点：正中矢状面上，喉结节最向前突出的一点。

(10) 胸上点：胸骨柄上缘的颈静脉切迹与正中矢状面的交点。

(11) 胸中点：左右第四胸肋关节上缘的连线与正中矢状面的交点。

(12) 胸下点：胸骨体下缘（和剑突相连的地方）与正中矢状面的交点。

(13) 乳头点：乳头的中心点。

(14) 脐点：脐部中心点。

(15) 肩胛骨下角点：肩胛骨下角的最低点。

(16) 耻骨联合点：耻骨联合上缘与正中矢状面的交点。此点是左右耻骨联合在骨盆前的连接部，在外阴的上方。

(17) 髂嵴点：髂嵴上缘最向外突出的点，是骨盆宽的测点。一般人易于触及，但肥胖者由于脂肪过厚而影响定位。左右髂嵴一般与第四腰椎棘突相平。

(18) 髂前上棘点：髂前上棘最向前下方突出的一点。令受试者弯曲大腿。在其腹股沟线上方用拇指从下向上按髂前上棘，即可找到此测量点。

(19) 肩峰点：肩胛骨肩峰外侧缘上，最向外突出的一点。用食指和中指沿肩胛冈从后内方向前外方触摸，即可找到此测量点。

(20) 桡骨点：桡骨小头上缘的最高点。在上肢下垂手掌向内侧的姿势中，肘关节背面的外侧有一个小凹，在此凹中易找到肱桡关节。确定桡骨小头上沿的最高点即为桡骨点。为避免与肱骨下端相混，可令受试者旋转前臂，该点可以随之转动，然后取其上缘的最高点即是。

(21) 桡骨茎突点：桡骨茎突的最下点。拇指用力外展时，在拇长展肌腱、拇短伸肌腱和拇长伸肌腱之间形成一个三角形的深窝，在此窝底部，用拇指向近侧压摸，容易找到此点。

(22) 尺骨茎突点：尺骨茎突最下点。

(23) 桡侧掌骨点：第二掌骨小头向桡侧最突出的一点。

(24) 尺侧掌骨点：第五掌骨小头向尺侧最突出的点。

(25) 指尖点：中指尖端最向下的一点，但不能以手指甲的末端作为标记。

(26) 大转子点：股骨大转子最高点。一般不易用手触及。确定此点时可令受试者大腿外展，此时在大转子部位形成一个凹窝，由此易找到量测点。另一种方法，大转子一般在离髂嵴下方一横掌处，可以将髂嵴作为触摸的起点。

(27) 髌骨中点：髌骨底最高点与髌骨尖最下端连线的中点。

(28) 胫骨点：胫骨内侧髁内侧缘上最高点。令受试者膝部弯曲，在膝部髌韧带的内侧，探得股胫两骨之间的凹窝，再用手指触摸胫骨内侧髁上缘，易找到此测量点。

(29) 内踝点：胫骨内踝尖端最向下方的点。

(30) 外踝点：腓骨外踝最下端的点。

(31) 跟点：直立时足跟最向后突出的一点。

(32) 外侧跖骨点：第五跖骨小头向外侧最突出的点。

(33) 内侧跖骨点：第一跖骨小头向内侧最突出的点。

(34) 趾尖点：直立时足趾尖最向前突出的一点，多在拇指或第二趾上。

二、身体形态测量注意事项

身体形态测量时，应注意做到以下基本要求。

（一）受试者须知

(1) 身体测量时除头部及坐高取坐姿外，其他一律取直立姿势，并注意保持耳眼水平位（即左右耳屏点与眶下点在同一水平面）。

（2）男性受试者着装为上身裸露，下着短裤，赤足；女性为上着背心，下着短裤，赤足。

（3）测试前受试者应排便排尿。

（二）测试者须知

（1）在未提出特定测量要求时，一般测量受试者的右侧肢体。

（2）测量仪器要保持清洁，测量前必须检验校正测量仪器。在经过一定人数的测量后，必须随时校正仪器，保证测量的精度。

（3）掌握测量方法，熟悉测量点。要求精度较高的小样本测量时，可由专人在受试者身上标出测量点，以提高测量的准确性。身高、体重等易受时间因素影响的指标，一般在上午10时左右测量为宜。

（4）在测量仪器读数时，测试者的视线应垂直于测量仪器上的标度部分，不可斜视，避免产生测量误差。

（5）测量长、宽、围度时，以厘米为单位；皮脂厚度以毫米为单位；体重以千克为单位。测量与记录一般取小数点后一位。

（6）测量中，应注意尽量减少测量误差。身高及较长身体部位测量误差不得超过0.5厘米，其余肢体环节长度的测量误差不得超过0.2厘米，体重测量误差不得超过0.1千克。

第二节 体格测量与评价

一、体格测量

体格测量是指对人体整体及各部位的长度、宽度、围度、量度所进行的测量，是研究人体外部形态结构、生长发育水平等必不可少的方法手段。以下是体格测量中常用的标准化测量方法。

（一）长度测量

1. 身高

身高是人体生长发育过程中一个反映人体骨骼发育状况、身体纵向发育水平的重要指标。身高指人体直立时头顶点至身高计底板之间的垂直距离。据研究，一天内身高的变动在 1.5 厘米左右。清晨起床时最高，傍晚最低。这是由于经过一天的活动，椎间盘被压缩，椎体间隙变小，同时由于肌肉和韧带的疲劳，使脊柱的弯曲度增加，足弓变浅等原因致使身高变矮，经过睡眠身高又复原，因此在清晨或上午测量身高为宜。

测量仪器：身高坐高计（仪器误差每米不得超过 0.1 厘米）。

测量方法：受试者取自然立正姿势站在底板上，两臂自然下垂，足跟并拢，足尖分开成 60°（图 4-2），足跟、骶骨和两肩胛间与立柱相接触，躯干自然挺直，保持耳眼水平位。测试者将水平压板下滑，轻压其头顶点，两眼与压板呈水平位读数并记录，测量误差不得超过 0.5 厘米。

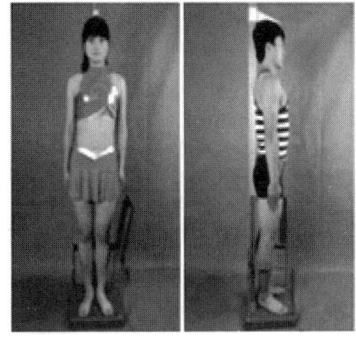

图 4-2 身高测量

2. 坐高

坐高指坐位姿势时，头顶点至座板平面之间的垂直距离。坐高反映了躯干的长度，可以间接了解内脏器官的发育状况。另外，坐高与身高的比值，对评价人体体型具有实际意义。

测量仪器：身高坐高计。

测量方法：令受试者坐于身高坐高计座板上，躯干自然挺直，头部正直，保持耳眼水平位（图 4-3），骶骨及肩胛间紧贴立柱。上臂自然下垂，大腿与地面平行并与小腿成直角，注意不要用手撑座板。测试者将水平压板沿立柱缓慢下滑，轻压受试者头顶部。两眼与压板呈水平位时进行读数并记录。测量误差不得超过 0.5 厘米。

3. 指距

指距指两上肢向左右水平伸展时两侧中指尖点间的直线距离。

测量仪器：指距尺或带滑板 2 米以上刻度的钢尺。

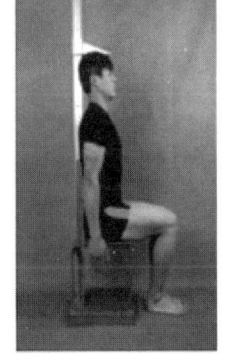

图 4-3 坐高测量

测量方法：将测量尺固定在平台上，受试者两脚分开，两臂侧平举，上体伏在测量尺上，一手指尖点固定于零位，另一侧上肢尽量向侧伸展，手掌（掌心）、臂、胸紧贴尺面，两臂成一直线，测试者面对受试者，测量其两中指尖点之间的直线距离。另外，还可将钢尺或直尺平行于地面，固定在墙壁上，令受试者面对墙壁站立，两臂侧平举，手掌（掌心）、臂、胸紧贴墙面，两上肢尽量向两侧伸展，测量两中指尖点之间的直线距离。测量误差不得超过 0.5 厘米。

4. 上肢长

上肢长指手臂自然下垂时肩峰点至中指尖点之间的直线距离。

测量仪器：直脚规（图 4-4）或带游标的直钢尺。

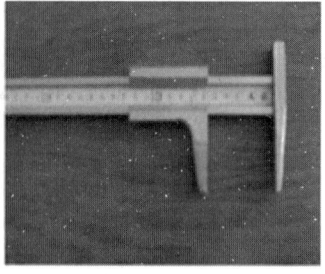

图 4-4 直脚规

测量方法：测量时将直脚规或带游标的直钢尺固定端轻靠在测量的一点，然后移动活动尺到另一测量点，测量两点间的距离。测量误差不得超过 0.2 厘米。

5. 上臂长

上臂长指肩峰点至桡骨点之间的直线距离。

测量仪器和测量方法：同"4. 上肢长"。

6. 前臂长

前臂长指桡骨点至桡骨茎突点之间的直线距离。

测量仪器和测量方法：同"4. 上肢长"。

7. 手长

手长指桡骨茎突点与尺骨茎突点在掌侧面连线中点（相当于腕关节远端腕横纹中点）至指尖点之间的直线距离。

测量仪器和测量方法：同"4. 上肢长"。

8. 下肢长

股骨大转子点至地面的垂直距离，在体育测量中习惯称为下肢长 B（学名大转子高）。因大转子点不易确定，还可采用以下方法表示下肢长：

(1) 身高减坐高。
(2) 髂嵴点至地面的垂直距离，称为下肢长 H（学名髂嵴高）。
(3) 臀纹线至地面的垂直距离，称为下肢长 C（学名臀纹线高）。
(4) 髂前上棘点至地面的垂直距离，称为下肢长 A（学名髂前上棘高）。

测量仪器：同"4. 上肢长"。

测量方法：将直脚规或带游标的直钢尺固定端放在地面，然后移动活动尺至另一测量点，测量两点间的距离。

9. 小腿长

小腿长指大小腿屈曲 90°时胫骨点至内踝点之间的垂直距离。

测量仪器和测量方法：同"4. 上肢长"。

10. 跟腱长

跟腱长指小腿腓肠肌内侧肌腹下缘至跟点的垂直距离。

测量仪器：同"4. 上肢长"。

测量方法：测量跟腱长时，令受试者两脚自然开立，扶墙提踵，小腿三头肌充分收缩，测试者在受试者小腿腓肠肌内侧肌腹下缘画一标志，然后令受试者还原成自然站立姿势，再在跟点画一标志，测量两点间的垂直距离。

11. 足长

足长指跟点至趾尖点间的直线距离。

测量仪器：足长测量器（图 4-5）。

测量方法：令受试者将右足置于足长测量器上，跟点紧贴后挡板，移动前挡板，使标尺贴于趾尖点进行读数，测量误差不超过 0.2 厘米。

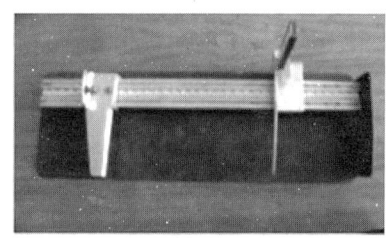

图 4-5　足长测量器

（二）宽度测量

1. 肩宽

肩宽是指左右肩峰点之间的直线距离。它是反映躯干上部肩带骨骼肌肉发育程度的横径指标。

测量仪器：弯脚规（图 4-6）或直脚规。

测量方法：受试者放松站立，手臂自然下垂。测试者站于受试者的背面，先用两手拇指沿左右肩胛骨的肩胛冈，自内向外摸到肩峰点，然后用弯脚规或直脚规（图 4-7）测量两点之间的距离。测量误差不超过 0.2 厘米。

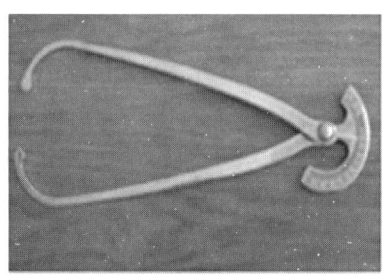

图 4-6　弯脚规

2. 胸宽（胸廓横径）

胸宽是指通过胸中点胸部两侧肋骨间最向外突出点之间的水平直线距离。

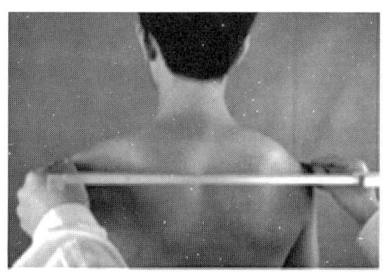

图 4-7　肩宽测量

测量仪器：弯脚规或直脚规。

测量方法：受试者放松站立，双臂外展 60° 左右。测试者站于受试者前面，将弯脚规两端置于腋窝腋中线与第四肋或乳头水平线交点的位置，读数进行测量。注意应在呼气末进行。

3. 胸厚（胸廓前后径）

胸厚是指胸中点至胸椎棘突之间的水平直线距离。

测量仪器：弯脚规或直脚规。

测量方法：受试者自然站立，两臂放松下垂。测试者站于受试者左侧面，将弯脚规一端置于胸骨与第四胸肋关节水平处，另一端水平置于背侧后正中线的对应棘突上，测量前后两点间的距离。注意应在呼气末进行。

4. 骨盆宽

骨盆宽指左右髂嵴点之间的直线距离。

测量仪器：弯脚规或直脚规。

测量方法：受试者自然站立，两手交叉位于胸前。测试者站于受试者前面，用食指摸到髂嵴点，用弯脚规量取两测点之间的距离（图 4-8）。

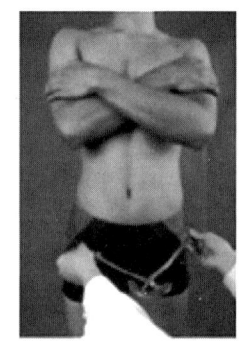

图 4-8 骨盆测量

5. 手宽

手宽是指桡侧掌骨点至尺侧掌骨点之间的直线距离。

测量仪器：弯脚规或直脚规。

测量方法：测试者站于受试者对面，令受试者将手平置于桌面上，测量第五掌骨小头和第二掌骨小头之间的距离。

6. 足宽

足宽是指内外侧跖骨点之间的直线距离。

测量仪器：弯脚规或直脚规。

测量方法：受试者站于凳上，两脚自然分开，测量第五跖骨小头至第一跖骨小头之间的距离。

（三）围度测量

1. 头围

测量仪器：软带尺。

测量方法：受试者取放松坐姿，头部保持耳眼水平位。测试者将带尺经眉间点、头后点水平绕行一周进行读数。

2. 胸围

测量仪器：软带尺。

测量方法：受试者自然站立，两足分开与肩同宽，手臂自然下垂，平静呼吸。测试者面对受试者，将带尺上缘经背部肩胛下角下缘向胸前围绕一周（图 4-9）。男性和未发育的女性，带尺下缘在胸前沿乳头上缘测量；已发育的女性，带尺在乳头上方与第四肋骨平齐。注意测量胸围应在呼气末进行。

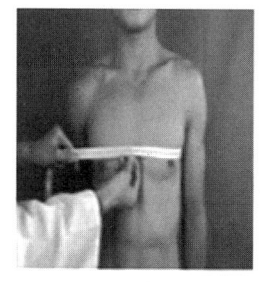

图 4-9 胸围测量

3. 腰围

测量仪器：软带尺。

测量方法：受试者自然站立，两肩放松，双臂交叉抱于胸前。测试人员面对受试者，将带尺经脐上 0.5~1 厘米处（肥胖者可选择腰部最粗处）水平绕一周（图 4-10），测量围度。

4. 上臂紧张围与上臂放松围

测量仪器：软带尺。

测量方法：受试者自然站立，屈肘握拳，肱二头肌用力做最大收缩时，带尺沿最隆起部位绕行一周为上臂紧张围。上臂紧张围测量后，手臂自然下垂，肌肉放松时，在测量上臂紧张围原部位水平绕行一周测量上臂放松围。

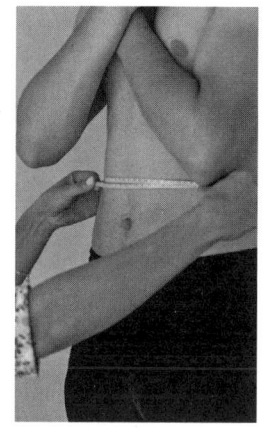

图 4-10 腰围测量

5. 大腿围

测量仪器：软带尺。

测量方法：受试者两足分立与肩同宽，测试者站在受试者的侧面，将带尺置于大腿臀大肌皱纹（臀纹点）处水平绕行一周，量其围度。

6. 小腿围

测量仪器：软带尺。

测量方法：受试者姿势同上。带尺经腓肠肌最粗处水平绕行一周，量其围度。

7. 臀围

测量仪器：软带尺。

测量方法：受试者自然站立，双臂交叉抱于胸前，脚跟并拢，臀部肌肉放松。测试人员面对受试者，带尺置于臀部向后最突出的部位，水平绕行一周，量其围度（图 4-11）。

（四）量度测量

1. 体重

体重是描述人体横向发育的基本指标，在一定程度上反映了人体骨骼、肌肉、皮下脂肪和内脏器官综合发育的状况。

测量仪器：杠杆式体重计或电子体重计，仪器误差不超过 0.1 千克。

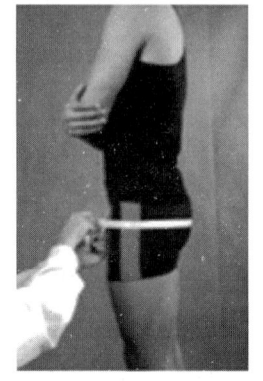

图 4-11　臀围测量

测量方法：测量前应将游码调整至零，使刻度尺呈水平位。测量时体重计放在平坦的地面，令受试者轻上，赤足立于体重计中央。用杠杆式体重计测量时，测试者放置砝码在适当的刻度上并移动游码，平衡后读数并记录。用电子体重计测量时，待受试者站稳后，将显示屏的数据记录下来。数据以千克为单位，精确到小数点后一位（图 4-12）。

体重在一天内主要受饮食和运动时排汗量的影响有所变动，一般在上午 10 时左右测量比较稳定。

2. 瘦体重

瘦体重是指活体组织中除去脂肪重量后的体重，包括肌肉、骨骼及其组织和器官，是人体中相对恒定的部分，属于代谢活泼组织。（测量请参照本章第三节）

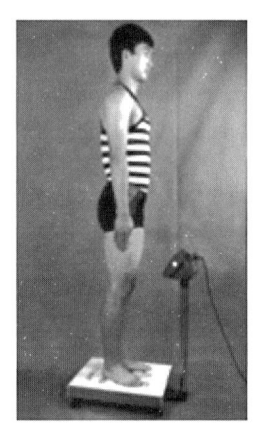

图 4-12　体重测量

3. 体脂重

体脂重是指体内脂肪的重量。（测量请参照本章第三节）

二、体格评价

体格评价可直接用测量获得的数据进行绝对值评价，也可把测量数据转换为形态指数来进行评价。形态指数是考虑了人体各部分的比例和相互内在关系，把两项或两项以上指标的测量值按照一定的数学方法计算得出的相对值。用形态指数进行身体发育水平的评价时，可以使不同年龄、性别、地区和种族的个体或群体之间的评价建立在对等条件之上，使相互之间的比较更具有科学性。因此，形态指数在评价身体生长发育和运动员选材等领域得到了广泛的运用。

体格评价目前国内外常采用多指标的综合评价。其具体评价方法可参考本教材的有关章节。

用形态指数进行体格评价时，首先计算出形态指数，然后采用离差法、百分位数法对形态指数划分等级，制定出体格评价标准。在制定体格评价标准时，必须考虑年龄、性别等特点。对生长发育期的儿童少年应按类别和年龄分别制定评价标准。对国外的一些评价标准，因存在种族差异，不宜直接引用对中国人进行评价。不同的形态指数与性别、年龄应有不同的判断标准，不是所有的指数对任何性别和年龄的被评价者都是越高越优秀。因此，在评价时应作具体分析，才能作出正确的判断。常用的体格评价指数如下：

（一）体格指数

1. 重量指数

(1) 体重/身高×1000

(2) 瘦体重/身高×1000

(3) 体脂重/身高×1000

2. 长度指数

(1) 上肢长/身高×100

(2) 指距/身高×100

(3) 坐高/身高×100

(4) 前臂长/上肢长×100

(5) 下肢长/身高×100

3. 宽度指数

(1) 肩宽/身高×100

(2) 骨盆宽/身高×100

(3) 骨盆宽/肩宽×100

4. 围度指数

(1) 胸围/身高×100

(2) 大腿围/身高×100

(3) 小腿围/身高×100

(4) 踝围/跟腱长×100

(二) 充实度指数 (营养指数)

充实度指数主要由身高、体重、胸围、坐高等体格测量值派生而来。

1. 克托莱指数:体重 / 身高 × 1000

19 世纪中叶,比利时克托莱在长期研究后提出著名的克托莱指数,即通过体重与身高的比例关系表示每厘米身高的重量,以相对体重或等长体重反映人体围、宽、厚度及机体组织密度,故克托莱指数又称为肥瘦系数。它在一定程度上能反映身体的充实度,指数越大,相对体重越大。该指数随年龄增长而逐渐增大,男到 21 岁、女到 19 岁基本稳定。男女指数均值曲线在 11 岁和 15 岁时交叉,11~15 岁间女性指数大于男性,11 岁前、15 岁后女性指数小于男性。

2. 劳雷尔指数:体重 / 身高^3 × 10^7

该指数由德国学者劳雷尔 1908 年提出。他认为人体是一个立方体,身高是这个立方体的一个边,所以用身高立方去除以体重可显示出每立方厘米体积的重量。指数主要反映了肌肉、骨骼、内脏器官及脂肪组织的发育状况,也是判断人体充实程度和营养状况的指数,一直被广泛应用。男性 7~13 岁、女性 7~11 岁时,该指数随年龄增长呈下降趋势。男性 13 岁、女性 11 岁时指数最小,之后随年龄增长,指数逐年增大。男性 20 岁、女性 18 岁左右基本趋于稳定。男女性均值曲线在 12 岁时形成交叉,交叉前男性指数大于女性,交叉后尤其进入青春发育期后,由于女性皮下脂肪增多,所以该指数明显大于男性。

3. BMI 指数 (身体质量指数):体重 (kg) / 身高^2 (m)

BMI 指数 (身体质量指数,简称体质指数又称体重指数,英文为 Body Mass Index,简称 BMI),由 19 世纪中期比利时的通才凯特勒最先提出,是目前国际上常用的衡量人体胖瘦程度以及是否健康的一个标准。当需要比较及分析一个人的体重对于不同高度的人所带来的健康影响时,BMI 值是一个中立而可靠的指标。世界卫生组织 (WHO) 制定了 BMI 评价肥胖的标准。BMI 大于 30 为肥胖 (表 4-1)。用 BMI 指数评价肥胖仅仅根据体重大小进行评价,同样的体重,由于构成体重的各成分重量可能不尽相同,所以评价肥胖的结果与实际情况不相符。如对于力量性的运动员来说,用 BMI 评价就会得出肥胖的结论,但实际上不是肥胖。所以,在使用 BMI 评价肥胖时,对于肌肉发达的人应慎用。

表 4-1　BMI 评价肥胖标准

分类	BMI
偏瘦	<18
正常	18.5～24.9
超重	>25
Ⅰ级肥胖	30.0～34.9
Ⅱ级肥胖	35.0～39.9
Ⅲ级肥胖	≥40.0

(参考世界卫生组织研究报告，1997)

4. 腰臀比：腰围 / 臀围

腰臀比是腰部围度与臀部围度的比值，是预测一个人是否肥胖及是否面临患心脏病风险的较佳方法，比目前普遍使用的测量体重指数（体重除以身高的平方）的方法要更加准确。腰围尺寸大，表明脂肪存在于腹部，是危险较大的信号；而臀围尺寸大，则表明下身肌肉发达，对人的健康有益。通常健康风险随着腰臀比的增加而增长，且风险的标准因年龄和性别的不同而不同。例如，腰臀比大于 0.95 的年轻男性及腰臀比大于 0.86 的年轻女性健康风险非常高。对于年龄 60～69 岁的人来说，腰臀比大于 1.03 的男性及大于 0.9 的女性健康风险非常高。

第三节　身体成分测量与评价

人体主要由水、脂肪和固体成分的蛋白质、矿物质和碳水化合物等物质组成，各种成分组成了人体的总重量，即体重。人体各成分的相对平衡，对有机体正常的生命活动和维持健康水平极为重要，因此，对身体各种成分的测量在医学领域一直受到重视。

在体育领域中，对身体成分的测量与评价主要是对人体脂肪成分进行测量与评价。同样年龄、性别、身高、体重的人，其身体成分并不一定相同。脂肪成分过少，说明营养不良或有某种疾病。而脂肪成分过多，则说明营养过剩或有某种内分泌系统的疾病。通过身体成分的测量评价，对了解人体的营养状况、科学指导膳食和预防某些疾病均有重要的作用。

一、身体成分测量

身体成分的测量，可分直接测量法和间接测量法。直接测量法，主要用于尸体解剖分析人体脂肪含量；而间接测量法则用于活体脂肪成分的测量。身体成分的间接测量法主要有水下称重法、皮褶厚度法、生物电阻抗分析法、空气置换法（BOD-POD）、双能 X 线吸收测量法（DEXA）及核磁共振成像等。其中，水下称重法的结果准确，但测试复杂；皮褶厚度法仪器轻便容易携带，但精度较差；生物电阻抗分析法方法简单，易于测量。以下主要对这 3 种测量方法进行介绍。

（一）水下称重法

水下称重法是传统的、经典的体成分估算方法，被誉为人体成分测量的金标准。它是根据阿基米德定律，浸入液体中的物体所受到的浮力等于该物体所排开同体积液体的重量，即通过人体在空气和水中体重的差值、浸入水中体内残气量、水的密度等来计算人体体积。然后用体重与体积之比计算人体的密度。最后再根据体密度推算出体脂百分比、体脂重和瘦体重。水下称重法测量身体成分较为复杂，需要在实验室条件下进行，不适宜大面积地进行群体测量。但是在进行测量时，水下称重计算体密度的方法有效性和可靠性较高，常作为效标用来检验其他身体成分间接测量方法的有效性。

1. 水下称重测量

测量仪器：水箱、称重仪、衡温器、水温计、肺活量计、体重计。

测量方法：

（1）测量前 2 小时之内不得进食，须排空大小便。

（2）令受试者着游泳衣（裤）测量空气中体重。

（3）测量肺活量，换算成标准状态下肺活量（表 4-2）。

表 4-2　不同室温标准状态下肺活量（BTPS）

水温（℃）	BTPS	水温（℃）	BTPS
20	1.102	26	1.068
21	1.096	27	1.063
22	1.091	28	1.057
23	1.085	29	1.051
24	1.080	30	1.045
25	1.075		

（引自《体育测量评价》，人民体育出版社，1995）

（4）腰系重物淋浴，待全身湿透后，进入水下称重器水箱，坐于称重器座位上，排出身体表面及衣裤中的气体。

（5）深吸气后将肺内气体尽量呼出，然后闭气将头浸没在水中，至水中气泡全部排出，身体保持稳定，当称重仪上的指针稳定后立刻读数并记录。连续测量几次，当测量值稳定在一定范围时，取相邻数值接近的 3 个实测值的平均数为水下称重的精确值。测量完毕，立刻记录即时水温。计算时，按照记录的即时水温查水密度表（表 4-3）。

表 4-3 水密度表（单位：G/cm³）

水温	水密度	水温	水密度
21	0.9980	31	0.9954
22	0.9978	32	0.9951
23	0.9975	33	0.9947
24	0.9973	34	0.9944
25	0.9971	35	0.9941
26	0.9968	36	0.9937
27	0.9965	37	0.9934
28	0.9963	38	0.9930
29	0.9960	39	0.9926
30	0.9957	40	0.9922

（引自《体育测量评价》，人民体育出版社，1995）

2. 计算方法

（1）计算体密度 D_b

$$D_b = \frac{W_a}{\frac{W_a - W_w}{D_w} - (R_v + 0.1)} \qquad \text{（式 4-1）}$$

公式中：W_a 为空气中体重（kg）；W_w 为水中体重 – 水中附加物重量（kg）；D_w 为测定时水温所对应的水密度；R_v 为肺残气量（L），男子 R_v = 肺活量 × 0.24（L），女子 R_v = 肺活量 × 0.28（L）；0.1 = 肠残气量（L）。

（2）计算体脂百分比（$F\%$）

利用身体密度推算体脂百分比的公式有很多，目前国际上比较公认和推广的是 Brozek 公式：

$$F\% = \left(\frac{4.570}{D_b} - 4.142\right) \times 100 \qquad \text{（式 4-2）}$$

（3）计算体脂重（F）

$$F = W_a \times F\%$$

（4）计算瘦体重（LBW）

$$LBW = W_a - F$$

（二）皮褶厚度法

皮褶就是贮存于皮下的脂肪组织。皮下脂肪与身体总脂肪量成一定比例，通过测量皮下脂肪的厚度，不仅可以判断人体的肥瘦情况，而且还可以用所测的皮褶厚度推测全身脂肪的重量。皮褶厚度法简便易行，仪器轻便容易携带，适宜于群体测量。具体方法是：首先用皮褶厚度计测量身体某些部位的皮褶厚度，再根据日本学者长岭提出的体密度推算回归方程计算体密度，最后计算体脂百分比、体脂重和瘦体重。

1. 皮褶厚度测量

测量仪器：皮褶厚度计（压强应保持在 10 克/毫米^2，测量前应将校验砝码挂于钳口，将指针调整至红色标记刻度的 15～25 毫米范围内。每次测试前将指针调至 0 点），如图 4-13 所示。

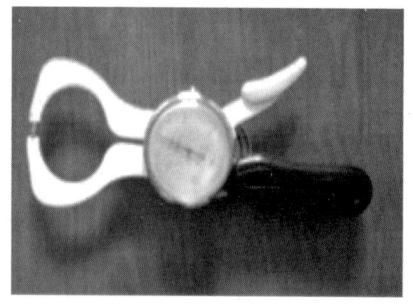

图 4-13　皮褶厚度计

测量方法：受试者自然站立，暴露测试部位。测试者选准测量点，用左手拇指和食指、中指将皮褶捏起，右手持皮褶厚度计将卡钳张开，卡在捏起部位下方约 1 厘米处，待指针停稳，立即读数并做记录。测量 3 次，取中间值或取其中两次相同的值。测量误差不超过 5%。以毫米为单位，取小数点后一位记录。

测量部位：

(1) 臂部。肩峰与上臂后面鹰嘴连线中点。皮褶走向与肱骨平行（图 4-14A）。

(2) 肩胛部。肩胛骨下角点下约 1 厘米处。皮褶走向与脊柱成 45°，方向斜下（图 4-14B）。

(3) 腹部。脐水平线与锁骨中线相交处。皮褶走向竖直（图 4-14C）。

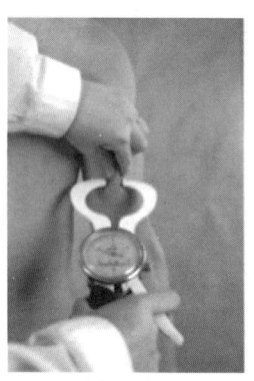
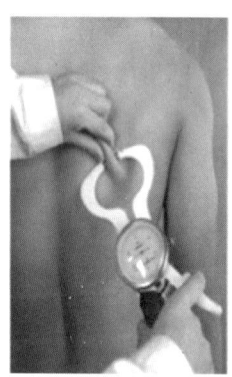
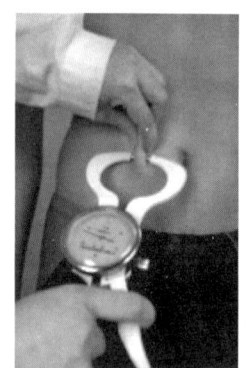

A　臂部皮褶测量　　　B　肩胛部皮褶测量　　　C　腹部皮褶测量

图 4-14　皮褶厚度测量

(4) 髂部。髂嵴上缘与腋中线相交处上方约 1 厘米处。皮褶走向稍向前下方。

(5) 大腿部。大腿前部股骨中点处。皮褶走向与股骨平行。

2. 计算方法

(1) 计算身体密度（D_b）。将测得皮褶厚度数值代入体密度推算回归方程式计算体密度（表 4-4）。

表 4-4 体密度推算回归方程式（日本 长岭）

年龄（岁）	男 子	女 子
9～11	D = 1.0879 − 0.00151 X_1	D = 1.0794 − 0.00142 X_1
12～14	D = 1.0868 − 0.00133 X_1	D = 1.0888 − 0.00153 X_1
15～18	D = 1.0977 − 0.00146 X_1	D = 1.0931 − 0.00160 X_1
成人	D = 1.0913 − 0.00116 X_1	D = 1.0897 − 0.00133 X_1
成人	D = 1.0863 − 0.00176 X_2	D = 1.0709 − 0.00105 X_2
成人	D = 1.0872 − 0.00205 X_3	D = 1.0711 − 0.00164 X_3

表 4-4 中：D 为体密度，X_1 为肩胛部与臂部皮脂厚度之和，X_2 为腹部皮脂厚度，X_3 为髂部皮脂厚度。

（2）计算体脂百分比（F%）、体脂重（F）、瘦体重（LBW）。计算方法均与水下称重法相同。

（三）生物电阻抗分析法

通过人体电阻抗法测试分析人体水分含量，得出人体脂肪含量、肌肉分布均衡程度的各项指标。

测量仪器：人体成分分析仪（图 4-15）。

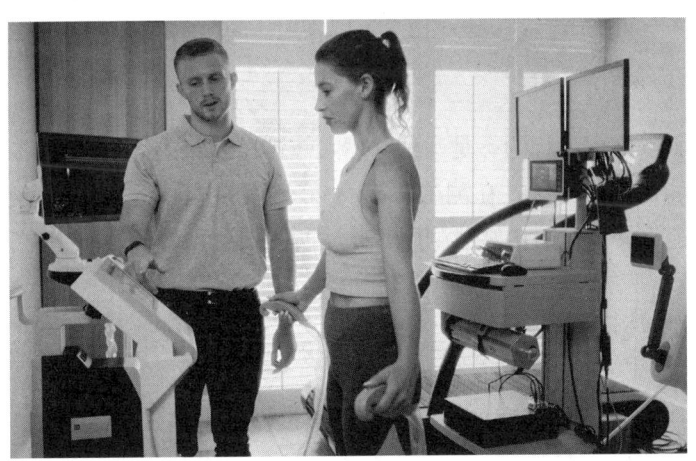

图 4-15 人体成分分析仪

测量原理：生物组织对外加电流场具有不同的导电作用。当在人体表面加一固定频率的低电频电流时，含水 70% 以上的肌肉组织是良好的导体。而含水较少的脂肪组织近似绝缘体。通过测出阻抗值可以计算身体成分。生物阻抗分析仪用于人体成分分析是基于这样的假设：人体具有圆柱状的几何外形，生物组织中的水和电解质的分布均匀而恒定，人体整体阻抗主要由手臂和腿的阻抗决定。通过测量手臂或腿的长度和电阻就可精确地预测人体成分。此方法特别有益于老人、小孩或卧床病人测量。电阻抗法测量原理如图 4-16 所示。

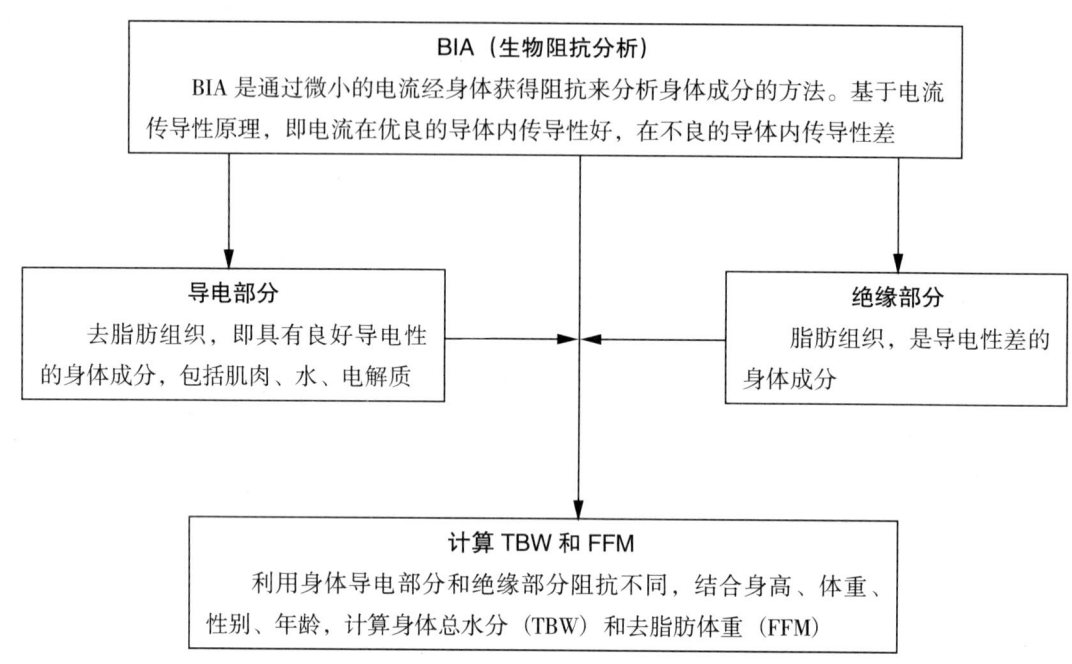

图 4-16 电阻抗法测量原理

（四）空气置换法

测量原理与水下称重法相同，是一种利用人体排出空气的体积来计算身体密度，进而计算出脂肪含量和比率的方法。在测试所需的 20 秒内，测试者坐在一个密封舱内，所排出空气的体积由连于计算机的传感器测出。此法所需设备昂贵，不便于在实验室外进行。

（五）双能 X 线吸收测量法

此法常用于研究领域和医疗机构，是一种直接评估身体成分的方法。其原理是应用两种能透过机体的不同能量的光子，在不同密度的组织中，根据其衰减光子能量程度的不同，通过记录两种不同光子能量被不同组织衰减的程度即可计算出各种组织的含量。测试中采用小步距对两个低辐射源同步检测。这种方法相对较先进，精度较高，但测试费用昂贵，测试时间长（每人 10～20 分钟），只能供高级实验室使用。

（六）核磁共振成像

核磁共振成像是一种基于 X 光，利用人体组织细胞在磁场作用下被"激发"程度不同这一特性来测量体内脂肪含量的方法。一次测量大约需要 30 分钟，测量设备昂贵。此法测试精度高，只适合在高级实验室使用。

二、身体成分评价

据有关研究报道，我国青年男子体脂百分比一般为 10%~15%；女子为 20%~25%。随着年龄的增长，体脂百分比有所增加，中年时期最高。除个别运动项目外，长期从事运动的人及运动员体脂百分比较一般人低。人体要保持良好的机能状况，适宜的脂肪是必不可少的，各种身体状态下的体脂百分比如表 4-5 所示。

表 4-5　各种身体状态下的体脂百分比（%）

身体状态	男	女
最少脂肪量	5	15
必需脂肪量	0~5	0~8
运动员	5~13	12~22
最佳健康状况	10~25	18~30
最佳体力状态	12~18	16~25
肥胖	>25	>30

（引自《体育测量评价》，人民体育出版社，1995）

我国目前对身体成分评价尚无统一标准，有待研究制定。表 4-6 是日本用皮下脂肪厚度评价肥胖程度的标准，仅供参考。

表 4-6　用皮褶厚度评价肥胖程度标准

性别	年龄阶段(岁)	轻度肥胖		中度肥胖		高度肥胖	
		皮褶厚(mm)	体脂肪(%)	皮褶厚(mm)	体脂肪(%)	皮褶厚(mm)	体脂肪(%)
男	6~8	20	20	30	25	40	30
	9~11	23	20	32	25	40	30
	12~14	25	20	35	25	45	30
	15~18	30	20	40	25	50	30
	成人	35	20	45	25	55	30
女	6~8	25	25	35	30	45	35
	9~11	30	25	37	30	45	35
	12~14	35	25	40	30	50	35
	15~18	40	30	50	35	55	40
	成人	45	30	55	35	60	40

注：皮褶厚 = 臂部 + 肩胛部

（引自《体育测量评价》，人民体育出版社，1995）

脂肪对于人体维持正常的生命活动和健康状况是必不可少的，尤其对于某些项目的运动员来说更为重要。不同运动项目的体脂百分比要求各异。我国杨天乐等用皮褶厚度法推测优秀运动员的体脂百分比，其结果如表 4-7 所示。

表 4-7 我国优秀运动员的身体成分（皮褶厚度法）

男			女		
项目	人数	体脂%	项目	人数	体脂%
100 米、200 米	26	11.13 ± 1.16	100 米、200 米	24	16.67 ± 4.53
400 米、400 米栏	25	10.76 ± 1.35	400 米	13	15.75 ± 2.77
800 米、1500 米	24	10.18 ± 1.12	800 米、1500 米	20	15.20 ± 2.40
5000 米、马拉松	34	10.30 ± 1.13	3000 米		
跳高	18	10.96 ± 1.03	跳高	10	17.21 ± 2.49
跳远	21	10.90 ± 1.31	跳远	16	17.08 ± 5.54
标枪	11	14.13 ± 3.95	标枪	14	10.80 ± 3.82
铁饼、铅球	24	28.96 ± 6.70	铁饼、铅球	22	25.61 ± 4.61
全能	10	11.17 ± 1.08	全能	10	15.41 ± 3.16
游泳	37	12.06 ± 2.10	游泳	41	18.52 ± 3.23
排球	30	11.50 ± 1.58	排球	53	19.68 ± 4.21
体操	12	10.52 ± 0.88	体操	13	11.14 ± 2.50
大学生	40	11.76 ± 3.38	大学生	134	23.38

（引自杨天乐等，1982）

三、骨密度测量

骨密度，全称"骨骼矿物质密度"，是骨骼强度的一个主要指标，以每平方厘米克（g/cm^2）表示。骨密度是骨质量的一个重要标志，是反映骨质疏松程度、预测骨折危险性的重要依据。一般而言，运动可以促进钙的吸收，有利于增加骨密度和骨骼强度，防止和延缓骨质流失。当骨密度受到某些因素的影响，如雌性激素下降、钙的摄入量不足等而出现偏低情况（俗称"缺钙"）时，应增加钙的摄取量并加强体育锻炼。

骨密度测量技术包括单光子（SPA）、双能 X 线（DEXA）、定量 CT（QCT）和超声（QUS）。其中双能 X 线（DEXA）测量腰椎和髋部骨密度目前应用最为广泛（图 4-17）。

通过测定骨密度来诊断骨质疏松症，的确是骨质疏松症诊断方面的一个重要进展。不过骨密度的测定是一个很复杂的问题，不同地

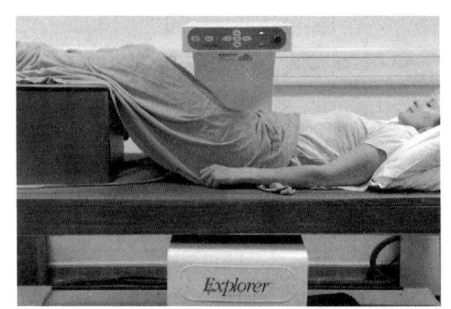

图 4-17 双能 X 线测试仪

域、不同种族、不同年龄段的人，骨密度都有区别。1994年世界卫生组织（WHO）推荐的骨质疏松诊断标准为：患者骨密度低于同性别人群峰值骨量均值2.5个标准差以上，或减少30%以上。这个标准的T值是根据年轻白种人妇女计算的，但是对于不同地区是不能固守这一标准的。1999年中国老年学学会骨质疏松委员会诊断标准学科组建议：骨质疏松的诊断标准为骨量丢失百分率达到25%，或者说2.0个标准差。目前我国大规模的流行病学调查比较研究还很少，适用于我国的骨质疏松症诊断标准正在研究制定，有必要进一步提供更确切的骨质疏松诊断更改的流行病学依据。

第四节　身体姿势测量与评价

一、身体姿势概述

身体姿势是指身体各部在空间的相对位置。也有学者定义为：姿势是指人的四肢、头、躯干的相互关系。它反映了人体骨骼、肌肉、内脏器官、神经系统等各组织器官的力学关系。

正确的身体姿势可以减少肌肉的疲劳，表现出人体的美感和良好的精神面貌，是人体健康状况的重要外部标志。身体姿势主要受后天因素的影响，处在生长发育期的儿童和青少年，身体姿势变化较大，性成熟期以后基本定型。姿势测量可以及早发现问题，及时纠正错误姿势，为儿童青少年培养良好身体姿势提供客观依据。

二、身体姿势测量与评价

身体姿势的测量可分静态姿势测量与动态姿势测量。动态姿势的测量，一般采用影像分析法。静态姿势的测量，有观察分析法、图谱对照法、照片分析法等。本节主要介绍静态姿势测量方法。

（一）躯干部测量与评价

1. 脊柱前后弯曲测量与评价

测量仪器：脊弯测量计。
测量方法：令受试者立于测量计底板，足跟、骶骨及背部紧靠立柱。测试者立于侧方,首先观察其耳屏、肩峰、大转子3点是否在同一垂线上。然后将测量计上的小棍前推,使其密切接触受试者的身体,根据棍棒在腰曲的最大距离以及上述3点的相对位置进行躯干背部姿势判断。无脊弯测量计时,可用简易方法:令受试者背靠直尺(如身高计立柱)或墙,用内径卡尺测量弯曲处间隙。

正常背:腰曲2~3厘米,耳屏、肩峰、大转子点在同一垂线(图4-18A)。

驼背:腰曲小于2~3厘米,头向前探,耳屏点落于肩峰及大转子点前方(图4-18B)。

直背:缺乏生理性胸曲及腰曲,整个背部过平(图4-18C)。

鞍背:腰曲过大,超过5厘米以上,背及臀部后突,耳屏点与肩峰点落于大转子点前方(图4-18D)。

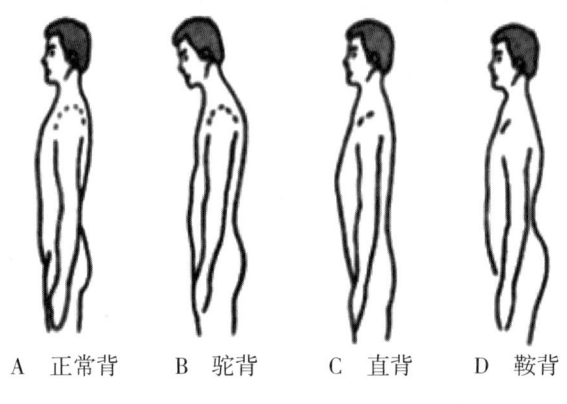

A 正常背　　B 驼背　　C 直背　　D 鞍背

图4-18 脊弯评价

2. 脊柱侧弯测量与评价

(1) 观察法

令受试者身着短裤(或泳衣),取自然立正姿势站立。测试者立于其正后方,观察受试者两肩是否等高;两肩胛骨下角是否在同一水平面,与脊柱的间距是否相等;脊柱各棘突是否在同一直线并垂直于地面,根据以上几点判定脊柱是否正常或是侧弯。

(2) 重锤法

测量仪器:重锤线、测量尺。

测量方法:受试者自然站立,足跟靠拢,使悬垂的重锤线通过其第七颈椎棘突。测试者立于其后,观察各棘突是否偏离垂线,然后测量偏离距离(方向分左偏离、右偏离;部位分颈、胸、腰部)来判定侧弯程度。偏离距离若小于1.0厘米者为正常;1.0~2.0厘米者为轻度侧弯;2.1厘米以上为重度侧弯。

对判断为脊柱侧弯的受试者,令其活动身体,以确定侧弯性质。如在活动时侧弯消失,则判定为习惯性侧弯;如在活动时侧弯仍不消失,则判定为固定性侧弯。然后按照侧弯方向、部位、性质予以记录。

(二) 胸廓测量与评价

1. 胸廓前后径和横径测量

(1) 前后径：指胸廓前点和胸廓后点之间的直线距离。前点位于左右第四胸肋关节上缘水平线与前正中线相交点，后点位于前点同一水平线的脊突处。

(2) 横径：指与前后径同一水平面的胸廓两侧最宽处的直线距离。

测量仪器：使用测径规或骨盆测量仪。

2. 胸廓形状评价

根据胸廓前后径和横径的比例关系，将胸廓形状分为下列几种类型：

(1) 正常胸廓：胸廓上方略小，下方稍宽，呈锥形，横径和前后径的比例约为4：3。正常人胸廓均属此类型。

(2) 扁平胸廓：胸廓呈前后扁平，前后径较小，横径与前后径之比增大，大于4：3。常见于瘦弱体型和慢性消耗性疾病患者。

(3) 桶状胸廓：肋骨上提，肋间隙加宽，胸廓上方宽度与下方宽度相近，呈圆桶状。横径与前后径之比接近1。常见于肺气肿、支气管炎和哮喘患者，婴幼儿胸廓尚未发育成熟时也呈桶状胸廓。

(4) 鸡胸：胸廓前后径大，前后径与横径之比小于1。胸骨明显向前方突出似鸡胸脯。常见于佝偻病患者。

(5) 漏斗胸廓：胸骨下端内陷，胸骨剑突联合处下陷最深，使胸廓外形似漏斗状。常见于佝偻病及先天性胸廓畸形异常患者。

(6) 不对称胸廓：胸廓两侧不对称，呈鸭蛋形状。常见于胸膜疾病、胸椎结核患者和胸廓发育异常者及上肢用力不均衡的专业运动员。

(三) 臂部测量与评价

测量方法：令受试者裸露两臂自然站立，两臂侧平举，掌心向上。测试者立于其正前方1.5米处，观察受试者上臂和前臂的伸展情况及肘关节形状，判定其臂型。

(1) 直伸：上臂与前臂在同一水平面，肘关节平直，为正常臂。

(2) 欠伸：上臂与前臂之间稍有夹角，不在同一水平面。即伸展不足，肘关节突起。

(3) 过伸：上臂与前臂之间超过180°，前臂向下，肘关节凹陷。

(4) 后伸：上臂与前臂在同一水平面，但偏离肩线。前臂偏向体后，肘关节肱骨内上髁明显突起。

(四) 腿部测量与评价

测量方法：令受试者裸露双腿取立正姿势站立。测试者立于受试者正前方，观察并测量受试者两腿内侧、两膝、足跟之间的距离，判断腿型。

(1) 直型腿：受试者两膝部、两腿内侧、足跟均可靠拢，互相接触，或间距小于1.5厘米，此种腿型为正常。

(2) O型腿：足跟可靠拢，但大、小腿之间不能合拢，两膝间距大于1.5厘米以上。

(3) X型腿：两膝部可靠拢，但两小腿内侧及足跟不能互相接触，且间距大于1.5厘米以上。

(五) 足弓测量与评价

根据足底与地面接触面积的大小比例，将足弓分为正常足以及轻度、中度和重度扁平足。一般可用以下方法测量。

(1) 简易法：脚踩滑石粉或清水踩于黑板或水泥地面上留下足迹，沿足迹第一跖骨内侧与足跟内侧画一切线，根据切线内的空白区与足印实区最窄处宽度比例来判定。正常足足印空白区与足印最窄区宽度之比为2∶1；轻度扁平足为1∶1；中度扁平足为1∶2；重度扁平足则足印无空白区。

(2) 纸印法：为了便于资料保存进行动态分析，可采用纸印法测量足弓。双足踏过浸以10%氯化高铁溶液的纱布或海绵，然后再踏在预先准备好（刷过10%亚铁氰化钾溶液并已晾干）的纸上，受试者双足不可移动，当双足离开纸后即留下蓝黑色足印。沿足印内缘画一切线，即第1条线（图4-19），再自中趾（第3趾）中心至足跟中点画第2条线，两线交叉形成夹角，然后画出该角的平分线，即第3条线。以上3条线将足弓分为内侧部、中间部、外侧部，根据足弓内缘落在哪个部位来判定足弓是否正常。

正常足：足弓内缘落在外侧部（图4-19①）。

轻度扁平足（Ⅰ度）：足弓内缘落在中间部（图4-19②）。

中度扁平足（Ⅱ度）：足弓内缘落在内侧部（图4-19③）。

重度扁平足（Ⅲ度）：足弓内缘超出内侧部（图4-19④）。

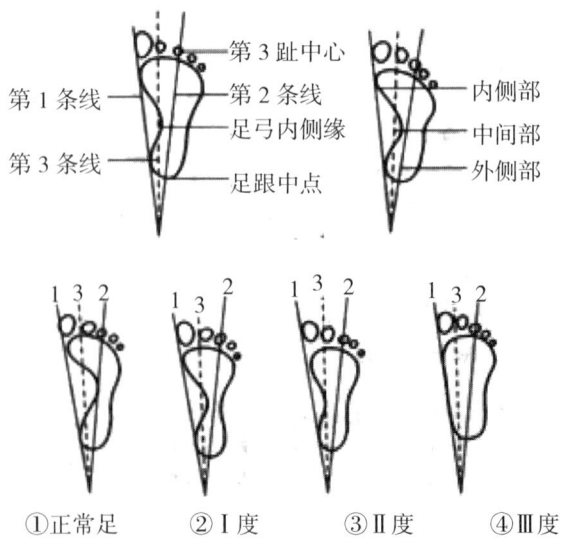

图4-19 足弓判断

第五节 骨龄测量与评价

骨龄泛指儿童少年在连续生活年龄上骨骼的发育程度（或成熟程度），也指骨骼发育的年龄，是用来鉴别人体生长发育成熟度的可靠指标。

人体骨组织的形成过程叫骨化。骨化分膜内骨化和软骨内骨化两种。人类各骨的骨化均由骨化中心的出现开始，而后骨化中心的骨化区域不断扩大成型，经过一系列规律性的形态变化逐渐成熟达到成人的骨骼形态。因此，可根据 X 线摄像片上骨骼的不同图像特征来判断骨骼的发育程度以确定骨龄。骨龄评估能较准确地反映个体的生长发育水平和成熟程度。它不仅可以确定儿童的生物学年龄，而且还可以通过骨龄及早了解儿童的生长发育潜力以及性成熟的趋势，通过骨龄还可预测儿童的成年身高。另外，骨龄的测定对一些儿科内分泌疾病的诊断有很大帮助。

一、骨龄与成熟度

根据骨龄与实际年龄的差值，大体上可以把处在生长发育阶段的儿童少年分成正常型（正常发育）、早熟型（提早发育）和晚熟型（推迟发育）3 种类型。正常型，指骨骼年龄与实际年龄相差不超过一年；早熟型，指骨骼年龄比实际年龄大一年以上；晚熟型，指骨骼年龄比实际年龄小一年以上。实际年龄不能确切地说明发育成熟程度，然而骨骼的骨化程度与月经初潮及第二性征的发育在时间上比较吻合。有资料报告，第二指骨最远端的骨骺与骨干结合后 6 个月，月经来潮。同时还发现男女青春期开始时的平均骨龄也相差两年，说明骨骼年龄能较准确地反映发育成熟的程度。

二、骨龄测量

（一）拍片部位

肩、肘、踝、手腕及骨盆等部位均可用于确定骨龄，但普遍认为手腕是最理想的部位。因为手腕集中了较多的长骨（如尺、桡骨远端，各排掌骨、指骨）、短骨（如 8 块腕骨）和圆骨（如籽骨），集中反映了全身骨骼生长和成熟情况。而且对腕部拍摄 X 线照片又较为方便，一张照片可同时拍摄几十块骨，所以多以腕骨的 X 线照片作为判断骨龄的主要依据（图 4-20）。

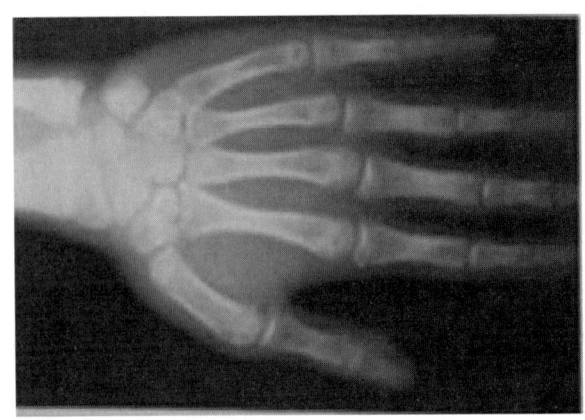

图 4-20 骨龄片

（二）拍片注意事项

（1）拍摄当日测量体重、身高等形态指标，记录出生年、月、日。

（2）拍摄弱手全手骨（包括桡、尺骨远端）正位片。

（3）X 光机镜头距离手 90 厘米，手背朝上，掌心向下紧贴片盒，中指轴与前臂轴成直线，手指稍分开，拇指与食指成 30°，X 光机球管中心线正对第三掌骨头。

（三）骨龄的判断方法

判定骨龄的方法有标准图谱法、计分评定法、简单计数法和计算机骨龄评分系统等，最常用的是 G-P 图谱法和 TW2 评分法。

（1）标准图谱法

标准图谱法的原理是根据人体骨骼生长发育的规律性，按男女性别，从新生儿到成年各阶段的骨骼变化拍成 X 光片，挑出最有代表性的作为标准 X 光片图谱。在评价骨龄时，先拍摄受试者手腕部的 X 线片，然后对照标准图谱，看其骨的发育与哪幅 X 线片相符，依此判断骨龄。

由 Todd（1937）首创并经 Grealich 和 Pyle 多次修改而成的手腕部骨骼系列性 X 光图谱（简称 G-P 图谱），为男女各设置了一套 X 光片，每张 X 光片代表一个标准骨龄。男新生儿 0~1 岁 6 个月期间，每 3 个月有一个标准片；1 岁 6 个月~5 岁和 11~16 岁期间，基本上是每半年一个标准片；除此以外都是一年一个标准片。评价时，把所拍摄个体的手骨 X 光片同 G-P 图谱相对照，与哪一张骨龄标准图谱片最相似就是该图标明的骨龄。G-P 图谱共 60 张，男 31 张，女 29 张，该方法简单明确，在国际上被广泛使用。其缺点是主观性强，因人种不同而差异较大，对发育不均衡的儿童不宜使用。

（2）计分评定法

计分评定法是在不同年龄组的大量手腕骨骼 X 光片中，经过统计学处理，依其骨骼发育的不同程度分出等级，再根据其等级得分累加，将其总分与骨龄积分表相对照，查找相应的年龄（即骨龄）。其优点是比标准图谱法的年龄间隔缩小，精确度较高。

1954 年，英国的 Acheson 提出按骨发育的级别评分的方法，1962 年英国的 Tanner 和 Whitehouse 在 Acheson 方法的启发下，提出了一套较完整的 TW_1 骨龄评分方法。TW_1 法制定了手腕骨发育等级标准，人为地确定了各骨权重，采用各骨得分总方差和最小化的方法计算各骨发育等级的得分（完全成熟为 1000 分），再换算成骨龄。1972 年，Tanner 等人对 TW_1 骨龄评分方法进行了修改，取消了其中评定困难的 7 个骨（桡、尺、头状、三角、月、舟和小多角骨）的最后一个发育等级，称为 TW_2 法。随后又有人干脆把腕骨完全排除，仅用桡、尺骨远端及掌指骨进行计分评价，称为 RUS 法。目前这 3 种计分法在国际上并用，对其优劣暂无定论。

我国推出的有李果珍百分计数法（1979）、中国人手腕骨发育标准 CHN 法（1992）以及直接引用 TW_2 的叶氏记分法（1994）等。在这里不详细论述。

三、骨龄预测身高的方法

骨龄和儿童身高之间有着极其密切的相互关系，各年龄阶段的身高和成年后的身高又具有高度的相关性。所以，根据当前的骨龄，可以预测出成年后的身高。但是由于影响身高的因素很多，无论用哪种方法预测，预测公式都不可能把所有的因素都考虑进去，而且在每次预测后，预测对象的营养、疾病、环境等许多因素也无法预知。所以预测方法虽有一定的科学依据，但身高预测的误差总是不可避免的。

以下介绍一种常用的预测身高方法：

（1）先拍摄受试者手腕部的 X 线片，判断受试者的骨龄。

（2）根据实际生活年龄与骨龄之间的差数，判断受试者是属于"早熟""正常"还是"晚熟"。

（3）最后测其身高，并在表 4-8 中查出该骨龄的百分比。

$$未来成年人身高 = \frac{实测身高}{该骨龄占最后身高百分比} \pm 2.5$$

例如：一个 8 岁零 6 个月的儿童，其骨龄为 7 岁，实测身高为 122 厘米，问这个孩子的预测身高值为多少？

1. 首先根据骨龄与实际年龄的差值判断，属于晚熟型儿童。
2. 查表 4-8，查骨龄为 7 岁的晚熟型儿童成人身高百分比为 71.8%。
3. 计算预测身高值。$122 / 71.8\% \pm 2.5 = 167.5 \sim 172.5$（厘米）

表 4-8 贝利氏与平纽氏骨骼年龄与成人身高百分比对照表

年龄 年.月	男（%）			女（%）		
	早熟	正常	晚熟	早熟	正常	晚熟
6.0	—	—	68.0	—	72.0	73.3
6.6	—	—	70.0	—	73.8	75.1
7.0	67	69.5	71.8	71.2	75.1	77.0
7.6	68	70.9	73.8	73.2	77.2	78.8
8.0	69	72.3	75.6	75.0	79.0	80.4
8.6	70	73.9	77.3	77.1	81.0	82.3
9.0	72	75.2	78.6	79.0	82.7	84.1
9.6	73	76.9	80.0	80.9	84.4	85.8
10.0	74	78.4	81.2	82.8	86.2	87.4
10.6	75	79.5	81.9	85.6	88.4	89.6
11.0	76	80.4	82.3	88.3	90.6	91.8
11.6	78	81.8	83.2	89.1	91.4	92.6
12.0	80	83.4	84.5	90.1	92.2	93.2
12.6	82	85.3	86.0	92.4	94.1	94.6
13.0	85	87.6	88.0	94.5	95.8	96.4
13.6	87	90.2		96.3	97.4	97.7
14.0	90	92.7		97.2	98.0	98.3
14.6	93	94.8		98.0	98.6	98.9
15.0	95	96.8		98.6	99.0	99.4
15.6	97	97.6		99.0	99.3	99.6
16.0	98	98.2		99.3	99.6	99.8
16.6	98	98.7		99.5	99.7	99.9
17.0	99	99.1		99.8	99.9	100.0
17.6		99.4		99.95	99.95	
18.0		99.6		100.0	100.0	
18.6		100.0				

思考题：

1. 简述人体主要的测量点。
2. 什么是形态指数？举例说明采用形态指数评价有什么优点。
3. 简述水下称重法的测量方法及体脂百分比的计算步骤。
4. 简述身体姿势的测量与评价。
5. 什么叫骨龄？如何利用骨龄预测身高？

（杜新星）

第五章　身体机能的测量与评价

身体机能是指人体各组织、器官、系统以及整体所表现的生命活动。既有各器官系统的机能，又有不同器官系统机能耦联而形成的整体机能。身体机能的测量和评价是了解其机能特征、评价运动训练效果、判断运动性疲劳、实施训练监控以及预防运动损伤的重要手段和方法，具有重要的理论和实践意义。

不同年龄、不同性别的个体具有不同的机能特征，即使同一个体在不同的状态下也有不同的机能表现。因此，在测量和评价身体机能时，只有树立全面、综合、动态的观点，坚持定性化、定量化和综合性的原则，科学、合理地选择测试指标和方法，对所获取的各种机能信息给予客观的评价，才能获取准确、全面和客观的机能信息。

通常，身体机能的测量和评价是以安静状态、定量负荷状态、最大负荷状态以及恢复过程中生理、生化水平及其变化为依据，并结合运动成绩等指标对其进行全面的分析和诊断。安静状态的机能水平，可反映长期运动训练使人体各种机能所产生的适应性变化特征；定量负荷下机体机能的变化特征，反映机体对运动负荷的适应能力，常以机体的机能节省化为其表现特点；最大负荷运动过程中机体所表现的最大机能能力，则反映机体的最大机能潜力。

对于不同的个体而言，由于其运动目的不同，因而运动效果具有不同的含义。群众性体育运动往往以增进健康为目的，因而运动效果主要体现为身体健康质量，即体质；而竞技体育则是以提高运动成绩为目的，运动效果更多地表现为训练水平的高低，即训练程度。因此，在评价身体机能和运动训练效果时，应根据不同个体的特点、项目和运动目的，选择相应的评价指标和方法。

第一节　循环机能的测量与评价

循环系统是由心脏和血管组成的闭合式系统，在维持正常的血液循环，确保各组织、器官的血液与营养物质的供应、代谢产物的排出、实现体液调节以及维持内环境理化因素的相对稳定等方面具有重要作用。循环系统的机能状态可在一定程度上反映个体的发育水平、体质状况和运动训练的水平。

测量和评价循环系统机能的指标及方法较多，既有安静状态下的测试，也有一定运动负荷下的检查。通过对循环系统机能的综合测试可全面了解机体对运动负荷的适应能力，以及长期训练的适应性变化特征。常用的测定指标和方法有：

一、心率的测量

心率是指心脏每分钟搏动的次数。同一个体在不同的生理条件下其心率会出现较大的波动,因此,心率的测量应与机体所处的状态相关联。常用的心率测量有安静心率测量、基础心率测量、运动中心率测量和运动后心率测量。

(一) 安静心率的测量

安静心率是指空腹安静状态下的心率。高水平耐力项目运动员的安静心率比一般人低。无运动经历的普通人安静时心率为60~100次/分。随着机体耐力水平的提高,安静时心率会逐渐减少。高水平耐力项目运动员(如自行车和马拉松运动员)安静时心率可以达到40~50次/分,甚至更低。安静心率的大小可在一定程度上反映机体的机能状态以及心血管系统机能的变化情况,是评价心血管系统机能状态及运动效果的参考指标。在实践中可采用自身前后比较的方法对其机能变化进行评定。

1. 动脉触诊法

脉搏就是指浅表动脉的搏动。在一个心动周期中,心脏的舒缩会引起动脉血管内的压力产生周期性波动,导致管壁发生搏动,并能以波的形式沿管壁向外周传播,且与心脏活动的周期一致。故用手指触摸到的身体浅表部位动脉的搏动速率,通常可以间接代表心率。运动实践中,常用测定脉搏来了解运动负荷的强度、运动训练后的恢复以及运动员的训练水平。

测量部位:桡动脉(颈动脉、颞动脉、心前区、肱动脉)。

测量仪器:秒表。

测量方法:

(1) 桡动脉测量。受试者掌心向上平放在桌面上(图5-1)。测试者以食指、中指和无名指的指腹触摸受试者腕部桡动脉搏动区(腕部、手掌面与拇指根部在同一直线上),当明显地感觉桡动脉搏动后正式计数。测试前,先连续测量3个10秒钟的脉搏数,以判断是否处于相对安静状态。当3次测量值相同或其中两次值相同并与另一次相差不超过1次时,即可认为是相对安静状态,否则应当令受试者休息后再测量,直到符合测量的要求。当受试者处于相对安静状态时,正式测量30秒钟的脉搏数,然后将所测的脉搏数乘以2,即可得出受试者每分钟脉搏数。

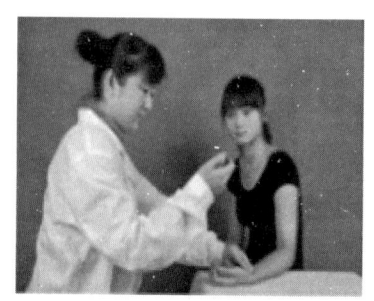

图5-1 桡动脉测量

(2) 颈动脉或颞动脉的测量。测试者用食指、中指和无名指的指腹轻压在受试者的颈动脉（颈部与喉头平齐的左右两侧）或颞动脉（头部两侧，耳前上部）处，测量出10秒钟或30秒钟脉搏数，然后换算成1分钟脉搏。

(3) 肱动脉的测量。受试者取坐位，右掌心向上平放在桌面上。测试者以食指、中指和无名指的指腹触摸受试者肱动脉搏动区（位于上臂肱二头肌内侧腋窝下部）。具体方法见桡动脉的测量。

2. 听诊法

在一个心动周期中，心肌的收缩、瓣膜的开闭以及血液流动冲击瓣膜和血管壁所产生的机械震动（即心音），可通过周围组织传递到胸壁，通常利用听诊器在胸壁特定部位听诊即可了解心脏的节律性变化频率，即测量出心率。

测量仪器：听诊器、秒表。

测量部位：心前区左侧第五肋间心尖部位。

测量方法：将听诊器的听头置于受试者心尖部，清楚地听到心脏搏动的声音，记录10秒或30秒心脏搏动的次数，然后换算成1分钟心率。

3. 心电图法

测量仪器：心电图机。

测量方法：受试者静卧于检查床，放松肌肉。在手腕、足踝和胸前安装好引导电极，接上导联线。校准记录后，对心电图记录纸进行分析。测量相邻的两个心动周期中的 P 波与 P 波的间隔时间或 R 波与 R 波的间隔时间，按公式 心率 = $\dfrac{60}{P-P\text{或}R-R\text{间隔时间（秒）}}$ 进行计算，求出心率。

（二）基础心率测量

基础心率也叫晨脉，即清晨起床前的卧位心率。测定的方法可用食指、中指、无名指轻轻按在腕部桡动脉，也可按在颈动脉搏动处进行触诊，计算1分钟的脉搏数。优秀运动员的晨脉较慢，通常为 40~50 次/分，正常范围为 45~80 次/分。个别优秀耐力项目运动员晨脉可达 35 次/分。

晨脉是进行训练监控的有效工具。晨脉突然加快或减慢，提示有过度疲劳或疾病的发生。若晨脉升高 5 次/分以上，并持续 3 天不恢复，提示可能训练强度过大机体未完全恢复；若升高 10 次/分以上，提示有过度疲劳或疾病发生。

（三）运动中心率的测量

运动中心率是指一定负荷运动过程中的心率，常随运动负荷的变化而变化，是反映机体承受运动负荷能力的指标，可在一定程度上反映运动负荷的大小以及机体对运动负荷的适应能力。

1. 心率无线遥测

测量仪器：心率发射机、接收机（录音机）、引导电极。

测量方法：用酒精棉球清洁粘贴电极部位的皮肤（相当于心电图导联V4处），将两个电极凹陷处注满导电膏，而后将其分别贴于胸骨体和胸大肌左下方第五肋间处，并用橡皮膏固定在皮肤上。将发射机固定在备用的腰带上，将引导电极的插头与发射机相连，打开发射机电源开关，调整接收机频率至清晰听到心率为止，开始记录心搏次数。记录时，可采用直接听记的方法，也可先录制，然后重播录音。

2. 心率表法

测量仪器：POLAR心率表（图5-2）。

测量方法：POLAR表由一个系于胸部的发射器和一块腕表接收器组成，它可以实现心率无线监测、传送以及接收模拟和数字心率信号，并回放和显示记忆文件信息。测试时，把发射器和松紧带连接好，调整松紧带至合适长度，用清水沾湿传送器的电极区域，将发射带佩戴于胸部以下，打开心率表并选择相应的测试程序和方法，即可准确地测试心率信息。

图5-2　心率表

3. 心电图遥测法

测量仪器：心电图发射机、接收机（录音机）、引导电极。

测量方法：心电图有线遥测是借电话线以音频作为载波进行远近距离遥测心电图，由检测发送及接收描记等两部分组成。它能将心电信号遥测发送至专用心电图机上。方法同心电图法。

（四）运动后心率的测量

运动后的心率测量一般可分为运动后即刻心率的测量和运动后恢复期心率的测量。运动后恢复期的心率测量由多次测量组成，反映心率恢复到运动前状态所需要的时间。一般来说，恢复期心率下降的速率越快，恢复时间越短，心血管机能越好。

1. 运动后即刻心率的测量

（1）心率遥测法

测量仪器：心率遥测仪、秒表、发射机、收录机。

测量方法：运动后的即刻心率，测量运动后10秒钟心搏次数，换算成1分钟心率。

因剧烈运动后，心搏极快，测量误差较大，目前大都采用 30 次心搏所需时间来计算心率。计算公式为：

$$HR = \frac{1800}{t30}$$

式中：HR 为心率，$t30$ 为运动后即刻 30 次心搏所需时间。

例如：$t30$ 为 11.5 秒，则心率为 156.5 次 / 分。

(2) 动脉触诊法

测量方法同上。

2. 运动后恢复期心率的测量

运动后恢复期的心率测量是指在运动后几分钟内连续测量几次心率，观察心率恢复到运动前水平的能力。测量运动后恢复期的心率一般从第 2 分钟开始，第 3、第 4、第 5 分钟各测一次，每次测量前 30 秒的心率并换算成 1 分钟的心率。测量方法有动脉触诊法、心率表法等。

二、血压的测量

血压是指血液在血管内流动时对血管壁的侧压力。它是在血液充满血管的前提下，由心脏收缩射血，外周阻力和大动脉的弹性等协同作用下形成的。安静时正常成年人收缩压为 90～140mmHg，舒张压为 60～90mmHg。

动脉血压的测定方法有直接测定法和间接测定法，由于间接测定法具有无创、易测定的特点，因而在临床上被广泛应用。通常血液在血管内流动时并没有声音，当利用压脉带给血管施加压力，并使其压力超过收缩压时肱动脉血流被完全阻断，此时利用听诊器在肱动脉远端听不到任何声音。如徐徐放气减低压脉带内压力，当脉带内压力等于或略低于肱动脉的收缩压时，才有少量的血液流过受压血管狭窄处形成涡流而发出声音，于是用听诊器可在肱动脉远端听到声音，此时压脉带内的压力即为收缩压。如果继续放气，当压脉带内的压力等于或略低于舒张压时，则血管内的血流由断续变成连续，声音突然由强变弱或消失，此时压脉带内的压力即为舒张压。

(一) 安静血压的测量

测量仪器：血压计、听诊器。

测量方法：令受试者脱去右臂衣袖，右臂自然前伸平放于桌面上，掌心向上（图 5-3），将袖带绑在受试者上臂上，其下缘应在肘关节以上约 3 厘米处（袖带应与心脏处于同一水平），松紧应适宜，肘窝暴露，

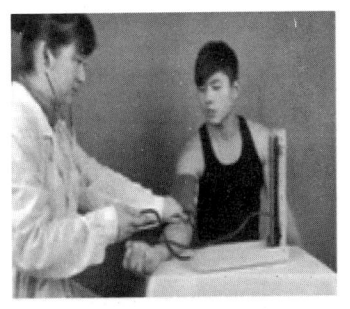

图 5-3　血压测量

将听头放在肱动脉上。松开血压计打气阀螺栓,驱除袖带内残留气体后关闭打气阀。然后,用打气球向压脉带内打气,随袖带内的压力升高,逐渐可以听到有节奏的"咚咚"声,继续打气,等声音消失时,再使压力升高 20~30 毫米汞柱,然后旋开气门徐徐放气。放气至第一次听到搏动声时,此时水银柱的高度即为收缩压。继续放气,搏动声突然从洪亮声变为模糊声时,水银柱的高度为舒张压变音点。继续放气至搏动声消失,此时水银柱高度为舒张压的消音点。记录所得结果,单位为毫米汞柱(mmHg),以收缩压/舒张压毫米汞柱表示。世界卫生组织规定,14 岁以下儿童舒张压以变音点为准,15 岁以上少年和成人舒张压以消音点为准。

(二)运动中血压的测量

测量仪器:同上。

测量方法:首先将袖带绑在受试者上臂上。运动时,将袖带和血压计的连接断开,袖带仍捆扎在受试者右上臂由受试者手托打气球。等待运动至机能稳定时快速连接袖带与血压计,测定该负荷的动脉血压。

(三)运动后血压的测量

测量仪器:同上。

测量方法:首先将袖带绑在受试者上臂上。运动时,将袖带和血压计的连接断开,袖带仍捆扎在受试者右上臂由受试者手托打气球,待运动结束后,快速连接袖带与血压计,分别测量第 1、2、3 分钟的血压,并记录读数。

三、心血管机能指数的测量与评价

(一)安静状态心血管机能指数的测评

1. 体位平均血压指数测量

(1) 卧位血压差 $= \dfrac{\text{收缩压} - \text{舒张压}}{3} + \text{舒张压}$ （式 5-1）

(2) 立位血压差 $= \dfrac{\text{收缩压} - \text{舒张压}}{3} + \text{舒张压}$ （式 5-2）

(3) 体位平均血压指数 $= \dfrac{\text{立位血压差} - \text{卧位血压差}}{\text{立位血压差}} \times 100$ （式 5-3）

(4) 评价:0.0 以上为上等;0.0~-18.0 为中等;-18.0 以下为下等。

2. 贝拉克能量指数测量

贝拉克能量指数，反映心脏输出血液所消耗的能量，收缩压代表心脏本身所做的功。在坐位测量脉率和血压之后，代入公式计算心能量指数 E。

$$E = \frac{X_3(X_1 + X_2)}{100} \tag{式 5-4}$$

式中：X_1 为坐位收缩压，X_2 为坐位舒张压，X_3 为 1 分钟脉搏数。

评价：$E > 200$ 为高度紧张；$90 \leq E \leq 200$ 为一般；$E < 90$ 为低度紧张。

3. 克兰普顿测量

是根据姿势改变引起脉搏和血压的变化来评价心血管机能的方法。测试方法如下：

(1) 受试者仰卧至脉搏稳定，测量仰卧状态受试者 1 分钟脉搏，并测量收缩压。
(2) 受试者站立至脉搏稳定，测量站立状态受试者 1 分钟脉搏，并测量收缩压。
(3) 计算立位与卧位的脉搏与收缩压的差值：

$$脉搏差 = 站立 1 分钟脉搏数 - 卧位 1 分脉搏数$$
$$血压差 = 站立收缩压 - 卧位收缩压$$

评价：脉搏差越小、血压差越大表明心血管机能越好。

（二）定量负荷状态心血管机能指数的测评

正常情况下，心血管系统的机能常随机体代谢水平的变化而变化。由于安静状态下机体的代谢水平相对较低，因此，心血管机能状态并不能反映心血管系统的机能潜力。通常采用定量负荷试验测量（即令受试者承受一定的定量负荷后，根据恢复期的脉率、血压等生理指标的不同变化，评定受试者心血管系统机能状况的试验）心血管机能以评价心血管系统的机能潜力。常用的方法有：

1. 30 秒钟 30 次蹲起

30 秒钟 30 次蹲起，是瑞典体育联合会制定的一种测量运动员心脏机能的简易方法，其特点是简便实用。

测量方法：

(1) 静坐 5 分钟，测量受试者 15 秒钟脉搏数然后乘以 4，即得 1 分钟的脉搏数，标为 P_1。
(2) 令受试者 30 秒钟内完成 30 次蹲起动作（每秒钟 1 次）。最后一次站起来时，测量即刻 15 秒钟脉搏数乘以 4，即得 1 分钟的脉搏数，标为 P_2。
(3) 休息 1 分钟后，测量 15 秒钟脉搏数乘以 4，为运动后 1 分钟的脉搏数，标为 P_3。
(4) 按以下公式计算心功能指数：

$$心功指数 = \frac{(P_1 + P_2 + P_3) - 200}{10} \tag{式 5-5}$$

心功能指数评价标准：心功指数小于或等于 0，心脏机能为最好；1~5 为较好；6~10 为一般；11~15 为较差；大于或等于 16 为最差。此标准较适用于运动员，在评价一般人的心脏机能时，应制定新的评价标准。

2. 台阶试验

台阶试验是一种简易的评价心血管系统机能的定量负荷实验。主要是通过观察定量负荷持续运动的时间、运动中心血管的反应及负荷后心率恢复速度的关系（台阶指数）评定心血管系统机能水平。

测试仪器：台阶若干个（成人测试台阶高度，男子 30 厘米，女子 25 厘米；学生测试初中以上男生的台阶高度为 40 厘米，初中以上女生及小学五六年级男女生台阶高度为 35 厘米），电子台阶试验仪、秒表（备用）。

测试方法：受试者站立在台阶前方，按照节拍器（测试仪含此节拍器）发出的 30 次/分频率的提示音上下台阶。从预备姿势开始（图 5-4①）；当听到第 1 响声时，一只脚踏在台上（图 5-4②）；第 2 响时踏台腿伸直，另一只脚跟上成台上站立（图 5-4③）；第 3 响时，先踏台的脚下来（图 5-4④）；第 4 响时另一只脚下地还原成预备姿势（图 5-4⑤）。在测试中采用 2 秒上、下踏台一次的速度，连续做 3 分钟。运动完毕后，令受试者立刻静坐在椅子上，将测试仪的指脉夹夹在受试者的中指前方，测试仪将自动采集受试者的 3 次脉搏数并计算出台阶指数。如果受试者在运动中坚持不下去或跟不上频率 3 次者，应立即停止运动。需要人工测试脉搏时，需测试运动停止后 1 分到 1 分半钟、2 分到 2 分半钟、3 分到 3 分半钟的 3 次脉搏数，然后根据以下公式进行计算。

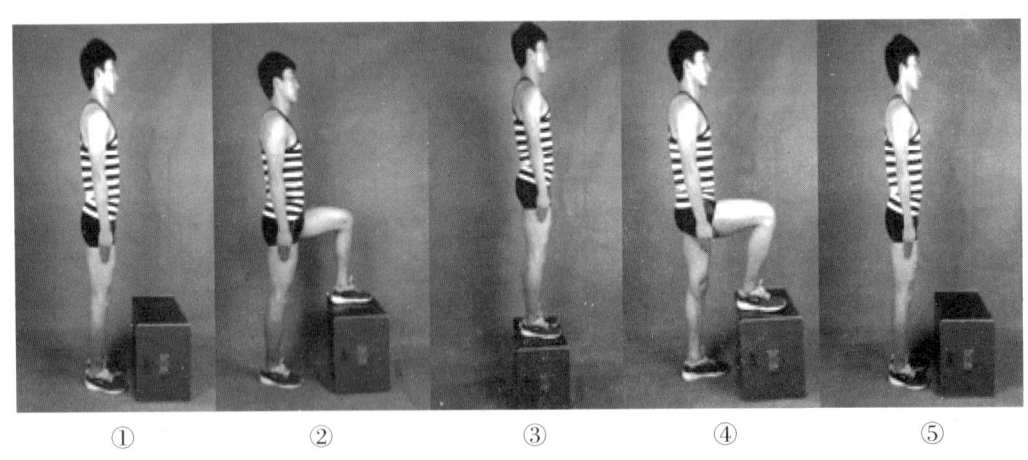

图 5-4　台阶试验动作

台阶指数计算公式：

$$台阶指数 = \frac{踏台上、下运动持续的时间(秒) \times 100}{2 \times (3 次测定脉搏的和)} \qquad (式 5-6)$$

评价表如表5-1、表5-2所示。

表5-1 成人台阶指数评价表

组别（岁）	性别	下	中下	中	中上	上
18~20	男	45.0~48.5	48.6~53.5	53.6~62.4	62.5~70.8	70.9以上
	女	44.6~48.5	48.6~53.2	53.3~62.4	60.5~70.2	70.3以上
21~25	男	45.0~48.5	48.6~53.5	53.6~62.4	62.5~70.8	70.9以上
	女	44.5~48.3	48.4~53.0	53.1~62.0	62.1~70.0	70.1以上
26~30	男	45.0~48.0	48.1~52.5	52.6~61.8	61.9~70.6	70.7以上
	女	44.5~48.0	48.1~52.6	52.7~61.8	61.9~69.9	70.0以上
31~35	男	43.5~47.5	47.6~52.5	52.6~61.6	61.7~70.1	70.2以上
	女	44.5~47.5	47.6~52.0	52.1~61.5	61.6~69.9	70.0以上
36~40	男	42.0~47.0	47.1~52.5	52.6~61.5	61.6~69.9	70.0以上
	女	43.0~47.0	47.1~51.5	51.6~61.0	61.1~69.5	69.6以上
41~45	男	42.0~47.0	47.1~52.5	52.6~61.0	61.1~69.5	69.6以上
	女	37.9~47.0	47.1~52.5	52.6~61.0	61.1~69.5	69.6以上
46~50	男	38.5~46.0	46.1~52.0	52.1~61.0	61.1~69.4	69.5以上
	女	32.5~46.5	46.6~51.0	51.1~61.0	61.1~69.4	69.5以上
51~55	男	32.8~45.3	45.4~51.5	51.6~61.0	61.1~69.4	69.5以上
51~54	女	30.0~41.6	41.7~50.9	51.0~61.0	61.1~69.4	69.5以上
56~59	男	29.4~45.0	45.1~51.5	51.6~61.0	61.1~69.4	69.5以上

引自《2000年中国国民体质监测系统的研究》

表5-2 学生台阶指数评价表

组别（年级）	性别	优秀	良好	及格	不及格
小学5~6	男	62~67	53~61	45~52	40~44
	女	59~64	49~58	41~48	35~40
初1	男	62~67	53~61	46~52	40~45
	女	60~66	49~59	42~48	35~41
初2	男	62~68	52~61	46~51	40~45
	女	60~66	49~59	42~48	36~41
初3	男	62~68	53~61	46~52	40~45
	女	60~66	49~59	42~48	37~41
高1	男	62~68	53~61	46~52	40~45
	女	60~68	49~59	42~48	36~41
高2	男	62~68	53~61	46~52	40~45
	女	60~66	49~59	42~48	36~41
高3	男	64~74	53~62	46~52	40~45
	女	59~70	49~58	42~48	36~41
大学1~4	男	67~82	53~65	46~52	40~45
	女	60~78	49~59	42~48	36~41

引自《2005年中国学生体质与健康调研报告》

3. PWC₁₇₀ 机能试验

PWC₁₇₀ 机能试验，是指通过测试受试者在定量负荷心率为 170 次 / 分时的稳定状态下，单位时间内所做的功率（千克米 / 分），根据功率的大小，评价心血管机能水平的一种方法。

PWC₁₇₀ 的直接测定法比较复杂，因此，多采用间接测定法。间接测定法的原理是心率与功率在一定范围内（相当于心率在 120～180 次 / 分之间）成直线相关。

测量仪器：功率自行车、心率遥测仪或听诊器、计时秒表、节拍器。

测量方法：令受试者进行两次各为 5 分钟的蹬踏功率自行车运动，两次负荷之间休息 3 分钟。每次负荷即刻记录最后 1 分钟或 30 秒的心率。要求第 1 次负荷的功率应使心率超过 110 次 / 分，第 2 次负荷功率应使心率接近 170 次 / 分。为了达到 PWC₁₇₀ 机能试验的要求，可将卡尔普曼提出的两次负荷功率的数值作为参考（表 5-3）。

表 5-3 PWC₁₇₀ 机能试验负荷的功率数值

	女		男	
	第 1 次负荷	第 2 次负荷	第 1 次负荷	第 2 次负荷
运动员	300	600	600	1500
一般人	150	300	300	600

计算方法：

$$W_{170} = N_1 + (N_2 - N_1) \times \frac{170 - f_1}{f_2 - f_1} \qquad (式 5\text{-}7)$$

式中：W 为功率（千克米 / 分），N_1 为第 1 次负荷功率（千克米 / 分），N_2 为第 2 次负荷功率（千克米 / 分），f_1 为第 1 次负荷后心率（次 / 分），f_2 为第 2 次负荷后心率（次 / 分）。

随着科学技术的发展，一些更加先进、更加准确、更加完善的测量手段和方法逐步用于心血管系统机能的测量和评价，如心率变异、向量心电图、频谱心电图、左心室收缩时间间期、左心室舒张时间间期、心脏泵血功能、心脏做功量、超声心动图、核磁共振等。通过利用这些先进的手段和方法，并借助于合理的运动负荷模型将会更加准确地测量和评价心血管系统的机能。

第二节 呼吸机能的测量与评价

呼吸是指人体与外界环境之间进行气体交换的过程。是机体维持正常新陈代谢和其他功能活动所必需的生理过程之一。越来越多的研究显示，长期的运动训练可使呼吸机能产生良好的适应性变化，使其表现出呼吸深度增加、通气效率提高、摄氧能力增强、通气储备高等特点。通常可通过测定不同个体肺活量、通气量、通气储备、通气效率以及摄氧量等指标来评价机体的呼吸机能。

一、肺通气机能的测量

肺通气是指肺与外界环境之间进行气体交换的过程。评价肺通气机能的重要指标有肺活量、连续肺活量、时间肺活量、最大通气量以及通气储备量等。

（一）肺活量的测量

肺活量是指尽最大努力吸气后，再做最大用力呼气所能呼出的气体量。肺活量的大小与呼吸肌的力量、胸廓的大小以及肺的弹性等因素有关。

测量仪器：FJD-80型单筒肺量计或电子肺活量计。

测量方法：使用桶式肺活量计测量时，先要将肺量计外筒装水，水量约为筒容量80%。安装好记录纸和接通电源，并检查其密闭状况，以防漏气。使浮筒下沉至外筒底部，调节记录盘上的指针到0位。令受试者面对肺活量计取站立位，竭力深吸气后，立即关闭三路开关，由吹气口向筒内做最大限度的呼气，直至不能呼气时为止。记录计量盘上的刻度数，连续测量3次，取最大一次的数值作为肺活量值。

使用电子肺活量计测量时，首先将肺活量计接上电源，按电源开关，肺活量计通电后，液晶屏显示器闪耀"8888"数次后显示0，表明肺活量计进入工作状态。测试时，受试者先将口嘴装在文式管的进气端，手握文式管并保持导压软管在文式管上方的位置，头部略向后仰尽力深吸气直至再不能吸气为止，然后将嘴对准口嘴尽力地深呼气，直到不能呼气为止（图5-5）。此时液晶屏显示器上显示的数值即为肺活量值。测试两次，取最大值，记录以毫升为单位，不保留小数。

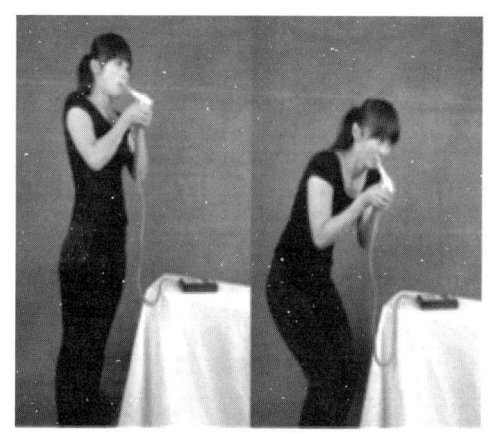

图5-5　肺活量测量

评价：由于肺活量与身高、体重、胸围等指标关系密切，因此评价时应结合体重，使用肺活量体重指数进行评价，即以肺活量除以体重指数来评价。评价标准如表5-4、表5-5所示。

表 5-4 我国男、女学生肺活量体重指数评价表（单位：ml/kg）

男生（岁）	优上	优下	良上	良下	中上	中下	较差
11~12	68 以上	67~63	62~54	53~46	45~42	41~29	28 以下
13	69 以上	68~64	63~55	54~47	46~42	41~30	29 以下
14	70 以上	69~65	64~57	56~49	48~45	44~34	33 以下
15	71 以上	70~67	66~58	57~50	49~46	45~33	32 以下
16	73 以上	72~68	67~61	60~53	52~48	47~38	37 以下
17	73 以上	72~68	67~61	60~53	52~48	47~36	35 以下
18	71 以上	70~66	65~58	57~50	49~46	45~36	35 以下
19~22	75 以上	74~70	69~64	63~57	56~54	53~44	43 以下
女生（岁）	优上	优下	良上	良下	中上	中下	较差
11~12	59 以上	58~54	53~47	46~38	37~34	33~18	17 以下
13	61 以上	60~56	55~48	47~40	39~35	34~21	20 以下
14	60 以上	59~55	54~48	47~41	40~37	36~24	23 以下
15	59 以上	58~55	54~49	48~41	40~36	35~22	21 以下
16	60 以上	59~56	55~49	48~42	41~39	38~27	26 以下
17	60 以上	59~55	54~48	47~41	40~38	37~26	25 以下
18	59 以上	58~54	53~48	47~41	40~37	36~26	25 以下
19~22	61 以上	60~57	56~51	50~46	45~42	41~32	31 以下

（引自《学生体质健康标准（试行方案）》，人民体育出版社，2002）

表 5-5 我国成年男、女肺活量体重指数评价表（单位：ml/kg）

年龄（岁）		上等	中上	中等	中下	下等
18~25	男	75 以上	74~68	67~55	54~48	47 以下
	女	62 以上	61~56	55~43	42~36	35 以下
26~30	男	72 以上	71~66	65~52	51~45	44 以下
	女	60 以上	59~54	53~41	40~34	33 以下
31~40	男	70 以上	69~62	61~48	47~40	39 以下
	女	57 以上	56~51	50~39	38~31	30 以下
41~50	男	65 以上	64~57	56~42	41~35	34 以下
	女	55 以上	54~49	48~36	35~29	28 以下
51~60	男	60 以上	59~53	52~39	38~32	31 以下
	女	51 以上	50~45	44~33	32~27	26 以下

（引自《体质自我评价和健康运动处方》，北京体育大学出版社，2002）

（二）时间肺活量的测量

时间肺活量是指最大用力吸气后，以最快的速度进行用力呼气，记录在一定时间内呼出的气体量。通常用一定时间内呼出的气体量占肺活量的百分比来表示。时间肺活量不仅能反映肺的容量和弹性,而且还可反映通气阻力和呼吸肌的收缩力量及速度,是反映和评价气流速度和肺通气机能的动态指标。

测量仪器:FJD-80 型单筒肺量计,消毒棉球、75%酒精。

测量方法:受试者取站立位,夹上鼻夹,口含橡皮吹嘴并与外界相通,做平静呼吸数次;之后,令受试者做最大限度深吸气,关闭三通开关,吸气之末屏气 1～2 秒,此时开动快鼓(25 毫米/秒),令受试者做最快速度的用力深呼气,直到不能再呼为止。从记录纸上测定第 1、第 2 和第 3 秒内呼出的气体量,并分别计算出它们各自占肺活量的百分比。健康成年人第 1 秒平均值约为 83%,第 2 秒约为 96%,第 3 秒约为 99%。其中第 1 秒的时间肺活量意义最大。

(三)连续肺活量测量

测量仪器:同(二)时间肺活量。

测量方法:同(一)肺活量。

评价:连续测量 5 次肺活量,每次间隔 30 秒,根据 5 次测量结果的变化趋势,判断呼吸肌的机能能力。若每次测量的肺活量值相同或略有增加,表示呼吸肌机能较强,可视为通气机能良好的表现;若 5 次肺活量呈下降趋势,则表示呼吸肌机能较差(或处于疲劳状态),可视为肺通气机能较差的表现。

(四)最大通气量测量

最大通气量是指每分钟所能吸入或呼出的最大气体量。是反映呼吸过程中肺容量动态变化的指标。

测量仪器:同(二)时间肺活量。

测量方法:肺量计内充入 4～5 升新鲜空气,受试者取站立位,夹上鼻夹,口含橡皮吹嘴,转动三路开关,使口与肺量计相通,开动慢鼓记录平和呼吸曲线。然后开动中速鼓(1.67 毫米/秒),令受试者按主试者口令在 15 秒钟内尽力做最深、最快的呼吸。根据呼吸频率与每次呼吸深度,计算出 15 秒内吸入或呼出的气体量,然后乘以 4,即为最大通气量。

评价:最大通气量与呼吸肌的力量、速度,肺的机械特性以及呼吸道的阻力等因素有关。最大通气量大者,肺通气机能较好;反之较差。此外,也可根据通气机能储备能力评价肺通气机能。通气储备通常用通气储备百分数表示:

$$通气储备百分数 = \frac{最大通气量 - 每分钟平静通气量}{最大通气量} \times 100\% \quad (式5-8)$$

正常值应等于或大于 93%,若小于 86% 表示通气机能储备不佳,若小于 70% 表示通气功能严重受损。

二、最大摄氧量的测量

最大摄氧量是指机体在心肺功能和全身各器官、系统充分动员的条件下，单位时间内摄取并供给机体消耗氧气的最大量。其大小与呼吸、循环、血液、肌肉以及机能调节等因素有关，是反映人体最大有氧能力的指标。一般人最大摄氧量为 2~3 升/分，优秀耐力性项目运动员可达 4~6 升/分。最大摄氧量的测量包括直接测量法和间接测量法。

（一）最大摄氧量的直接测量法

测量仪器：气体代谢仪、功率自行车（或跑台）、心率表。

测量方法：

（1）仪器校正及设置。针对气体代谢的要求，进行仪器的气体成分校准及气量校准。

（2）受试者身着运动服，静坐 15 分钟，之后测试受试者心电图、心率、血压、身高及体重（精确到 0.1 千克）等。

（3）受试者戴好面罩，胸前安装好遥测电极（图 5-6）。

（4）准备工作完成后，令受试者以中等强度（50% VO_2 max 的运动强度）在功率自行车上进行准备活动 4~5 分钟。

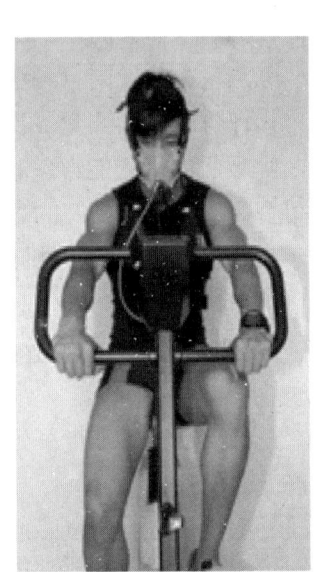

图 5-6　最大摄氧量测量

（5）休息 3 分钟后，令受试者以准备活动时的负荷蹬踏功率自行车 2 分钟，然后每隔 2~3 分钟增加负荷 300~400 千克米/分作为下一级负荷，转数为 60 转/分，直到受试者力竭为止。

（6）当摄氧量出现平台，即摄氧量不再随运动负荷的增加而增加时，可视为达到最大摄氧量；如果摄氧量未出现平台，而受试者已达精疲力竭的程度，则取摄氧量的最大值作为最大摄氧量。

最大摄氧量的判断标准：

（1）当继续增加运动负荷后，其摄氧量的递增值小于 2ml/kg 或 150ml/min。

（2）受试者的心率大于 180 次/分。

（3）运动时呼吸商大于 1.10。

（4）在测试停止后 2 分钟时，血乳酸浓度 >100mg/dl，儿童 >80mg/dl，老年 >

60mg/dl。

(5) 继续运动时摄氧量出现下降。

注意事项：

(1) 测定最大摄氧量的运动负荷，必须注意要设计有大量肌肉群参加的活动。

(2) 每一级的运动负荷，必须持续一定时间。

(3) 在正式测试前应进行身体检查，保证受试者在测试时不发生意外。

(4) 在进行最大摄氧量测试前几小时，受试者不应参加重体力活动。此外，在进餐后，必须经过一定时间才能进行所有测试。

(5) 根据不同受试者的机能特点选择不同的运动模型。

(6) 根据受试者的性别、年龄、运动项目和运动能力选择测功仪、运动起始负荷、每级负荷的持续时间及递增负荷的大小。通常最大摄氧量测试时间为10~12分钟达到力竭，起始功率为最大功率的30%，每级负荷递增10%~15%。

(7) 对年龄过小或过大的受试者不宜采用直接测试法。

最大摄氧量直接测试法运动负荷介绍：

最大摄氧量测量的关键是运动模型，由于不同训练水平、不同项目的运动员具有不同的机能特征，因此，在最大摄氧量的测量过程中，应针对受试者的机能特点适时调整运动安排，选择不同的运动模型。对于力量和速度型项目运动员，可选强度增幅大、单级负荷持续时间短的负荷模型；耐力性项目运动员，可选择强度增幅小、单级负荷持续时间长的负荷模型。常用的负荷模型有以下几种：

(1) 功率自行车递增负荷运动模型：

①100W起始，每3分钟递增50W为下一级负荷，转数为70转/分，直至力竭。

②100W起始，每1分钟递增25W为下一级负荷，转数为70转/分，直至力竭。

③100W起始，每10秒递增5W为下一级负荷，转数为70转/分，直至力竭。

(2) Bruce方法（跑台）：Bruce方法程序设置如表5-6所示。

表5-6 Bruce方法的程序设置

分级	速度（mph）	坡度（%）	时间（min）	Mets
1	1.7	10	3	4.0
2	2.5	12	3	6.8
3	3.4	14	3	10.0
4	4.2	15	3	14.2
5	5.0	18	3	16.0
6	5.5	20	3	18.0
7	6.0	22	3	20.6

（二）最大摄氧量间接测量法

1. Astand-Ryhnuiy 间接测量法

Astand-Ryhnuiy 间接测量法的理论依据是心率、功率和摄氧量之间的相互关系。当输出功率增加时，摄氧量也成比例地增加，最后达到最大摄氧量且保持稳定状态，心脏对功率增加的反应与摄氧量一致，即最大摄氧量与最大心率几乎同时到达。因此，可根据次最大运动时的功率和心率非常近似地推出最大摄氧量。

测量仪器：功率自行车、心率表、秒表。

测量步骤和方法：

（1）受试者穿运动服，实验前 1 小时不得进食和吸烟。

（2）记录受试者体重（穿运动服、脱鞋），精确到千克，再记录下年龄。

（3）调整功率自行车座的高度，使受试者踏到最底点时腿略有弯曲为止，将功率自行车的阻力指示器调整到 0。

（4）令受试者以 60 周/分的速度蹬踏功率自行车，调整负荷，女子开始负荷为 300 千克米/分，男子为 600 千克米/分。持续运动 6 分钟。

（5）受试者坐于功率自行车上休息 5 分钟，然后再重复上述步骤，但是负荷应适当加大（女子可选择 450、600、750、900 千克米/分中的任一负荷，男子可选择 600、900、1200、1500 千克米/分中的任一负荷）。负荷运动时前后两次的心率都要在 120~170 次/分之间。

（6）记录前后两种负荷情况下每 1 分钟后 30 秒的心率。用运动中第 5 和第 6 分钟所记录下的心率平均值来推测（表 5-7）最大摄氧量。前后两分钟所测心率不得相差 5 次/分以上。否则，继续运动 1 分钟，使用第 6 和第 7 分钟心率来推算最大吸氧量。

①记录功率：_____ 千克米/分；_____ 千克米/分。
②记录负荷最后两分钟的平均心率：_____ 次/分。
③推测最大摄氧量平均值：_____ 升/分。
④根据年龄进行修正的最大摄氧量（最大摄氧量值乘以年龄修正系数，表 5-8）。
⑤求出相对最大摄氧量（上述数值除以体重（千克）_____ 毫升/千克·分。
⑥查出受试者最大有氧工作能力类别（表 5-9）。

注意事项：此方法是一种推测方法，因此难免出现误差；实验过程中要求严格控制功率自行车的蹬踏功率。

表 5-7 最大摄氧量推算表（依 Astand 1960）

男　性											
心率	最大摄氧量（升/分）					心率	最大摄氧量（升/分）				
	300	600	900	1200	1500		300	600	900	1200	1500
	(千克米/分)						(千克米/分)				
120	2.2	3.3	4.8			148	2.4	3.2	4.3	5.4	
121	2.2	3.4	4.7			149	2.3	3.2	4.3	5.4	
122	2.2	3.4	4.6			150	2.3	3.2	4.3	5.3	
123	2.1	3.4	4.6			151	2.3	3.1	4.2	5.2	
124	2.1	3.3	4.5	6.0		152	2.3	3.1	4.1	5.2	
125	2.0	3.2	4.4	5.9		153	2.2	3.0	4.1	5.1	
126	2.0	3.2	4.4	5.8		154	2.2	3.0	4.0	5.1	
127	2.0	3.1	4.3	5.7		155	2.2	3.0	4.0	5.0	
128	2.0	3.1	4.2	5.6		156	2.2	2.9	4.0	5.0	
129	1.9	3.0	4.2	5.6		157	2.1	2.9	3.9	4.9	
130	1.9	3.0	4.1	5.5		158	2.1	2.9	3.9	4.9	
131	1.9	2.9	4.0	5.4		159	2.1	2.8	3.8	4.8	
132	1.8	2.9	4.0	5.3		160	2.1	2.8	3.8	4.8	
133	1.8	2.8	3.9	5.3		161	2.0	2.8	3.7	4.7	
134	1.8	2.8	3.9	5.2		162	2.0	2.8	3.7	4.6	
135	1.7	2.8	3.8	5.1		163	2.0	2.8	3.7	4.6	
136	1.7	2.7	3.8	5.0		164	2.0	2.7	3.6	4.5	
137	1.7	2.7	3.7	5.0		165	2.0	2.7	3.6	4.5	
138	1.6	2.7	3.7	4.9		166	1.9	2.7	3.6	4.5	
139	1.6	2.6	3.6	4.8		167	1.9	2.6	3.5	4.4	
140	1.6	2.6	3.6	4.8	6.0	168	1.9	2.6	3.5	4.4	
141		2.6	3.5	4.7	5.9	169	1.9	2.6	3.5	4.3	
142			3.5	4.6	5.8	170	1.8	2.6	3.4	4.3	
143			3.4	4.6	5.7						
144			3.4	4.5	5.7						
145			3.4	4.5	5.6						
146			3.3	4.4	5.6						
147			3.3	4.4	5.5						

(接续表)

(续表)

女 性											
心率	最大摄氧量（升/分）					心率	最大摄氧量（升/分）				
	300	450	600	750	900		300	450	600	750	900
	(千克米/分)						(千克米/分)				
120	2.6	3.4	4.1	4.8		148	1.6	2.1	2.6	3.1	3.6
121	2.5	3.3	4.0	4.8		149		2.1	2.6	3.0	3.5
122	2.5	3.2	3.9	4.7		150		2.0	2.5	3.0	3.5
123	2.4	3.1	3.9	4.6		151		2.0	2.5	3.0	3.4
124	2.4	3.1	3.8	4.5		152		2.0	2.5	2.9	3.4
125	2.3	3.0	3.7	4.4		153		2.0	2.4	2.9	3.3
126	2.3	3.0	3.6	4.3		154		2.0	2.4	2.8	3.2
127	2.2	2.9	3.5	4.2		155		1.9	2.4	2.8	3.2
128	2.2	2.8	3.5	4.2		156		1.9	2.3	2.8	3.2
129	2.2	2.8	3.4	4.1		157		1.9	2.3	2.7	3.2
130	2.1	2.7	3.4	4.0		158		1.8	2.3	2.7	3.1
131	2.1	2.7	3.4	4.0		159		1.8	2.2	2.7	3.1
132	2.0	2.7	3.3	3.9		160		1.8	2.2	2.6	3.0
133	2.0	2.6	3.2	3.8		161		1.8	2.2	2.6	3.0
134	2.0	2.6	3.2	3.8		162		1.8	2.2	2.6	3.0
135	2.0	2.6	3.1	3.7		163		1.7	2.2	2.6	2.9
136	1.9	2.5	3.1	3.6		164		1.7	2.1	2.5	2.9
137	1.9	2.3	3.0	3.6		165		1.7	2.1	2.5	2.0
138	1.8	2.4	3.0	3.5		166		1.7	2.1	2.5	2.9
139	1.8	2.4	2.9	3.5		167		1.6	2.1	2.4	2.8
140	1.8	2.4	2.8	3.4		168		1.6	2.0	2.4	2.8
141	1.8	2.3	2.8	3.4		169		1.6	2.0	2.4	2.8
142	1.8	2.3	2.8	3.3		170		1.6	2.0	2.4	2.7
143	1.7	2.2	2.7	3.3							
144	1.7	2.2	2.7	3.2							
145	1.6	2.2	2.7	3.2							
146	1.6	2.2	2.6	3.2							
147	1.6	2.1	2.6	3.1							

表 5-8　推测最大摄氧量的年龄修正系数（依 Astand 1960）

年龄（岁）	修正系数	最大心率	修正系数
15	1.10	210	1.12
25	1.00	200	1.00
35	0.87	190	0.93
40	0.83	180	0.83
45	0.78	170	0.75
50	0.75	160	0.69
55	0.71	150	0.64
60	0.68		
65	0.65		

表 5-9　有氧工作能力的类别

年龄（岁）	低	较低	中等	高	很高
女　性					
20~29	≤1.69	1.70~1.99	2.00~2.49	2.50~2.79	≥2.80
	≤28	29~34	35~43	44~48	≥49
30~39	≤1.59	1.60~1.89	1.90~2.39	2.40~2.69	≥2.70
	≤27	28~33	34~47	42~47	≥48
40~49	≤1.49	1.50~1.79	1.80~2.29	2.30~2.59	≥2.60
	≤25	28~31	32~40	41~45	≥46
50~65	≤1.29	1.30~1.59	1.60~2.00	2.10~2.39	≥2.40
	≤21	20~28	29~36	37~47	≥42
男　性					
20~29	≤2.79	2.80~3.09	3.10~3.89	3.70~3.99	≥4.00
	≤38	39~40	44~51	52~56	≥57
30~39	≤2.49	2.50~2.79	2.80~3.39	3.40~3.69	≥3.70
	≤34	35~39	40~47	48~51	≥52
40~49	≤2.19	2.20~2.49	2.50~3.09	3.10~3.39	≥3.40
	≤30	31~35	36~43	44~47	≥48
50~59	≤1.89	1.90~2.19	2.20~2.79	2.80~3.09	≥3.10
	≤25	26~31	32~39	40~43	≥44
60~69	≤1.59	1.60~1.89	1.90~2.49	2.50~2.79	≥2.80
	≤21	22~26	27~35	36~39	≥40

注：第 1 行（如"1.69"）用升 / 分表示，第 2 行（如"28"）用毫升 / 千克×分表示

2. MONARK 839E 测功仪间接推测最大摄氧量

测量仪器：MONARK839E 功率自行车、心率表。

测量方法：

（1）受试者佩戴心率表。

(2) 打开电源开关，待仪器系统稳定后，按"Enter"键，仪器进行自检。

(3) 待仪器自检结束后，按"Enter"键，进入功能菜单。

(4) 在功能菜单中按"1"（Fitness test）键，进入负荷模型菜单。

(5) 在负荷模型菜单中按"2"（Ymca）键，进入个人资料菜单。

(6) 输入受试者性别（"0"键—男性，"1"键—女性）；之后，按"Enter"键，分别输入年龄、体重及最大心率，待以上信息输入完成后，按"Enter"键进入测试菜单。

(7) 进入测试菜单（"0"—返回，"3"—开始测试）后，按"3"键开始自动测试。

(8) 测试结束后，纪录测试结果，按"3"（Stop）键返回。

3. 用台阶负荷时的心率和体重推测最大摄氧量

此方法是在对实际测定的最大摄氧量与 Astand 列线图法的预测值进行比较，分析了列线图法的适用性，研究出适合我国受试者特点的间接推测最大摄氧量的二元回归方程，通过对受试者最大摄氧量进行预测，证明该回归方程的预测值比较好地反映了实际的最大摄氧量水平。

测量仪器：台阶（高度 40 厘米）、心率遥测仪、体重计、电子节拍器、秒表。

测量方法：

(1) 先测试受试者体重（体重以千克为单位，精确到小数点后 1 位）。

(2) 将心率遥测仪固定在受试者的胸部。

(3) 令受试者以 22.5 次 / 分钟的频率上下台阶 5 分钟，记录 4 分 30 秒到 5 分钟的心率，然后乘以 2 代表台阶负荷时第 5 分钟心率。

(4) 按下列公式推测被试者的最大摄氧量：

$Y = 1.488 + 0.038x_1 - 0.0049x_2$（适用于男青年体育爱好者）

$Y = 3.769 + 0.0388x_1 - 0.0192x_2$（适用于周期性项目二级以上水平的男青年运动员）

注：x_1 代表受试者的体重（kg）；x_2 代表台阶负荷的第 5 分钟心率（次 / 分钟）；Y 代表推测的最大摄氧量（升 / 分钟）。

4. 12 分钟跑推算最大摄氧量

12 分钟跑的运动成绩与最大摄氧量相对值之间呈高度相关，其相关系数为 0.897。这一结果显示，可以用 12 分钟跑的运动成绩间接推算最大摄氧量相对值。日本体育科学中心以 18～25 岁男、女成年人的实验数据为资料所计算的，由 12 分钟跑运动成绩间接推算的最大摄氧量相对值并无年龄及性别的显著性差异。所以《推算表》对男、女成年人各年龄组均可通用（表 5-10）。此外，可根据受试者最大摄氧量相对值的大小对其有氧能力进行等级划分（表 5-11）。

表 5-10　由 12 分钟跑的距离推算最大摄氧量

12 分钟跑成绩（m）	最大摄氧量（ml/kg·min）	12 分钟跑成绩（m）	最大摄氧量（ml/kg·min）
1000	14.0	2500	45.9
1100	16.1	2600	48.0
1200	18.3	2700	50.1
1300	20.4	2800	52.3
1400	22.5	2900	54.4
1500	24.6	3000	56.5
1600	26.8	3100	58.5
1700	28.9	3200	60.8
1800	31.0	3300	62.9
1900	33.1	3400	65.0
2000	35.3	3500	67.1
2100	37.4	3600	69.3
2200	39.5	3700	71.4
2300	41.6	3800	73.5
2400	43.8	3900	75.6

（引自《体育测量与评价》，广西师范大学出版社，2005）

表 5-11　有氧能力的等级划分（VO_2max　ml/kg·min）

年龄组(岁)	男性					女性				
	非常低	很低	平均	很高	非常高	非常低	很低	平均	很高	非常高
12~17	34	39	44	49	54	30	35	40	45	50
18~23	34	39	44	49	54	28	33	38	43	48
24~29	32	37	42	47	52	26	31	36	41	46
30~35	30	35	40	45	50	24	29	34	39	44
36~41	28	33	38	43	48	22	27	32	37	42
42~47	26	31	36	41	46	20	25	30	35	40
48~53	24	29	34	39	44	18	23	28	33	38
54~59	22	27	32	37	42	16	21	26	31	36
60 以上	20	25	30	35	40	14	19	24	29	34

测量方法：

(1) 运动员全力连续跑 12 分钟，测跑的距离。

(2) 根据 12 分钟跑的距离推算最大摄氧量。

第三节 感觉与神经系统机能的测量与评价

感觉是客观事物在人脑中的主观反应。外界刺激经过感受器（如眼的视网膜、内耳的柯蒂氏器等）时，触发的神经冲动由感觉神经传入中枢神经系统，再分别经特异投射系统和非特异投射系统达到大脑皮质，进而在大脑皮质进行整合加工而产生感觉。感觉及神经系统的机能是影响运动技能形成的重要因素。感觉和神经系统的测量方法有：

一、感知跳跃距离测验

测量目的：通过定距跳跃时双腿的用力程度来测量受试者的感知跳跃距离的动觉能力。

测量对象：男女儿童至成人均适用。

测量三性：两次测验的总和作为观测数，其可靠性系数为 0.44；测验次数增加至 10 次时，其可靠性系数为 0.61，客观性为 0.99，闭眼做此测验时，内容有效性可接受。

场地器材：皮尺、粉笔、蒙眼布。场地规格如图 5-7 所示。跳跃距离可根据年龄适当调整，由 61 厘米减至 46、38、30 厘米均可。

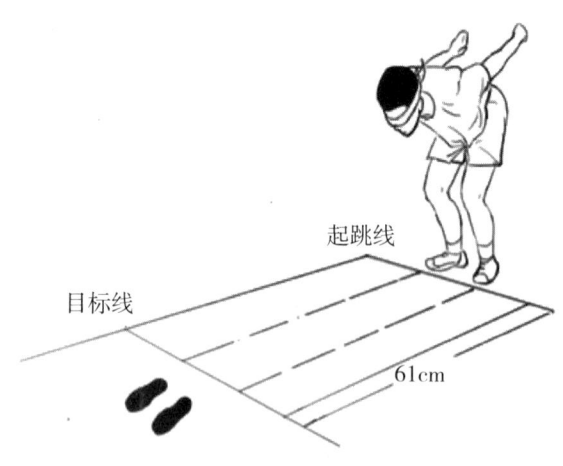

图 5-7 感知跳跃距离测验

测量方法：测验前首先让受试者在不蒙眼的情况下先练习 2~3 次，使其感知和体验两线之间的空间距离。然后令受试者蒙住双眼。测验时双足从起跳线的后缘（不准踩线）跳至目标线的前缘。要求双足跟尽量靠近目标线。每次测验后，可允许受试者观看足跟落地与目标线之间的距离，以求得信息反馈。每人测试 10 次，每次丈量由目标线前缘至足跟落地点。如两足跟不一致时，以远侧足跟为准，测量与记录成绩（目标线）之间的差值越小越好。

评价标准：如表 5-12 所示。

表 5-12　感知跳跃距离评价标准（单位：厘米）

年龄	差	中	优
初中	21 以上	20 ~ 9	8 以下
高中	21 以上	20 ~ 8	7 以下

(引自《体育测量评价》，人民体育出版社，1995)

二、感知推木盘距离测验

测量目的：通过移动物体的准确性来测量受试者用力感觉机能的灵敏程度。

测量对象：初中至大学生。若调整距离可应用于小学生。

测量三性：初中男生可靠性系数为 0.71；小学女生可靠性系数为 0.66；闭眼测验内容有效性可接受。

场地器材：皮尺、蒙眼布、木盘（直径 15 厘米，厚 2.5 厘米），平滑场地，规格如图 5-8 所示。

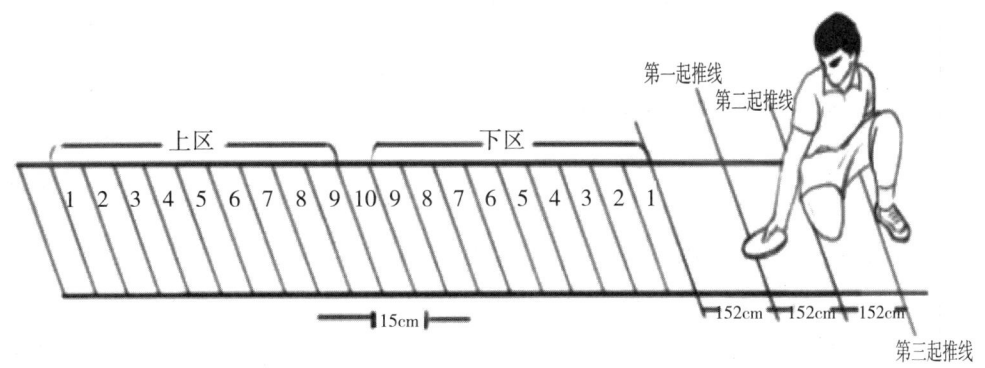

图 5-8　感知推木盘距离测验

测量方法：测验前，先令受试者熟悉推木盘的动作和掌握木盘的滑行性能，试推木盘 4 ~ 5 次。然后在第一起推线上推木盘若干次，直至获得木盘滑到 10 分区的感觉为止。正式测验时，令受试者蒙眼，在第一起推线上推木盘 10 次。记录每次木盘停留处的分值。再在第二、第三起推线上以同样方法推木盘。每次推完后，由测试者提示木盘落点的得分区，给受试者反馈信息。将三条起推线上 30 次推木盘得分相加即为其总成绩，得分越高成绩越好。

评价标准：如表 5-13 所示。

表 5-13 感知推木盘距离测验评价标准（单位：分）

男大学生	水平	女大学生	备注
95~100	优	95~100	本标准从第三起推线做 10 次
76~94	良	81~94	成绩评价
65~75	中	70~80	
41~64	下	51~69	
30~40	差	40~50	

（引自《体育测量评价》，人民体育出版社，1995）

三、简单反应时测验

反应时是指从有刺激作用于感受器开始到效应器开始活动所需要的时间。反应时的长短与感受器的敏感程度、中枢延搁以及效应器的兴奋性等因素有关。它是反映感觉和神经系统机能状况的重要指标。通常情况下，反应时越短，感觉和神经系统的机能越好。

测量仪器：EP202 简单反应时测试仪。

测量方法：

（1）将测定装置与数字计时器连接，接通电源，打开计时器开关，正面选择"光控" "S" "手动"，时间信号选择开关选取 1ms。熟悉实验仪器的操作方法，让受试者按压电键，并观察灯光。

（2）刺激器置于主试者前，反应键置于被试者前，让被试者右手食指轻触电键。

（3）主试给予声或光刺激，被试者尽快做出反应（按下电键），记下计时器上的反应时间。在正式实验前，可先练习几次。

（4）整个实验刺激可按声—光—声—光排列，每单元 20 次，共 80 次，其中视觉 40 次，听觉 40 次，分别算出视觉与听觉反应时的平均数与标准差。

（5）为检查被试者有无超前反应，可在每单元插入一次"空白刺激"。如被试者对此有反应，则宣布此单元结果无效。

四、闪光融合临界频率测验

断续的光刺激达到临界频率时，会使人产生连续光的感觉，这种现象在心理学中称为闪光融合。刚刚能够引起融合感觉刺激的最小频率，叫闪光融合临界频率（或闪烁值），它反映了视网膜、视神经以及视觉中枢等整个视觉系统的兴奋程度。视觉机能下降时，闪光频率融合阈值增大。此外，闪光融合临界频率也可作为判断运动性疲劳的指标：当阈值为 1.0~3.9 周/秒时为轻度疲劳，4.0~7.9 周/秒为中度疲劳，8.0 周/秒以上为深度疲劳。

测量仪器：闪光融合频率测试仪。

测量方法：受试者取坐位，注视闪光光源，由低频向高频旋转闪光频率旋钮，以不出现闪光为标志，记录该闪光频率；然后再由高频向低频旋转闪光频率旋钮，同样记录该闪光频率。以上两种测试方法各做3次，共6次，求其平均值。

五、皮肤两点辨别阈测验

皮肤感觉能分辨出的最小距离称为皮肤两点辨别阈。在运动训练中，当运动员身心达到疲劳状态时，可能引起身体一些机能状态，特别是神经系统机能状态发生紊乱，从而使人体感觉机能失调。因此，根据疲劳会引起各种皮肤感觉敏感性下降的特点，可以把皮肤两点分辨阈作为检测运动员疲劳和恢复的简单无创性指标。若皮肤两点辨别阈较安静时大1.5~2倍，表明出现轻度疲劳；若大2倍以上，可视为深度疲劳。

测量仪器：触觉器（将两脚规的金属针拔去，各插入尼龙触毛一根，外露5毫米，将毛尖烫成小球形）、尺子（测定范围10厘米以上）。

测量方法：

（1）测量部位为手指指腹、脚趾趾腹、掌心部、前脚掌、前臂（手腕部）。

（2）将两脚规的两脚同时接触皮肤，测试者逐次移动两脚规的两脚，并逐次询问被试者，直至测出可辨别出两个点的最小距离。接近两点辨别阈值时，应交替地用两脚规的一个脚或两个脚触点皮肤，来确定其阈值。

（3）也可以将两脚规的两脚分开3~5厘米，使之同时接触皮肤，然后逐次移近两脚，注意两脚距离在多少时受试者感到是一点，然后将两点的阈值记下来。

第四节 平衡机能的测量与评价

平衡是人体在某种状态下维持身体姿势及动作稳定性的能力。它反映了身体对来自前庭器官、肌肉、肌腱、关节内的本体感受器以及视觉等各方面刺激的协调能力。平衡能力不仅是运动技能形成和发展的重要影响因素，而且平衡本身也是一种运动能力的表现。

平衡能力与体育运动中的很多项目都有着密切的关系，如体操中的平衡木、自由体操、跳马、花样滑冰、滑雪等。人体的平衡能力可分为静力性平衡与动力性平衡两种。静力性平衡能力，是指身体处于相对静止状态下，控制身体重心的能力；动力性平衡能力，是指在运动的状态下，调整和控制人体重心及姿势的能力。动力性平衡功能涉及到感受器的敏感性、感受信息传入通路、中枢的整合和神经-骨骼肌传出通路等部分的综合性能。

一、静力性平衡能力的测量

(一) 闭眼单脚站立

测量目的：主要反映人体的静态平衡能力。
测量对象：适用于中学生至老年男、女。
测量仪器：秒表。
测量方法：受测者闭眼，用习惯脚单脚站立（图 5-9），另一腿屈膝，脚离开地面，使小腿贴靠在站立腿的膝部。从离地脚离开地面开始计时至离地脚落地或站立脚移动停表，计算闭眼单脚站立的时间。记录以秒为单位，不计小数。
评价标准：如表 5-14 所示。

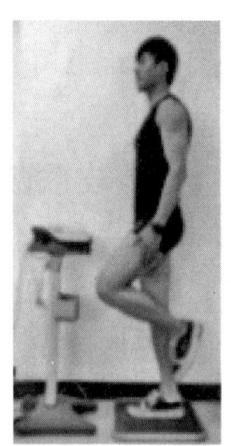

图 5-9 闭眼单脚站立

表 5-14 我国成年男、女闭眼单脚站立评价标准（单位：秒）

	年龄（岁）	上	中上	中	中下	下
男子	18～30	80 以上	50～80	31～50	20～30	20 以下
	31～40	72 以上	44～72	26～43	14～25	14 以下
	41～50	60 以上	39～60	20～38	10～19	10 以下
	51～55	50 以上	30～50	16～29	5～15	5 以下
	56～60	45 以上	26～45	9～25	4～8	3 以下
女子	18～30	65 以上	41～65	26～40	15～25	15 以下
	31～40	55 以上	31～55	21～30	10～20	10 以下
	41～50	50 以上	25～50	11～24	5～10	5 以下
	51～55	47 以上	21～47	7～20	3～6	3 以下
	56～60	40 以上	26～44	9～25	4～8	3 以下

(引自《体质自我评价和健康运动处方》，北京体育大学出版社，2002)

注意事项：受测者离地脚可以离开站立腿；整个测定过程中受测者不得睁开眼睛。

(二) 踩木测验

静态平衡与支撑面的大小、重心的高低有着直接的关系。通过减小支撑面，提高重心，进一步测试受试者保持静态身体姿势的平衡能力。
测量对象：男女 10 岁至大学生均适用。

测量三性：可靠性系数为0.90，客观性系数为0.99，内容有效性可接受。

场地器材：3厘米×3厘米×30厘米的窄木条、计时秒表、胶布、宽敞平坦地面。

测量方法：听信号后，受试者以单脚的前脚掌踩木（踩木可分为纵向和横向两种），另一脚离地，记录受试者维持平衡的时间。左右脚各测3次。6次测验的总时间即为测验成绩。

评价标准：如表5-15所示。

表5-15　男女大学生纵向、横向踩木测验评价标准（单位：秒）

男大学生（成绩）		等级	女大学生（成绩）	
纵向	横向		纵向	横向
346以上	225以上	优	336以上	180以上
306~345	165~224	良	301~335	140~179
221~305	65~164	中	206~300	60~139
181~220	15~64	下	166~205	15~59
0~180	0~14	差	0~165	0~14

（引自《体育测量评价》，人民体育出版社，1995）

注意事项：受试者支撑足的足尖或足跟着地，即停止计时；在头3秒钟内受试者如失去平衡，可重测；要用胶布把木条粘贴在地板上，以免滑动。

二、动力性平衡能力的测量

（一）平衡木行走实验

场地器材：高度适当、长3~5米、宽由10厘米逐渐变窄至6厘米的平衡木一副，秒表。

测量方法：令受试者由平衡木的最宽处中速行至最窄处，维持平衡姿势不变，身体任何部位触及地面即停表。

评价：保持中速，行走距离越长（或时间越快）平衡性越好。

（二）侧跨跳平衡测验

测量目的：测量运动中和运动后精确落地和平衡的能力。转至下一段测量对象：男女10岁至大学生均适用。

测量三性：可靠性系数为0.66~0.88，客观性系数为0.94，有明显的有效性。

场地器材：计时秒表、皮尺、粉笔、小木块。测验场地如图5-10所示。

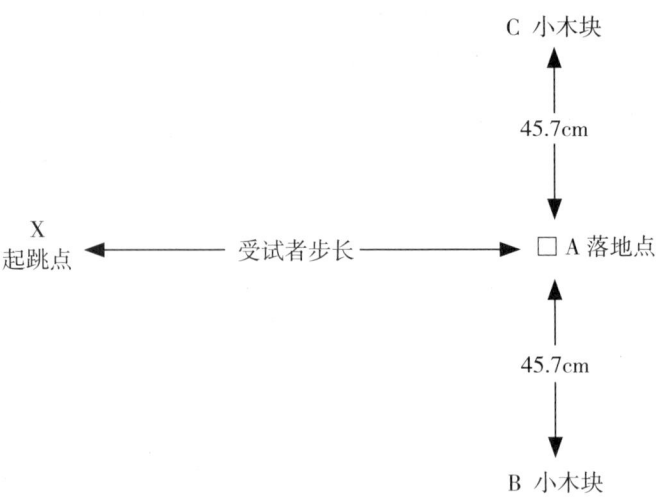

图 5-10 侧跨跳平衡实验

测量方法：受试者以单脚站立于 X 点（身体侧对 A 点），向左或右侧跳至 A 点，以前脚掌站立维持平衡 5 秒，在前 2 秒内身体应前倾用手拨开 C 点或 B 点的小木块，而支撑脚的脚跟和另一脚均不能触地。每名受试者左右各测两次。脚侧跨踩准 A 点得 5 分，脚落地取得平衡在 2 秒内推开小木块得 5 分，在 A 点每保持平衡 1 秒得 1 分，最多得 5 分。每次满分为 15 分，4 次测验满分为 60 分。

评价标准：如表 5-16 所示。

表 5-16 侧跨跳平衡测验评价标准分

男大学生	女大学生	水平
58 以上	58~60	优
53~57	51~57	良
42~52	39~50	中
37~41	33~38	下
0~36	0~32	差

（引自《体育测量评价》，人民体育出版社，1995）

注意事项：

（1）如侧跨跳未能用前脚掌盖住 A，则可重跳至跳准为止，然后保持 5 秒平衡，并在前 2 秒内拨开小木块。

（2）受试者未能在足落地后 2 秒内拨开小木块，则扣 5 分，但仍可继续保持 5 秒平衡。

（3）5 秒的平衡时间，是由前脚掌落地后身体呈稳定姿势算起，因此，在 2 秒内拨开小木块后，仍需保持平衡 3 秒。

三、动静态平衡能力综合测量

人体平衡能力的研究已有上百年历史,但是通过电脑和受力台结合进行精确的人体中心摇摆测试或者辅助训练只是近十年的事。在临床研究领域,平衡能力测试和训练手段已经被很多人认识和接受,并用来对平衡能力障碍疾病患者进行辅助检测和治疗。而在体育科学研究领域,主要应用于国民体质监测和老年人平衡能力的研究中。

测试原理:动静态平衡仪主要由测试平台、电脑分析系统以及操作显示系统三部分组成。在测试时,根据实验设计设定测试模式:静态测试时,测试平台静止不动,受试者维持自身平衡;动态测试时,测试平台失去固定,依靠受试者主动控制平台维持自身平衡。电脑系统记录重心位置的偏移轨迹并计算出平均值。测试完成后在显示器上显示出测试所得总体稳定指数(SI)、前后方向稳定指数(APSI)及左右方向稳定指数(MLSI)3种指标数值,数值越低,表示重心偏移程度越小,平衡能力越好。

测试指标及含义:SI代表测试过程中踏板所有运动方向的位移与水平面的倾斜偏差度数。APSI代表踏板在前后方倾斜面方向的位移与水平面的倾斜偏差度数。MLSI代表踏板在左右方倾斜面方向的位移与水平面的倾斜偏差度数。

测试仪器:Biodex Balance-sd-2动静态平衡仪(#950-300)、检测各方向摆动情况的角度传感器的检测平台(该平台表面可有平衡中心点及坐标网格)、打印机。

测试方法:受试者脱鞋后,按设定状态站立于检测平台中央,以保持自身的平衡状态为目的进行测试,启动程序测试时保持室内安静。如:完成左脚T2状态(静态闭眼状态)下的测试,受试者须左腿单腿站立于测试平台中央,提示音响起开始,受试者需闭上双眼,在身体其他部位不借助外力的情况下,维持自身的平衡,每次测试时间为20秒,每组3次。系统自动取平均值,分别显示出SI、APSI、MLSI 3项指标的数值。双脚状态测试时,双足内踝相距8~10厘米,与矢状面呈15°夹角。

思考题:

1. 简述心率测量在心血管机能评价中的应用。
2. 什么是台阶试验?举例说明中国国民体质监测中台阶试验的方法和原理。
3. 简述肺通气机能测量的主要方法。
4. 健身时,如何用心率监控运动强度?
5. 简述感觉与神经系统机能的测量方法。
6. 何谓身体的静力性平衡能力和动力性平衡能力?主要测量方法有哪些?

(杜新星,高新友)

第六章 身体素质测量与评价

身体素质是指人体在运动、劳动与生活中所表现出来的力量、速度、耐力、灵敏及柔韧等机能能力。这种能力的大小，取决于肌肉的解剖生理特点、肌肉工作时供能情况、内脏器官的供能及神经系统的调节等。良好的身体素质是掌握运动技术、提高运动成绩的基础，也是增强体质和维持健康的重要因素。

第一节 力量素质测量与评价

力量是身体素质的一种，通常是指肌肉力量，即机体完成动作时肌肉收缩对抗阻力的能力。力量素质是人体进行运动的重要素质，是获得运动技能和取得优异成绩的基础。与其他身体素质有着密切的关系，并对发展和提高其他身体素质起着重要的作用。

力量主要是以人体所承受的最大负荷来衡量的。人体承受的负荷量越大，说明力量越好，反之越差。爆发力和肌肉耐力是反映力量素质的另外两种属性。爆发力由力量和速度两个因素构成。肌肉耐力是由力量和时间或动作的重复次数组成的。许多研究证明，肌肉力量与肌肉耐力和爆发力高度相关。

一、力量素质的分类及测量形式

（一）力量素质的分类

根据肌肉的收缩形式，力量可分为等张性力量和等长性力量两类。

等张性力量：当肌肉的一端被固定进行收缩时，其长度缩短而张力不变，这种收缩称为等张性收缩（或动力性收缩）。以这种形式收缩所产生的力量，就是等张性力量，如推铅球、举重等。

等长性力量：当肌肉处于两端被固定的情况下进行收缩时，其长度不变而张力增大，这种收缩称为等长性收缩（或静力性收缩）。以这种形式收缩所产生的力量，就是等长性力量，如体操的支撑、悬垂等。

（二）力量素质的测量形式

力量由于与人的体重密切相关，力量测量一般分为相对力量和绝对力量两种测量形式。相对力量是以受试者在测验中所承受的负荷与其自身体重之比作为成绩的一种测量方法，如背肌力测验、下推压测验等。绝对力量是以受试者在测验中所承受的最大负荷量作为成绩的一种测量形式，如竞技举重、功率举测验等。

二、力量素质测量的内容和方法

（一）肌肉力量测量

1. 握力

测量目的：测量受试者手部肌肉的抓握能力。
测量对象：6岁至大学男女生。
测量三性：具有内容有效性，可靠性为0.90，客观性为0.99。
场地器材：根据不同的受试对象选用相应型号的握力计（大、中、小型）。
测量方法：根据受试者手掌的大小，调节握力计握把的间距，至感觉合适为宜。受试者一手持握力计尽力抓握，左、右手各测两次。要求身体必须保持正直，双臂自然垂于体侧。每次抓握后，记录读数（牛顿），并使指针回零。分别取左、右手两次测验中的最大值，除以自身体重，以其商为成绩。如不考虑体重因素时，此测验可作为绝对力量测量。
评价标准：可参考表6-1。

表6-1 大学生18~20岁握力测验评价标准（单位：牛顿）

得分	男子	女子
1分	310~360	170~199
2分	361~410	200~249
3分	411~485	250~299
4分	486~539	300~339
5分	540以上	340以上

（引自《中国国民体质监测系统的研究》）

2. 背肌力

测量目的：测量受试者背部肌肉的力量。

测量对象：10岁至大学男女生。

测量三性：具有内容有效性，可靠性为0.95，客观性为0.99。

场地器材：背力计（或弹簧秤）、磅秤。

测量方法：受试者双足站在背力计的底盘上，调节拉杠高度（握杠高度与受试者膝盖上缘平齐）。受试者上体前倾，双手正握拉杠，身体用力上抬。要求肘、膝关节保持伸直，不要猛然用力。测两次，记录各次测验的读数（千克），然后使指针回零。取最大值除以自身体重，以其商为成绩。此测验若不考虑体重因素，可作为绝对力量测量。

评价标准：可参考表6-2。

表6-2 高中男生背肌力测验评价标准（广东）

等级	成绩	
	相对值	绝对值（千克）
优	2.49以上	125以上
良	2.17~2.48	109~124.9
中	1.95~2.16	98~108.9
下	1.65~1.94	83~97.9
差	1.64以下	82.9以下

3. 过头拉引

测量目的：测量受试者双臂肌肉的力量。

测量对象：12岁到大学男女生。

测量三性：具有内容有效性，可靠性为0.95，客观性为0.99。

场地器材：弹簧秤（留针式，有回针装置，读数在200千克以内）、磅秤。

测量方法：受试者双臂上举，调节拉杠高度（以受试者双臂上举刚好握住拉杠为度）。双脚开立与肩同宽，全脚掌着地，体重落于两脚，双手上举正握杠，用力向下拉引。要求身体保持直立，足不离地，不屈膝，不收髋，允许微屈肘。测两次，记录各次测验的读数（千克），然后使指针回零。取最佳值除以自身体重，以其商为成绩。此测验若不考虑体重因素，可作为绝对力量测量。

评价标准：参考表6-3。

表6-3 高中男生过头拉引测验评价标准（广东）

等级	成绩（相对值）
优	1.07以上
良	0.98~1.06
中	0.89~0.97
下	0.78~0.88
差	0.77以下

4. 向下推压

测量目的：测量受试者双臂向下推压时的肩臂肌肉力量。

测量对象：12岁到大学男女生。

测量三性：具有内容有效性，可靠性为0.94，客观性为0.99。

场地器材：同上。

测量方法：受试者双脚开立与肩同宽，全脚掌着地，体重落在两脚上。调节握杠高度（杠上缘与受试者脐部平齐），双手正握杠，两臂用力下压。要求身体保持直立，双足不得离地。测两次，记录各次测验的读数（千克），然后使指针回零。取最佳值除以自身体重，以其商为成绩。此测验若不考虑体重因素，可作为绝对力量测量。

评价标准：参考表6-4。

表6-4 高中男生向下推压测验评价标准（广东）

等级	成绩（相对值）
优	0.88以上
良	0.77～0.87
中	0.64～0.76
下	0.51～0.63
差	0.50以下

5. 向上推举

测量目的：测量受试者双臂上举伸臂时的肩臂肌肉力量。

测量对象：12岁到大学男女生。

测量三性：具有内容有效性，可靠性为0.90，客观性为0.99。

场地器材：同上。

测量方法：受试者双脚开立与肩同宽，全脚掌着地，体重落于两脚。调节握杠高度（杠的下缘与受试者眉弓上缘平齐），双手正握杠，垂直用力向上推。要求身体保持直立，双脚不得离地。测两次，记录各次测验的读数（千克），然后使指针回零。取最佳值除以自身体重，以其商为成绩。此测验若不考虑体重因素，可作为绝对力量测量。

评价标准：参考表6-5。

表6-5 高中男生向上推举测验评价标准（广东）

等级	成绩（相对值）
优	0.91以上
良	0.76～0.90
中	0.61～0.75
下	0.46～0.60
差	0.45以下

6. 坐蹲起

测量目的：测量受试者坐蹲起立时的腿部肌肉力量。

测量对象：12岁到大学男女生。

测量三性：具有内容有效性，可靠性为0.95，客观性为0.99。

场地器材：可调节高度的凳子，可调节重量的杠铃、垫肩、磅秤。

测量方法：根据受试者的负荷能力，选取适当重量的杠铃。受试者两脚开立，与肩同宽，站在凳前。由同伴将杠铃置于其肩颈部，双手正握杠，缓慢下蹲，端坐在凳子上，然后双腿用力站起。同伴抬下杠铃重新调节重量再测，直至不能承担所增加的负荷为止。测量时应注意保护帮助，选择的重量要适当，尽量减少测量次数。取最大负荷值（千克）除以自身体重，以其商为成绩。

评价标准：参考表6-6。

表6-6 大学生坐蹲起测验评价标准（美国）

等级	成绩（相对值）	
	男生	女生
优	1.61以上	1.29以上
良	1.38～1.60	1.11～1.28
中	0.94～1.37	0.93～1.10
下	0.81～0.93	0.75～0.92
差	0.80以下	0.74以下

7. 屈膝仰卧起坐

测量目的：测量受试者腰腹部的肌肉力量。

测量对象：12岁到大学男女生。

测量三性：具有内容有效性，可靠性为0.91，客观性为0.98。

场地器材：海绵垫、不同重量的杠铃片、直尺。

测量方法：依受试者情况，选择适当重量的杠铃片。受试者仰卧于垫，颈部落在杠铃片上，双手紧握杠铃片，屈膝成90°，用力收腹使上体坐起。记录测验的负荷。然后，调节杠铃片重量再测，直至不能完成动作为止。取最大负荷值（千克）除以自身体重，以其商为成绩。

评价标准：参考表6-7。

表6-7 大学生屈膝仰卧起坐测验评价标准（美国）

等级	成绩（相对值）	
	男生	女生
优	0.34以上	0.20以上
良	0.29～0.33	0.16～0.19
中	0.18～0.28	0.11～0.15
下	0.12～0.17	0.06～0.10
差	0.11以下	0.05以下

（二）爆发力测量

1. 纵跳

测量目的：测量受试者垂直向上跳跃时腿部肌肉快速收缩的力量。
测量对象：6 岁到大学男女生。
测量三性：有效性为 0.78，可靠性为 0.97，客观性为 0.99。
场地器材：纵跳测量板（标有刻度，安置于墙上）、钢卷尺（或皮尺）、白粉末。
测量方法：受试者右手中指沾些白粉末，身体直立，右侧靠墙，右臂上举，手伸直。先测其原地摸高的高度，然后令受试者离墙 20 厘米，用力跳起摸高。测试者丈量其手触点上缘的高度，记录丈量的读数（厘米）。测 3 次。用最大值减去原地摸高值为测量成绩。
评价标准：参考表 6-8。

表 6-8　大学生 18～20 岁纵跳测验评价标准

得分	男子（厘米）	女子（厘米）
1 分	30.0～35.9	19.1～22.4
2 分	36.0～43.9	22.5～27.9
3 分	44.0～53.8	28.0～36.3
4 分	53.9～61.0	36.4～42.8
5 分	61.1 以上	42.9 以上

（引自《中国国民体质监测系统的研究》）

2. 立定跳远

测量目的：测量受试者向前跳跃时腿部肌肉快速收缩的力量。
测量对象：6 岁到大学男女生。
测量三性：有效性为 0.76，可靠性为 0.94，客观性为 0.98。
场地器材：量尺、标志带、平地、白粉末。
测量方法：在起跳线上放一条标志带。受试者赤足，脚跟沾些粉末，两脚并拢站在标志带后，屈膝摆臂尽力向前跳。丈量标志带前缘至落点后缘的距离（厘米）。测 3 次，取跳跃距离最远的值。
评价标准：参考表 6-9。

表 6-9　17 岁高中生立定跳远测验评价标准

得分	男子（厘米）	女子（厘米）
1 分	204.9 以下	149.9 以下
2 分	205.0~219.9	150.0~163.9
3 分	220.0~239.9	164.0~181.9
4 分	240.0~251.9	182.0~194.9
5 分	252.0 以上	195.0 以上

(引自《中国国民体质监测系统的研究》)

3. 推实心球

测量目的：测量受试者双臂和肩部肌肉快速收缩的力量。

测量对象：12 岁到大学男女生。

测量三性：有效性为 0.77，可靠性为 0.96，客观性为 0.99。

场地器材：实心球（重 2.5 千克）、皮尺（长 30 米）、白粉末、皮带、靠背椅。

测量方法：受试者端坐在椅子上（脊柱贴着椅背），两手持球（涂白粉末）于胸前。令同伴用一皮带绕过受试者胸前，并向后拉紧，以防其推球时背部离开椅背。受试者双手一起用力将球推出，丈量球的落点（后缘）与基准线之距离（厘米），测 3 次，取距离最远的测量值。

评价标准：参考表 6-10。

表 6-10　高中男生推实心球测验评价标准（广东）

等级	成绩（厘米）
优	530 以上
良	485 ~ 529
中	425 ~ 484
下	370 ~ 424
差	369 以下

除以上介绍的方法外，还有推铅球、垂直引臂、爬杆、爬绳等。

三、力量测量的注意事项

(1) 进行负重测量时，要根据受试者的身体情况，选择适当的重量，避免负荷过重或过轻而导致测量无效。

(2) 测量前，受试者应做充分的准备活动，加强安全保护措施，要经常检查器械，以免损伤。

(3) 使用指针式仪器时，每次测试后切记使指针回零。每测 100 次就应校对仪器，误差不得超过 ±0.1 千克。

第二节　速度素质测量与评价

速度素质是人体在运动中的重要素质之一。速度（speed）是指人体进行快速运动的一种能力。影响速度的因素是多方面的，不但与年龄、性别、体型、柔韧性及协调性等有关，而且受感觉器官的功能、刺激强度、应激状态、肌肉张力、疲劳及健康状况的影响。

一、速度素质的分类及测量形式

根据速度的表现形式，可将其分为三类。

位移速度：是指人体在单位时间内快速移动的能力，如 30 米和 50 米跑。

动作速度：是指人体快速完成某个动作的能力，如短跑运动员的步频，乒乓球运动员的连续击球等。

反应速度：是指人体对各种信号刺激（如声、光、触觉等）的快速应答能力，如径赛运动员在出发时对枪声的反应等。

速度测量通常采用定距计时、定时计距或速率等方式来测定。

二、速度素质测量的内容和方法

（一）位移速度的测量

1. 30 米跑（50 米、60 米跑）

测量目的：测量受试者的快跑能力。

测量对象：6 岁至大学男女生。

测量三性：具有内容有效性，可靠性为 0.90，客观性为 0.97。

场地器材：30 米跑的跑道（地面平坦、跑线清晰，终点应有 10 米缓冲距离）、发令旗、哨子、秒表（误差不得超过 0.2 秒/分）、终带。

测量方法：受试者至少两人一组，以站立式姿势起跑。听信号后即快速跑向终点。不得抢跑或串道，否则重测。测验至少由两名测试者实施，一人组织发令，一人计时及记录（见起跑信号即开表，受试者胸部到终点时停表）。测两次，取最佳成绩（精确至 0.1 秒）。

评价标准：参考表 6-11。

表 6-11 高中男生 30 米跑评价标准（广东）

等级	成绩（秒）
优	4.2 以下
良	4.3 ~ 4.5
中	4.6 ~ 4.8
下	4.9 ~ 5.0
差	5.1 以上

2. 4 秒钟冲刺跑

测量目的：测量受试者的快跑能力。

测量对象：大中学男女生。

测量三性：有效性 0.71，可靠性为 0.62，客观性未见报道。

场地器材：50 米跑道（从第 20 米起，每隔 1 米画一标距线）、秒表、哨子。

测量方法：受试者可用任何起跑姿势，听到起跑令后，迅速沿跑道快跑，当听到停跑哨音时，即停止跑动。测验至少由两名测试者实施，一人发令兼计时（到 4 秒钟时发出停跑信号），另一人则在跑道前方预等，并随受试者的远近而移动，听到停跑哨音后，即记下受试者所跑的距离。测两次，取最佳成绩。

除上述测验方法外，还可用 30 米途中跑、50 米途中跑和 6 秒钟冲刺跑来测验。另外，还可根据需要采用分段计时、雷达测速和图片分析等方法来测量。

（二）动作速度测量

1. 坐姿快速踏足

测量目的：测量受试者两脚快速交替重复特定动作的能力。

测量对象：10 岁至大学男女生。

测量三性：具有内容有效性，可靠性为 0.79，客观性未见报道。

场地器材：快速动作频率测试车、时间计数自动控制器。

测量方法：受试者两手扶车把坐于车座上，大小腿弯曲成直角（大腿成水平状）。两脚快速上下交替做踏足动作，测 2~3 次，每次 10 秒钟。记录计数器的数值（10 秒钟重复动作的次数），取最佳成绩。

评价标准：参考表 6-12。

表 6-12　男子青少年田径运动员坐姿快速踏足测验成绩（次）

统计量	年龄（岁）		
	11 ~ 12	15 ~ 17	18 ~ 20
$\bar{x}$	91.1	105.2	108.8
s	15.7	11.6	12.3

2. 两手快速敲击

测量目的：测量受试者双手快速交替重复特定动作的能力。

测量对象：10 岁至大学男女生。

测量三性：具有内容有效性，可靠性为 0.935，客观性未见报道。

场地器材：金属敲击棒两支（与测试车配套使用）、时间计数自动控制器。

测量方法：受试者站在测试车前，调节金属触板与其髂脊同高，两手各执一支金属棒，用食指按着棒的前端（以免敲击时棒杆弹动）。听令后，两手快速地交替敲击金属触板。测 2~3 次，每次 10 秒钟。记录计数器的数值（10 秒钟重复动作的次数），取最佳测量值为成绩。

评价标准：参考表 6-13。

表 6-13　男子青少年田径运动员两手快速敲击测验成绩（次）

统计量	年龄（岁）		
	11 ~ 12	15 ~ 17	18 ~ 20
$\bar{x}$	88.1	93.2	94.7
s	18.1	16.7	14.7

除以上介绍的测验外，还可用原地高抬腿、手掌轻拍和手指轻扣等测验动作速度。

（三）反应速度测量

1. 选择反应时

测量目的：测量受试者对特定信号反应的速度。

测量对象：6 岁至大学男女生。

测量三性：具有内容有效性，可靠性和客观性未见报道。

场地器材：声光反应测试器。

测量方法：受试者静坐在测试器前，右手握着开关，用拇指按下开关键，并注视信号屏。当出现绿光时，不做任何反应；当出现红光时，拇指立即离键。测试者按规定发出信号，并记录显示时间。要求受试者必须连续 6 次对红光做出准确反应，否则重测，直至符合要求为止。以 6 次反应时间的平均数为成绩（秒）。

评价标准：参考表6-14。

表6-14 体院二年级男生选择反应时测验成绩

评价指标	成绩（秒）
$\bar{x}$	0.328
s	0.054

2. 手反应时

测量目的：测量受试者手部对视觉刺激的反应速度。

测量对象：幼儿至大学男女生。

测量三性：测验本身具有有效性，可靠性为0.89，客观性为0.99。

场地器材：计时尺、桌椅。计时尺的时间刻度根据自由落体加速度公式计算得出，按表6-15的数值自制而成。

表6-15 计时尺时间、距离刻度对照表

时间（秒）	间隔距离（厘米）	时间（秒）	间隔距离（厘米）	时间（秒）	间隔距离（厘米）
0.05	1.225	0.17	14.161	0.29	41.209
0.06	1.764	0.18	15.876	0.30	44.100
0.07	2.401	0.19	17.689	0.31	47.089
0.08	3.136	0.20	19.600	0.32	50.176
0.09	3.969	0.21	21.609	0.33	53.361
0.10	4.900	0.22	23.761	0.34	56.664
0.11	5.929	0.23	25.921	0.35	60.025
0.12	7.056	0.24	28.224	0.36	63.504
0.13	8.281	0.25	30.625	0.37	67.081
0.14	9.640	0.26	33.124	0.38	70.756
0.15	11.025	0.27	35.721	0.39	74.529
0.16	12.544	0.28	38.416	0.40	78.400

测量方法：受试者将有利手置于桌边，虎口向上，拇指与食指平齐成"U"字形。测试者置尺的零端与其虎口上缘平齐，令受试者注视计时尺，当尺下落时，迅速用手指捏住落下的计时尺，记录手指上缘触及计时尺处的读数（秒）。测验可用手动或磁吸控制，要求受试者的手不得上下移动，测20次。去掉20次测验中最好和最差的成绩各5次，取其中10次的平均数为成绩。大学男女生一般在0.13~0.22秒钟范围内。

3. 足反应时

测量目的：测量受试者足部对视觉刺激的反应速度。

测量对象：幼儿至大学男女生。

测量三性：测验本身具有有效性，可靠性为 0.85，客观性为 0.99。

场地器材：计时尺、平桌、平整墙壁。

测量方法：受试者坐在距墙 2.5 厘米的桌子上，把有利腿放在桌面上，足跟距墙 5 厘米，前脚掌距墙 2.5 厘米。测试者置计时尺的零端与大脚趾上缘平齐，尺身贴墙，令受试者注视计时尺。当尺下落时，迅速用脚趾将落尺压于墙上。记录大脚趾上缘触及计时尺处的读数（秒）。测 20 次，取值同上。

三、速度素质测量的注意事项

(1) 不同属性的速度测验不能相互取代。
(2) 位移速度的测验，要求受试者只穿运动鞋，不得穿钉鞋。
(3) 注意安全，测验前嘱受试者做好准备活动，以免受伤。
(4) 每次测验后，测试者切记回表。

第三节　耐力素质测量与评价

耐力是指人体长时间进行肌肉活动时的能力，也就是机体对抗疲劳的能力。人体心血管系统的机能水平、呼吸系统的机能水平及肌肉力量的大小对耐力水平有着很大的影响。

一、耐力素质的分类及测量形式

从运动生理学的角度来说，耐力可分为如下四类。

一般耐力：泛指人体进行运动的抗疲劳能力，如 1500 米跑、12 分钟跑等。

速度耐力：是指人体在较长时间内快速运动的能力，如 400 米跑。

力量耐力：是指肌肉长时间对抗疲劳的能力，即肌肉在长时间内进行收缩活动的能力，如俯卧撑、引体向上等。

静力性耐力：是指肌肉长时间进行静力性收缩的能力，如手倒立、屈臂悬垂等。

根据耐力素质的特点，通常有以下几种测量形式。

定量计时：是以受试者完成特定动作（或距离）的时间作为区分优劣的测验。

定时计量：是以受试者在单位时间内完成规定动作的次数来区分优劣的测验。

极限式：是以受试者竭力完成规定动作或距离的测验。

二、耐力素质测量的内容和方法

（一）一般耐力测量

1. 1000米、800米跑

测量目的：测量受试者的耐力。
测量对象：大、中学男女生。
测量三性：未见报道。
场地器材：400米田径场、秒表、哨子、发令枪、终点带。
测量方法：受试者站于起跑线后，听信号后立即以站立式起跑。要求男生尽力跑1500米，女生跑800米，测1次。记录受试者完成测验的时间（秒）。
评价标准：参考表6-16。

表6-16　15岁初中生1000米、800米跑测验评价标准

得分	男子1000米（秒）	女子800米（秒）
1分	285.1以上	270.8以上
2分	285.0~260.1	270.7~247.2
3分	260.0~235.2	247.1~222.2
4分	235.1~220.1	222.1~207.1
5分	220.0以下	207.0以下

（引自《中国国民体质监测系统的研究》）

2. 12分钟跑

测量目的：测量受试者的耐力。
测量对象：初中至大学男女生。
测量三性：有效性为0.64~0.94，可靠性为0.94，客观性为0.99。
场地器材：标有距离记号的400米田径场（丈量好的专用跑道）、秒表、皮尺、哨子、发令枪（旗）、距离标志牌。
测量方法：受试者以站立姿势站在起跑线后，听哨声即起跑，绕跑道跑12分钟。要求尽力跑更长的距离。每一名计距员负责给一名受试者报圈数和计算其所跑的距离，当发出"停跑"信号后，即记下受试者所处的地点。然后丈量及记录所跑的距离（米）。测1次。测验成绩 =（所跑圈数 × 每圈的距离）+ 不足一圈的某段距离。例如：某男生跑了6圈（每圈为400米），"停跑"时他正处在350米处，其测

验成绩 = [(6 × 400) + 350] = 2750（米）。

评价标准：参考表 6-17。

表 6-17　初中学生 12 分钟跑测验评价标准（美国）

百分等级	男生(米)	女生(米)	百分等级	男生(米)	女生(米)	百分等级	男生(米)	女生(米)
100	3281	2461	65	2522	1828	30	2162	1528
95	3013	2237	60	2467	1782	25	2107	1483
90	2870	2119	55	2420	1744	20	2040	1427
85	2776	2040	50	2369	1701	15	1962	1362
80	2698	1975	45	2318	1659	10	1868	1283
75	2631	1919	40	2271	1620	5	1726	1164
70	2577	1874	35	2216	1574	0	1457	941

除上述测验外，一般耐力还可用 1000 米跑、3000 米跑、6 分钟和 9 分钟跑来测验。另外，还可采用台阶法、功率自行车法来测量最大摄氧量（心肺功能），以研究受试者的耐力素质。

（二）速度耐力测量

400 米跑（或 300 米跑）

测量目的：测量受试者的速度耐力。

测量对象：大学及体育专业学生。

测量三性：具有内容有效性，可靠性和客观性未见报道。

场地器材：400 米田径场、秒表、哨子、发令枪（旗）、终点带。

测量方法：受试者站立于起跑线后，听信号即以站立式起跑。要求尽快跑完规定的距离。测 1 次，记录完成的时间（秒）。

评价标准：参考表 6-18。

表 6-18　体院男生 400 米测验成绩评价标准

等级	成绩（秒）
优	54 以下
良	58
中	65
下	72
差	78 以上

(三) 力量耐力测量

1. 俯卧撑

测量目的：测量受试者的肩臂肌肉耐力。
测量对象：10岁至大学男女生。
测量三性：具有内容有效性，可靠性为0.96，客观性为0.98。
场地器材：平地。
测量方法：受试者俯身两手撑地，手指向前，两手相距与肩同宽，两腿伸直。屈臂降体至肩与肘平齐，两肘与头部成正三角形。降体时躯干保持平直，然后用力撑起至双臂伸直。按上述方法反复做至力竭为止，计其正确完成动作的次数，测1次，以受试者正确完成动作次数作为成绩。

要求：出现提臀、塌腰、肩肘不平齐、臂未伸直、屈膝、两臂用力不均匀、身体扭动不平直等错误动作时，不计数，并要及时明确指出错误之处。一名测试者负责一名受试者（报数兼指出错误）。

评价标准：参考表6-19。

表6-19 高中男生俯卧撑测验评价标准（广东）

等级	成绩（次）
优	33以上
良	28~32
中	21~27
下	15~20
差	14以下

2. 引体向上

测量目的：测量学生上肢及肩带的肌肉力量和肌肉耐力。
测量对象：适于大中学男生。
测量三性：具有内容有效性，可靠性为0.98，客观性为0.99。
场地器材：高单杠或高横杠。
测量方法：受试者跳起双手正握杠，两手与肩同宽呈直臂悬垂。静止后，两臂同时用力引体（身体无附加动作）。上拉至下颌超过横杠上缘为完成1次。重复进行上述正确动作至力竭，测验1次，以受试者正确完成动作次数作为成绩。

评价标准：参考表6-20。

表 6-20　高中男生引体向上测验评价标准（广东）

等级	成绩（次）
优	14 以上
良	12～13
中	9～11
下	7～8
差	6 以下

3. 屈膝仰卧起坐

测量目的：测量学生腰腹肌肉力量和肌肉耐力。

测量对象：适于大、中、小学男女生。

测量三性：具有内容有效性，可靠性为 0.96，客观性为 0.98。

场地器材：体操垫若干块。

测量方法：受试者仰卧于垫上，屈膝成 90°，两膝稍分开，两手手指交叉贴于头后。另一同伴压住受试者的踝关节。受试者起坐时，以两肘触及或超过两膝为完成一次。仰卧时，两肩胛必须触垫。测试时间 1 分钟，计受试者正确完成动作的次数。

评价标准：参考表 6-21。

表 6-21　高中男生屈膝仰卧起坐测验评价标准（广东）

等级	成绩（次）
优	85 以上
良	63～84
中	42～62
下	32～41
差	31 以下

4. 坐蹲跳

测量目的：测量受试者下肢的肌肉力量。

测量对象：适于大、中、小学男女生。

测量三性：具有内容有效性，可靠性为 0.96，客观性为 0.99。

场地器材：木凳（其高度依受试者的情况选用）。

测量方法：受试者端坐于凳上，调节凳的高度至大腿与地面呈水平。然后，两脚前后分开站立，两手交握于头后，下蹲至臀部触及凳面时即向上跳起。要求直腿与躯干成直线。在双脚落地前交换前后腿位置，落地后成分腿坐姿，臀部一触及凳面即用力向上跳起，按此法做至力竭为止。计受试者完成正确动作的次数。测 1 次。

要求：手离开头部、腿未伸直或屈、身体不直、下蹲时臀部未触及凳面、没有交换脚，均不计次数。每名受试者由一名测试者测试。

评价标准：参考表6-22。

表6-22　高中男生坐蹲跳测验评价标准（广东）

等级	成绩（次）
优	315以上
良	235～314
中	126～234
下	96～125
差	95以下

5. 立卧撑

测量目的：测量受试者身体的肌肉力量。

测量对象：适于大、中、小学男女生。

测量三性：具有内容有效性，可靠性为0.96，客观性为0.99。

场地器材：平地。

测量方法：受试者以并腿直立开始，屈膝至蹲撑，两脚后撤伸直成俯撑，再收腿成蹲撑姿势，然后站起还原成开始的姿势。按此方法做至力竭为止。测1次。计受试者完成正确动作的次数。

要求：下蹲时手撑地之处距足过远、俯卧时身体不直、屈肘、收腿距手过远、站立不直等，均不计次数。每名受试者由一名测试者测试。

评价标准：参考表6-23。

表6-23　高中男生立卧撑测验评价标准（广东）

等级	成绩（次）
优	220以上
良	160～219
中	101～159
下	61～100
差	60以下

6. 双臂屈伸

测量目的：测量受试者肩臂的肌肉耐力。

测量对象：适于大、中、小学男生。

测量三性：具有内容有效性，可靠性为0.91，客观性为0.99。

场地器材：高双杠。

测量方法：调节两杠之距与受试者肩同宽。受试者双手握杠，然后跳起成直臂支撑。屈臂下降，当身体降至两肘成直角时，即用力撑起身体成直臂支撑，按此法做至力竭为止，计受试者正确完成动作的次数。

要求：身体未降至肘成直角、支撑时臂未伸直、撑起时蹬腿等，均不计次数。每名受试者由一名测试者测试。

评价标准：参考表6-24。

表6-24 高中男生双臂屈伸测验评价标准（广东）

等级	成绩（次）
优	18以上
良	14~17
中	10~13
下	6~9
差	5以下

除以上介绍的方法外，肌肉耐力还可用屈臂挂（女生）单杠屈伸起、反复推举和靠墙手倒立撑起等。

（四）静力性耐力测量

静力性耐力一般用于测量那些肌肉在长时间进行静力性收缩的动作或姿势，如屈臂悬垂、马步、手倒立等。这类测验通常是以一个固定动作或姿势，并以其自身体重或另加一定重量的负荷进行测验的。测验成绩是记录受试者保持正确动作或姿势的时间。

三、耐力素质测量的注意事项

（1）测量时，应做必要的宣传鼓动工作，以鼓励受试者尽力完成测验。

（2）进行肌肉耐力测量时，每个测试者负责一名受试者的测量，并及时、明确指出错误动作。不计错误动作次数。

（3）耐力测量均测1次，测量后应嘱受试者自行放松。

（4）以上介绍的肌肉耐力测量均可用定时计数的形式进行，时间可选择30秒或1分钟。

第四节 柔韧性素质测量与评价

柔韧性素质是指人体各关节的活动幅度，即关节的肌肉、肌腱和韧带等软组织的伸展能力。人体各关节活动幅度的大小，不仅与关节本身的结构有关，而且也受到跨关节的肌肉、肌腱和韧带等软组织的伸展性和弹性的影响。在体育运动中，柔韧性对速度、力量等其他身体素质的发挥，对提高动作质量以及运动损伤的预防具有重要的作用。

柔韧性好坏因年龄、性别及所从事的运动项目不同而有所区别，柔韧性经过训练可得到改善，它在体操、技巧、游泳、跳水等运动项目中尤为重要。

一、柔韧性素质的分类及测量形式

柔韧性素质可分为相对柔韧性和绝对柔韧性两类。

相对柔韧性：是受试者某一部位的柔韧性与另一部位（肢体）之比的一种相对值，它是排除了身体形态差异的一种测量属性。

绝对柔韧性：是反映受试者本身或某部位所具有的柔韧性。

柔韧性素质的测量形式是由其分类所决定的，因此有相对柔韧性测量和绝对柔韧性测量之分。

二、柔韧性素质测量的内容和方法

（一）相对柔韧性测量

1. 后屈体造桥

测量目的：测量受试者脊柱伸展的能力。
测量对象：6 岁至大学男女生。
测量三性：具有内容有效性，可靠性为 0.97，客观性为 0.99。
场地器材：地板、桡度测量尺。
测量方法：首先测量受试者的脐高（脐点至足底之距），然后测试桥高：令受试者仰卧于地，两手分开与肩同宽，双手反撑在颈部两侧，屈膝，两腿分开与肩同宽，手足同时用力，缓慢地撑起身体，头后仰，手足尽量靠近，肘、膝关节尽可能伸直，使身体呈弓状（桥状）。测试者置尺的零端于地面，当受试者将身体撑起至最高点时，迅速引尺至其背弓最高点，记录量尺的读数（厘米），测2~3次。用脐高减去最大桥高值为成绩（成绩=脐高－桥高）。桥高愈接近脐高，成绩越好。

评价标准：参考表6-25。

表6-25 体院一年级男生后屈体造桥测验评价标准

等级	成绩（厘米）
优	30.5 以下
良	30.6~36.6
中	36.7~57.0
下	57.1~68.7
差	68.8 以上

2. 肩臂上抬（俯卧抬臂）

测量目的：测量受试者肩臂和腕部的柔韧性。

测量对象：同上。

测量三性：具有内容有效性，可靠性为0.95，客观性为0.99。

场地器材：地板、桡度测量尺、1米长（直径为2厘米）的圆木棍或竹竿。

测量方法：受试者直立，两手下垂于两侧，测量其右臂长。令受试者俯卧，下颌着地，两腿伸直，两手相距与肩同宽，正握木棍伸至头前，然后两臂尽力上抬（可伸腕）。肘伸直，双臂保持在同一水平面上。测试者持尺在受试者前方，置尺的零端于地，当受试者两臂上抬至最高点时，迅速引尺触及木棍下缘中点为止。要求测验时下颌始终着地。测2~3次，记录量尺的读数（厘米）。用右臂长减去最大上抬高度，取其差为成绩（成绩=右臂长－上抬高度）。

评价标准：参考表6-26。

表6-26 体院一年级男生肩臂上抬测验评价标准

等级	成绩（厘米）
优	13 以下
良	13.1~22.0
中	22.1~32.5
下	32.6~43.5
差	43.6 以上

3. 俯卧仰体

测量目的：测量受试者颈和躯干的伸展能力。

测量对象：同上。

测量三性：具有内容有效性，可靠性为 0.90，客观性为 0.99。

场地器材：地板、桡度测量尺。

测量方法：受试者取直腿端坐姿势，置桡度尺于两腿间，测量其坐位鼻尖高度（鼻尖至地面之距）。然后，受试者俯卧于地，双手背叠于臀上，腿伸直。由一同伴按压其两大腿，受试者尽力向后仰体抬头。测试者在其前方，置尺的零端于地，当受试者后仰至最高点时，迅速引尺上端触及鼻尖。要求后仰至最高点时保持 1～2 秒的稳定，以便测量。测 2～3 次，记录量尺的读数（厘米）。用坐位鼻尖高度减去最大后仰高度，取其差为成绩（成绩 = 坐位鼻尖高度 - 后仰高度）。

评价标准：参考表 6-27。

表 6-27　体院一年级男生俯卧仰体测验评价标准

等级	成绩（厘米）
优	3.6 以下
良	3.7～9.0
中	9.1～14.5
下	14.6～19.9
差	20.0 以上

4. 转肩

测量目的：测量受试者肩部的柔韧性。

测量对象：同上。

测量三性：具有内容有效性，可靠性为 0.95，客观性为 0.99。

场地器材：2 米长的皮尺。

测量方法：测量受试者的肩宽。受试者直立，两手正握皮尺（左手虎口与尺的零端处对齐），两臂同时上抬，逐渐绕至体后。两臂后绕时若感觉所握的尺距太窄，右手可向尺的外侧滑动直至刚好能使两臂绕到体后的位置，然后再由体后绕至体前（仍然握着尺）。绕臂时要求两臂保持在同一水平面上，直臂，身体不得扭动，不得提足跟。测 2～3 次，记录右手虎口握尺处的读数（厘米）。用两手握距的最小值减去肩宽，取其差为成绩（成绩 = 握距 - 肩宽）。

评价标准：参考表 6-28。

表 6-28　体院一年级男生转肩测验评价标准

等级	成绩（厘米）
优	4 以下
良	4.1～18.5
中	18.6～31.5
下	31.6～47.5
差	47.6 以上

(二) 绝对柔韧性测量

1. 前后劈腿

测量目的：测量受试者两腿前后伸展的能力。
测量对象：6 岁至大学男女生。
测量三性：具有内容有效性，可靠性为 0.96，客观性为 0.99。
场地器材：地板、桄度测量尺。
测量方法：受试者由前后分腿站立开始，两腿滑落成前后分腿姿势，两臂侧平举。测试者在其体后，置尺的零端于地。当受试者臀部下落至最低点时，迅速引尺触及两腿分叉处。要求两腿保持伸直，与躯干必须在同一垂直面上，下滑时不得弹振，测 2～3 次，记录量尺的读数（厘米），取最小值为成绩。
评价标准：参考表 6-29。

表 6-29　体院一年级男生前后劈腿测验评价标准

等级	成绩（厘米）
优	3.2 以下
良	3.3～10.5
中	10.6～18
下	18.1～27.5
差	27.6 以上

2. 左右劈腿

测量目的：测量受试者两腿左右伸展的能力。
测量对象：同上。
测量三性：具有内容有效性，可靠性为 0.91，客观性为 0.99。
场地器材：同上。
测量方法：受试者由左右分腿立姿开始，两腿向左右滑落成左右分腿坐姿势，两臂侧平举。其余测量方法同上。
评价标准：参考表 6-30。

表 6-30　体院一年级男生左右劈腿测验评价标准

等级	成绩（厘米）
优	12 以下
良	12.1～22
中	22.1～26
下	26.1～34
差	34.1 以上

3. 坐位体前屈

测量目的：测量受试者髋、背弯曲以及腘肌伸展的能力。

测量对象：同上。

测量三性：具有内容有效性，可靠性为 0.94，客观性为 0.99。

场地器材：地板、坐位体前屈测试计。

测量方法：首先根据受试者脚的大小调节标尺的高度，使受试者脚尖接近标尺背面下沿。测试时，受试者坐在平地上（有垫物），两腿伸直，脚跟并拢，脚尖分开 10~15 厘米，踩在测试计平板上，然后两手并拢，两臂和手伸直，渐渐使上体前屈，用两手中指尖轻轻推动标尺上的游标向前滑动（不得有突然震动的动作），直到不能前伸时为止。做两次，以厘米为单位，记录最好成绩。测试计的 0 点以前为负值，0 点以后为正值。

评价标准：参考表 6-31。

表 6-31 18~20 岁坐位体前屈测验评价标准

得分	男子（厘米）	女子（厘米）
1 分	−0.2~4.4	−0.6~3.7
2 分	4.5~9.9	3.8~8.9
3 分	10.0~17.3	9.0~16.1
4 分	17.4~22.7	16.2~20.9
5 分	22.8 以上	21.0 以上

（引自《中国国民体质监测系统的研究》）

4. 转体

测量目的：测量受试者身体的柔韧性。

测量对象：6 岁至大学男女生。

测量三性：未见报道。

场地器材：在平坦地面铺一画有 0°~180° 的图，系有锥形重物长约 1 米的木棍 1 根。

测量方法：受试者两脚开立约 30 厘米，立于 0°~180° 直线上，双肘屈于体后夹住木棍，使锥尖正对 0°，向左、右各缓慢转体两次。以转体角度为测量值。取两次测试的平均成绩为测验成绩。

除以上介绍的方法外，柔韧性还可用踝关节伸展或弯曲、立位体前屈等来测验。

三、柔韧性素质测量的注意事项

（1）受试者在测量前应做好准备活动，测量时动作勿过大、过猛，以免拉伤，同时应由同伴保护和协助完成。

(2) 受试者在测量中应与测试者配合，当身体处于最大伸展部位时，要尽量稳定一定时间，以便测量。测试者动作应快速、准确。

(3) 评价时，注意有些实测值是越大越好，而有些则是越小越好。

第五节　灵敏素质测量与评价

灵敏素质是指人体在各种复杂的条件下快速、准确、协调地改变身体姿势、运动方向和随机应变的能力，是运动技术和各种身体素质在运动中的综合表现。它不仅与速度、力量等素质有关，而且也与年龄、性别、体型和神经类型等因素有关。灵敏在许多技巧性强、技术复杂、动作多变和无固定动作组合的运动项目中，显得尤为重要。要提高灵敏性，必须提高大脑的灵活性和其他有关的身体素质。

一、灵敏素质测量的内容和方法

1. 折返跑（10 米 × 4）

测量目的：测量受试者在快跑中急停、急起和快速转体变换动作方向的能力。
测量对象：10 岁至大学男女生。
测量三性：具有内容有效性，可靠性为 0.97，客观性为 0.95。
场地器材：10 米 × 4 的直线跑道 2 ~ 3 条，在 10 米长跑道的两端线外 30 厘米处各画一条横线为起点线和终点线，木块（5 厘米 × 5 厘米 × 10 厘米）4 块，其中两块放在终点线上，1 块放在起点线上。秒表若干块，哨子、木块 1 人 4 块，准备若干块。
测量方法：受试者手持一木块用站立式起跑，听到起跑哨音从起点线后起跑，当跑到终点线前面用一只手交换木块立即往回跑，跑到起点线前再交换木块，然后跑回终点线交换另一木块，最后持木块冲出起点线，记录跑完全程的时间。记录以秒为单位，取一位小数，第二位小数四舍五入。受试者取放木块时，脚不要越过起点线和终点线。
评价标准：参考表 6-32。

表 6-32　18 ~ 20 岁 10 米 × 4 往返跑测验评价标准

得分	男子（秒）	女子（秒）
1 分	15.0 ~ 13.5	17.0 ~ 15.7
2 分	13.4 ~ 12.0	15.6 ~ 14.0
3 分	11.9 ~ 11.2	13.9 ~ 13.0
4 分	11.1 ~ 10.6	12.9 ~ 12.2
5 分	10.5 以下	12.1 以下

（引自《中国国民体质监测系统的研究》）

2. 象限跳

测量目的：测量受试者在快速跳跃中，支配肌肉运动和克服身体惯性的能力。

测量对象：同上。

测量三性：具有内容有效性，可靠性为 0.90，客观性为 0.945。

场地器材：平坦专用场地、秒表、粉笔、卷尺。

测量方法：受试者站在起点线后，听信号即以双脚跳入第"1"象限，然后依次跳入第"2、3、4"象限。按此法反复跳 10 秒，每跳入一个象限计 1 次。要求跳跃时必须双脚同时跳起，同时着地。踏线或跳错象限不计次数，测 2～3 次，每次 10 秒，记录完成次数。取最佳成绩（图 6-1）。

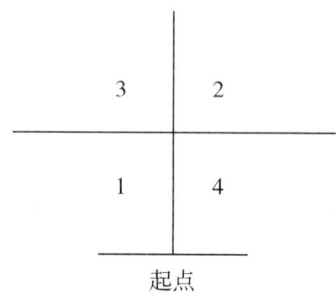

图 6-1 象限跳测验

评价标准：参考表 6-33。

表 6-33 高中男生象限跳测验评价标准（广东）

等级	成绩（次）
优	31 以上
良	28～30
中	25～27
下	22～24
差	21 以下

3. 侧跳

测量目的：测量受试者快速变向移动的能力。

测量对象：同上。

测量三性：具有内容有效性，可靠性为 0.939，客观性为 0.979。

场地器材：平坦场地上画 3 条平行线（各线相距 1.2 米）、秒表、哨子、粉笔、卷尺。

测量方法：受试者双脚跨在中线上（图 6-2）。听信号后即向左侧线跨跳，双脚落地骑跨于端线上。然后跨回中线，接着再向右侧线跨跳，双脚落地骑跨于线上。以此往复连续跨跳 10 秒，每骑跨一线计 1 次（包括中线）。双脚未骑跨线或踏线（包括中线），不予计数，测 2~3 次，记录正确完成动作的次数。

```
——————      端线
        ——————————  中线
——————      端线
```

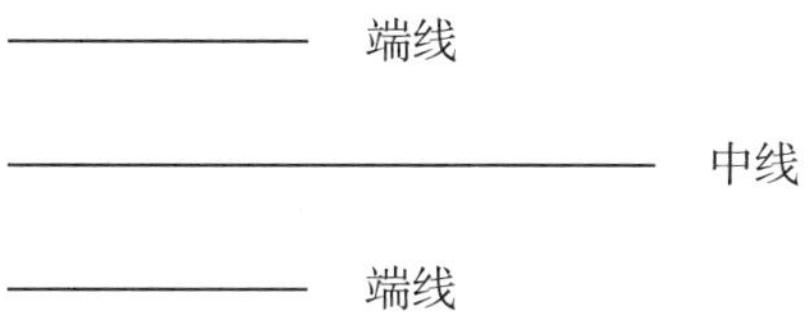

图 6-2　侧跳测验

评价标准：参考表 6-34。

表 6-34　高中男生侧跳测验评价标准（广东）

等级	成绩（次）
优	22 以上
良	20~21
中	18~19
下	16~17
差	15 以下

4. 侧跨步

测量目的：测量受试者快速变换运动方向的能力。

测量对象：同上。

测量三性：有效性为 0.70，可靠性为 0.929，客观性为 0.969。

场地器材：平坦场地、画 5 条平行线（各线相距 1 米）、卷尺、粉笔、秒表、哨子。

测量方法：受试者双脚骑跨在中线上（图 6-3）。听信号后，右腿向右侧跨过端线（一步一线，踏线或跨过线均可），接着收右腿反向跨回中线。然后用同样的方法以左腿向左跨步。以此往复跨步 10 秒，跨步腿每踏线或超过一线计 1 次（包括中线）。测 2~3 次，记录正确完成动作的次数。

```
——————————  端线
    ——————    标记线
    ——————————  中线
    ——————    标记线
——————————  端线
```

图 6-3　侧跨步测验

评价标准：参考表6-35。

表6-35 高中男生侧跨步测验评价标准（广东）

等级	成绩（次）
优	22以上
良	20~21
中	17~19
下	15~16
差	14以下

5. 10秒立卧撑

测量目的：测量受试者快速变换身体姿势和准确协调地完成动作的能力。

测量对象：同上。

测量三性：有效性为0.85，可靠性为0.949，客观性为0.959。

场地器材：地板、秒表、哨子。

测量方法：受试者从站立姿势开始，A.屈膝下蹲成蹲撑；B.双腿向后伸直，两臂伸直成俯撑；C.还原为蹲撑，D.站起成开始姿势。连续做10秒。A、B、C、D各计1次，完整动作共计4次，凡出现下列情况均不计数：（1）两臂弯曲；（2）两腿弯曲；（3）还原成下蹲姿势时，双足距离手着地点远（超过受试者足长）；（4）在完成下蹲动作前手已离地；（5）站立不直。测2~3次，记录正确完成动作的次数。

评价标准：参考表6-36。

表6-36 高中男生10秒立卧撑测验评价标准（广东）

等级	成绩（次）
优	31以上
良	29~30
中	27~28
下	25~26
差	24以下

二、灵敏素质测量的注意事项

（1）应根据受试者的年龄、性别等的不同选择适宜的灵敏性测量。

（2）严格控制测试条件，如测试时间、完成次数等。

（3）测量前，应做好准备活动，并按照测试要求指导受试者进行必要的练习。

第六节　身体素质的成套测验

以上各节介绍的都是单项身体素质测验，即一项测验只测量某一种素质。欲对学生综合身体素质和运动能力进行研究、诊断或评价，就需要采用成套的身体素质测验。目前国内外身体素质的成套测验方法很多。根据自己的需要来编制、选择和使用身体素质的成套测验时，首先要考虑并明确研究或测量目的；其次要考虑受试者的年龄、性别、发育水平和运动能力，以及各种测验条件；最后，根据有关测验编制与实施的要求来选择和使用成套测验方法。

由于成套身体素质测验种类繁多，组合各异，这里仅介绍常用的、比较规范的测验，作为示例。

一、巴罗（Barrow）运动能力测验

测量目的：测量学生的运动能力，用于诊断和定级。

测量对象：适用于大中学男女生。

测量三性：用29项指标代表8个因素（测验成分）对200多名大学男生进行测验。利用回归分析确立两套测验，以29项测验的总分为效标，第一套测验（含6个项目）的有效性为0.95，第二套（含3个项目）的有效性为0.92。可靠性和客观性：用测验再测验法，计算各项测验的可靠性；用两人对每一受试者进行测验，计算各项测验的客观性（参考表6-37）。

表6-37　巴罗运动能力测验的分析

测验项目	因素	有效性	可靠性	客观性
立定跳远	爆发力	0.759	0.895	0.996
垒球掷远	肩臂协调性	0.761	0.928	0.997
Z字形跑	灵敏	0.736	0.795	0.996
对墙传球	手眼协调性	0.761	0.791	0.950
推实心球	力量	0.736	0.893	0.997
（55米）冲刺	速度	0.723	0.828	0.997

测验项目：

（1）立定跳远（同本章第一节的立定跳远测验）。

（2）垒球掷远

场地设备：100米范围的投掷区，垒球若干。

测量方法：受试者站于限制线后，尽力投远。可以短距离助跑，不得超越限制线。投3次，取最佳成绩。

(3) Z字形跑

场地设备：5根标杆、4.9米×3米场区（图6-4）、秒表。

测量方法：受试者站于起终点，听令即开始，按照所示路线尽力快跑。不得抓、抱或移动标杆。跑3个来回，过终点停表，测两次。计完成测验的时间，取最佳成绩（秒）。

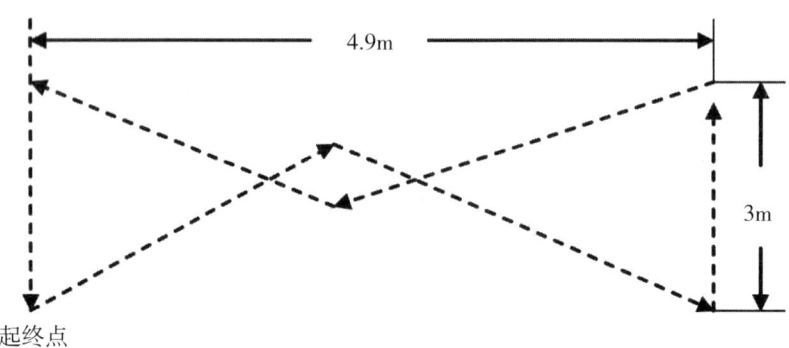

图6-4 Z字形跑测验

(4) 对墙传球

场地设备：篮球、秒表、墙壁。

测量方法：受试者站于离墙2.75米的限制线后，发令开始，可用任一传球方法对墙传球，15秒为1次，测3次。若球失控，令其拾球返回限制线后继续传球。计15秒内的合格传球次数，取最佳成绩（次）。

(5) 推实心球

场地设备：2.72千克重的实心球若干、量尺。

测量方法：受试者站于限制线后，置球于肩上，以45°角的方向尽力推球。不得上步，不得超越限制线，测3次，丈量限制线至球落点（近端）的距离，取最佳成绩。

(6) 55米（60码）冲刺

场地设备：跑道、秒表。

测量方法：受试者站于起跑线后，听令后以站姿起跑尽快跑至终线，测3次。计完成测验的时间，取最佳成绩（秒）。

计算成绩的回归方程如下：

一般运动能力 = 2.2（立定跳远）+ 1.6（垒球掷远）+ 1.6（Z字形跑）+ 1.3（对墙传球）+ 1.2（推实心球）+ 1（55米冲刺）。

成套测验成绩的综合评价：参照表6-38。

表 6-38　大学男生运动能力评价表（美国）

体育专业学生		等级	普通大学生	
6 项	3 项		6 项	3 项
586 以上	197 以上	优	550 以上	185 以上
534～585	180～196	良	481～549	163～184
480～533	161～179	中	410～480	138～162
428～479	143～160	下	341～409	116～137
427 以下	142 以下	差	340 以下	115 以下

二、斯科特（Scott）运动能力测验

测量目的：测验学生的一般运动能力，用于诊断学生运动能力的缺陷及分组教学。

测量对象：适用于大中学男女生。

测量三性：此测验采用一个综合性的效标（专家评分、各项运动技术的 T 分及麦克乐的一般运动能力测验成绩），选出了两套测验。第一套由篮球投远、短跑、对墙传球和立定跳远 4 项测验组成，有效性为 0.91；第二套由篮球掷远、立定跳远和障碍跑 3 项测验组成，有效性为 0.87。各项测验的可靠性系数在 0.62～0.92 之间。

测验项目：

1. 篮球掷远

场地设备：3～4 个篮球、量尺。

测量方法：主要测量受试者的肩臂力量及协调性。受试者可用任一动作尽力将球掷出。两脚不得超过限制线，测 3 次。丈量限制线至球落点（近端）的距离。取最佳成绩。

2. 短跑

场地设备：秒表、哨子、量尺。

测量方法：受试者以任一起跑姿势，发令即跑，鸣哨则停。仅测 4 秒，测 1 次，计 4 秒内所跑的距离。

3. 对墙传球（同巴罗运动能力测验）。

4. 立定跳远（同巴罗运动能力测验）。

5. 障碍跑

场地设备：秒表、跳高架、横杆（2 米长）及若干标志杆。

测量方法：旨在测量速度、灵敏及一般身体协调性。测验时，受试者仰卧于地，两脚跟踏在起点线上。听到"跑"令后站起，按指定方向快跑至正方形 A（图 6-5），用双脚逐一踏"A、B、C"3 个正方形。然后绕跳高架 D 两周，接着跑向 E（横杆），钻过横杆，经过 F 线，按图示路线跑至终点线，手触线后按原路线返回 F 线，再重复原路线一次，最后向终点线冲刺，计完成测验的时间（秒）。

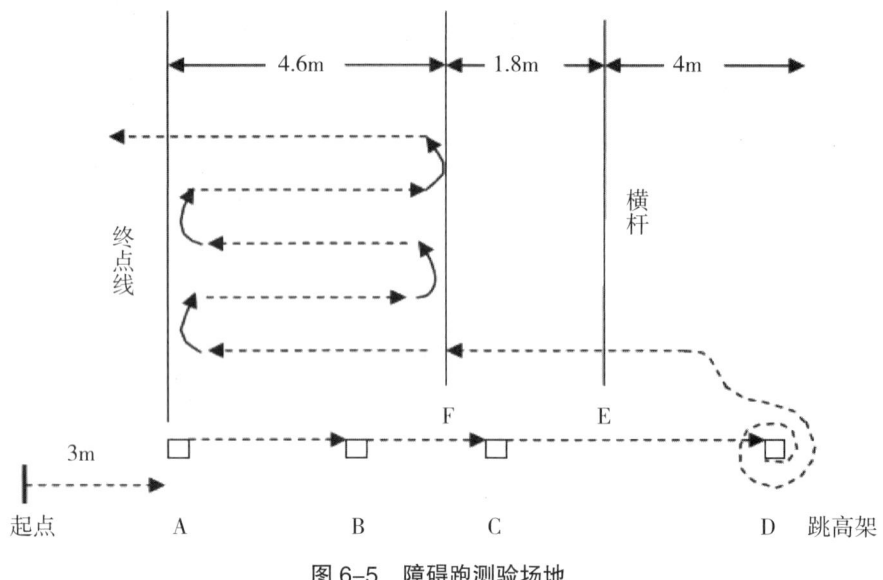

图 6-5 障碍跑测验场地

成套测验成绩的评价：此测验可用两种方法进行评价。

第一种，T 平均分。将各项成绩的原始成绩转换成 T 分，然后将它们累加求 T 平均分。如第一套测验，一高中女生得如下 T 分：篮球远投 45 分，短跑 55 分，对墙传球 49 分，其平均 T 分为 50 分。

第二种，加权分。将各测验的原始成绩直接带入回归方程求出各学生得加权总分。回归方程为：

第一套测验（4 项），成绩 = 0.7（篮球投远）+ 2（短跑）+ 1（对墙传球）+ 0.5（立定跳远）。

第二套测验（3 项），成绩 = 2（篮球投远）+ 1.4（立定跳远）- 1（障碍跑）。

除此之外，成套测验还有前面提到的体质测验、体育成绩的综合评定、运动技术的成套测验，以及体育专业招生的身体素质成套测验等。另外，还有一些国家常用的身体素质和运动能力成套测验的项目，如表 6-39 所示。

表 6-39 部分国家身体素质和运动能力测验

国别	测验内容
国际体力测验 ICSPFT TEST	1. 50 米跑；2. 立定跳远；3. 握力；4. 引体向上（男），屈臂悬垂（女）；5. 10 米 × 4 折回跑；6. 30 秒仰卧起坐；7. 1000 米（男），800 米（女）；8. 立位体前屈
美国 （AAHPERD）	1. 引体向上（男），屈臂引体（女）；2. 屈膝仰卧起坐；3. 45.7 米（50 码）跑；4. 9.14 米（30 英尺）× 4 折回跑；5. 立定跳远；6. 548.4 米（600 码）跑
加拿大	1. 仰卧起坐；2. 立定跳远；3. 屈臂悬垂；4. 45.7 米（50 码）跑；5. 274.5 米（300 码）跑

（接续表）

(续表)

国别	测验内容
原联邦德国	1. 50米跑； 2. 立定跳远；3. 1000米跑；4. 俯卧撑；5. 往返跑；6. 体前屈；7. 握力；8.仰卧起坐
捷克斯洛伐克	1. 50米跑； 2. 立定跳远；3. 1000米跑；4. 俯卧撑；5. 引体向上（男），屈臂引体（女）
法国	1. 纵跳；2. 30米跑；3. 引体向上；4. 五级跨跳；5. 掷垒球；6. 12分钟跑
日本体力测定（中学）	身体素质 1. 反复横跨； 2. 纵跳；3. 背肌力；4. 握力；5. 台阶测验；6. 俯卧背伸；7. 立位体前屈 / 运动能力 1. 50米；2. 跳远；3. 掷手球；4. 引体向上（男），屈臂悬垂（女）；5. 1500米（1000米）；6. 游泳（滑雪、滑冰）
中国体育锻炼标准	1. 50米跑；2. 800米或1000米跑；3. 引体向上；4. 立定跳远；5. 推实心球；6. 反应速度；7. 举重物

三、中国学生体质调查中的身体素质测验（中学组）

此套测验具有内容有效性、可靠性，客观性未见报道。它适用于13~18岁的中学男女生。

测验的项目是：50米、立定跳远、立位体前屈、引体向上（男）、1000米（男）、仰卧起坐（女）和800米（女）。

有关评价问题请见《国家学生体质健康标准解读》人民教育出版社2007年4月第一版。

四、部分国家身体素质与运动能力成套测验

测验内容见表6-39。

思考题

1. 何谓身体素质？身体素质应包括哪些方面？
2. 进行各类身体素质测量时应注意哪些问题？
3. 试分析比较各类身体素质的特点。
4. 试编制一套适用于中学生的身体素质成套测验。

（张东彦）

第七章 体育教学中的测量与评价

在体育教学与训练中，理论知识测验也是必不可少的。它不仅是客观准确地对学生和运动员的知识水平和能力进行评定的手段之一，而且也是客观准确地对教师及教练员的教学能力进行评定的主要途径之一，所以，理论知识测验是决定体育教学质量和水平的关键。

第一节 理论知识测验

一、理论知识测验概述

理论知识测验的主要目的是对学生的知识水平进行客观的评定。而学生的知识水平是不能进行直接、准确测量的。因此，知识测验属于定性测量，是根据测验目的进行命题，在特殊的考试情境中，令所有的受试者在同样的测量条件下，按照要求，以最明快的方式进行表达（口答或笔答），并以同样的标准对受试者的知识、能力以分数或等级进行个体差异的评定。可以说，考试是人们迄今创造的测量知识和能力的比较客观、公正、准确的检查教学效果的方法。当然，这样说并不意味着得满分的学生对知识掌握得完美无缺。绝对化、简单化、单纯以成绩来评定学生掌握知识的程度，以及运用所学知识解决问题的能力也是不可取的。

二、理论知识测验的类型

测验的类型主要根据考试的作用来划分。按照考试的作用可将其划分为成绩测验、学能测验、水平测验、诊断测验。

（一）成绩测验

成绩测验主要在教学过程中进行，是以取得教学反馈信息，检查学生学习效果及掌握程度、教学大纲执行情况，评定学生学习成绩为目的的测验。成绩测验一般在学期中或学期末进行，例如期中、期末考试等。它是一种面向过去、检查已经进行过的教学情况的考试。

（二）学能测验

学能测验主要是以检查学生能力发展倾向及智力水平为目的的测验。因为是对学生潜在能力的预测，所以考试内容不受教学大纲的限制，例如各种竞赛性的考试、入学考试等，它是一种面向未来，通过现在的状况反映未来发展趋势的测验。

（三）水平测验

水平测验是检查学生学习达到何种水平，是否达到规定目标、要求水平的测验。其内容根据考试目的而定，既可在大纲要求之内，又可超出大纲规定范围。例如各种水平考试、毕业考试、资格考试等，所以它是一种既检查过去又面向未来的测验。

（四）诊断测验

诊断测验主要用于以检查诊断教学过程中存在的问题及其原因为目的的测验。此种测验可以根据需要随时进行，如考查、随堂测验等。此类测验也是既检查过去又面向未来的测验。

三、理论知识测验的编制

（一）命题原则

在命题时应注意遵守以下几点：
（1）按照测验目的掌握好测验合格标准。此合格标准指测验的基本要求，如教学大纲中所规定的学生掌握知识程度的最低限度。
（2）正确掌握命题范围，注意试题的覆盖面。按照计划指定的内容命题，且各部分内容分布要合理，注意掌握题目的范围与深度。测验题目对所学内容要有足够的代表性。
（3）尽量采用客观性试题，以便于评阅。注意各类试题之间的合理搭配。任一试题的表述及正确解答，不要构成对其他试题正确解答的提示，即各题之间尽量保持有相对独立性。
（4）试题难度应适中，区分度应较高。难度系数主要根据测验所要达到的目的而定，过易过难都会使试题的区分度受到影响。

（二）理论知识测验的结构

理论知识测验命题的依据是理论测验的结构。理论知识测验的结构是指构成测验的两大要素：一是测验内容的合理分配，要根据大纲的要求和各教学内容在教材中所占的比重，检查学生对知识掌握得是否全面；二是测验学生掌握的知识达到教学目标的程度，也就是检查学生对教材内容的理解和掌握的程度及对知识的实际应用能力，即应用、分析、综合、判断能力所达到的水平。在知识和能力两个方面应着重于对学生能力因素的检查。

美国教育家布卢姆（Bloom）曾将认识活动的教育目标从低级到高级划分为六类，即知识、理解、应用、分析、综合、判断。前两类是对知识的学习、理解，后四类是对知识的应用。各类含义如下所述：

(1) 知识。对以前遇到过的信息的再认识或再现。
(2) 理解。对知识的解释和说明。
(3) 应用。将抽象的概念运用到实际。
(4) 分析。将整体分解为部分，并确定各部分之间的关系。
(5) 综合。将要素或部分整合为新的观念体系。
(6) 判断。形成自己的价值标准，并对事物进行评价。

根据布卢姆的主张，可将理论知识测验的结构按照教学目标因素和教学内容两个维度编制成双向细目表，对所学内容进行各个方面的测验。其内容分布、各部分题量和分值根据测验目的及教学大纲规定要求来定，并依此给予细目表中各类成分以不同权重。表 7-1 为足球理论测验的双向细目表。

表 7-1 足球理论考试双向细目表

因素 内容	知识	理解	应用	分析	综合	判断	分值	百分比
发展史	5						5	5
技术	5	10	3	10	2		30	30
战术	5	5	10	5	5		30	30
身体训练		5	5				10	10
教学、训练			5	5		5	15	15
规则与裁判		5				5	10	10
总计	15	25	23	20	7	10	100	100
百分比	15	25	23	20	7	10	100	100

布卢姆经多年研究，认为在整份试卷中 6 种因素的比例以知识因素占 15%、理解因素占 25%、应用因素占 30%、分析因素占 15%、综合因素占 10%、判断因素占 5% 为宜。在对试卷内容各因素的横向设计中，除参考此标准比例外，还应根据学生的实际水

平予以灵活分配。如果学生实际水平较低，则可考虑将前三类因素比例适当放宽，以便于调动学生学习的积极性。确定了各类因素的比例之后，就可以将实际得分填入双向细目表内，至此便完成了双向细目表的编制工作，依据教学目标和教材内容确定一个具体而明确的双向细目表，为命题打好基础。

测验双向细目表，是编制测验的"蓝图"，由此可了解到某一科目的测验内容、测验目标，以及试题数量、分数分配等，是编制测验的重要依据。

（三）命题

1. 题目类型

题目分主观性试题与客观性试题。所谓主观性试题是指正确答案可用多种方式表达，阅卷教师须凭主观经验评定成绩的命题方式，如作文、论述题、证明题、列举题等均属主观性试题。所谓客观性试题是指正确答案及表述是唯一的，不论由谁阅卷，评定结果均一致的命题方式。如填空题、选择题、是非判断题等均属客观性试题。主、客观性试题的划分界线有时并不明确，且各自有其优缺点。客观性试题题目容量大、考核范围广、答案唯一、阅卷省时、评分客观，但它难以考核出学生文字综合表达能力，以及独创、发散思维能力。主观性试题着重于从总体上对具体知识进行考核，从答案中可了解到学生解答问题的思维过程、回答问题的正确程度、文字表达及创造能力、出题较易且无提示作用，但阅卷费时而且评分结果难于一致，客观性较差。在命题选择题型时，应注意各种类型题目之间的合理搭配。实际上任何一种题目形式都不可能将所有的学科内容和教学目标完全测试出来。不管哪类试题都有利有弊，没有一种适合于各种测验目的的试题类型。在同一份试卷中，试题类型不宜过多。题型过多或变换不定，会使学生难于适应，易产生厌烦情绪，因而降低测验的有效性。应尽量采用易于理解、便于评分、便于实施的试题类型，以使考核尽量做到准确、公正。

一般常用的试题类型有以下5种：

（1）填空题

填空题是给出一个完整的句子（或图形），要求学生按照全文的意思对不完整部分进行填充以使全句（或图形）完整。

填空题的优点：①便于全面检查学生知识的掌握程度。②命题简单。③对已学知识不起提示作用，可减少猜题的可能性。

填空题的缺点：①有时答案不是唯一，正确答案会有多个。②只着重检查学生记忆力，不利于检查学生对知识的应用能力。

（2）选择题

选择题是给出一个题目及若干答案，要求学生在若干答案中选择正确的答案。

选择题的优点：①回答问题省时，题量大，试题覆盖面广。②答案唯一，评分简单、客观、准确。

选择题的缺点：①编制题目较为费时、复杂。②难于考核出学生的文字表达、创造思维能力。③对回答问题有提示作用，猜题可能性较大。

(3) 配对题

配对题是要求学生将两个具有对应关系的事物正确搭配联系起来。

在编制配对题时，一般要求备选答案数略多于问题数，以避免两者数目相等猜测搭配。

配对题的优点：①命题与阅卷省时。②因备选答案数目多，减少了猜题的可能性。

配对题的缺点：①只适用于对认识能力的考核。②题量稍多则易引起学生厌烦。一般以 5~15 个为宜。

(4) 是非题

是非题是让学生对一个含义完整的命题作出是非或正误判断，因而也叫正误题。

是非题的优点：①考核省时，题目容量大，考核范围广。②题目具有迷惑性，考核具有一定深度。

是非题的缺点：①猜题可能性较选择题大。②需大量题目或改变评分方法才可减少猜题的可能性。

(5) 问答题

给出问题，要求学生写出正确答案。

问答题优点：①试题本身不给出答案，有利于进行整体性的综合考核。②学生可充分表述见解，答案可反映学生思维过程。③出题容易。

问答题缺点：①考核费时，试题覆盖面较小。②题量少分值高。③答案不是唯一，阅卷评分准确性较客观性试题差。

2. 命题工作程序

命题主要工作有编制试卷、编写标准答案、确定评分标准。命题的工作程序为：

(1) 研究讨论教学大纲，制定命题计划，明确教学基本要求。

(2) 按照学科内容确定测验哪些知识和能力，确定题目类型、各类题目数量及分配比例。预计各题难度。

(3) 对编制出的试题逐题审查、修改、筛选，并注意试卷用语准确，答案明确。

(4) 试卷初步确定后，在教师中试测，以进一步修改、调整试题并确定试题数量。

(5) 确定试题，编制标准答案。

(6) 确定评分标准。

第二节 试卷质量分析

对学生进行知识和能力测量之后的试卷分析是对理论知识测验所取得的信息进行的

质量评价。多年连续跟踪研究试卷质量,对试卷进行科学性分析,逐年优选劣汰,可使试题符合标准化考试命题要求,组成标准化试卷。另外,通过试卷分析可以获得许多信息,不但对以后提高考试准确程度有益,而且对改进教学工作,提高教学效果亦有十分重要的意义。试卷质量分析的主要内容有:

(1) 试卷成绩分布统计学估计。
(2) 试卷可靠性分析。
(3) 试卷有效性分析。
(4) 试卷难度分析。
(5) 试卷区分度分析。

一、试卷成绩分布统计学估计

对试卷成绩分布进行统计学估计分析的目的,是了解学生知识掌握程度、能力发展水平的总体状况,以及了解学生成绩的平均水平和个体差异程度。

成绩分布统计学估计常用的办法是按分数段做出频数分布图。首先统计各分数段的人数及占总人数的比例,然后做出直方图,并连结各直方图顶点描一曲线,据此样本频数分布曲线可了解学生成绩分布的大致情况。按照正态分布曲线特点来判断它是否符合正态分布或近似正态分布。除此而外,还可利用统计学正态分布检验公式来判断它是否符合正态分布。为了了解成绩的集中趋势与离散程度,还应求出平均值和标准差。在试卷数量较多时可根据抽样原则(最好采取按分数段分层抽样的办法),随机抽取足够多的样本,进行分数分布的正态检验。

一般要求成绩分布呈正态或近似正态分布(图 7-1)。如呈负偏态,说明试题高分多低分少总体难度偏低;如呈正偏态,则说明试题低分多高分少总体难度偏高。

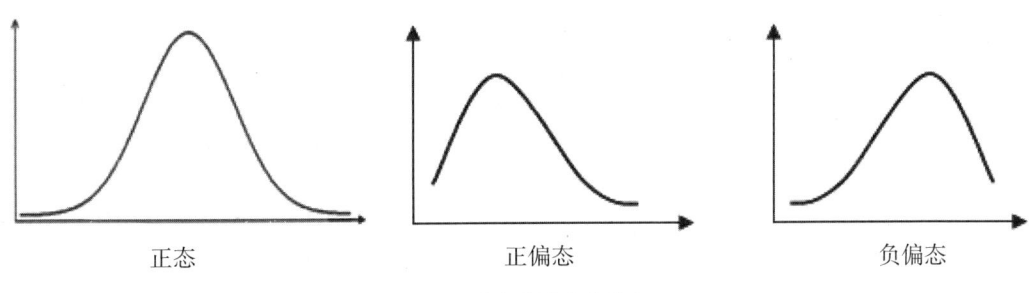

图 7-1 测验成绩分布特征

如出现双峰左右严重不对称、峰值特别尖锐,则说明考试成绩不正常,需从学生实际情况及考试施测过程方面找原因。一般来说,异常分布是由于题量过少、中等难度题目偏少，低难度、高难度题目偏多或试题总体难度偏高，施测过程中作弊过多等原因造成的。

除此以外，对成绩分布是否正常的分析还要依据测验目的而定，视其是常模参照性测验（以鉴别学生个体差异为目的测验），还是目标参照性测验（以鉴别目标达到程度为目的的测验）。前者的成绩分布以分数离散程度大为主要特点，而后者只是视其达到目标规定标准与否，即是否达标，所以成绩分布相对较为集中。

二、试卷可靠性分析

试卷的可靠性分析，主要是看对同一批学生实施等价测验的一致性程度。同一试题的重复测量不适宜于笔试测验，因实施相同测验就有了学习过程，所以须编制等价测验。换句话说，也就是分析各次成绩鉴别个体差异的准确程度。根本问题在于确认引起分数不一致的变因和估计它们对分数影响的大小。试卷可靠性计算方法可参考本书第二章所介绍的相关内容。

三、试卷有效性分析

试卷的有效性分析主要是对试题的内容有效性进行鉴定。要用几个或几十个题目的测验来代表教学大纲所规定的全部教材内容是非常困难的事。一册教材内容很多，如果将其视为总体，那么内容有效性就是要看从中抽取的测验内容对总体代表性程度的高低。一般来说，如果事先制作测验双向细目表，列出各单元教材内容在试题中的比例，这样编制出的试题与教材内容符合程度是比较高的。

四、难度与区分度的分析

试卷的难度分析，首先分别计算出每一试题难度系数，然后再计算试卷整体平均难度系数。根据各种难度系数占全卷的比例以及对整体平均难度系数进行难度分析。总的来说，试题难度系数的选用应根据教学大纲的要求及测验目的来定。一般来说，一份试卷，平均难度一般在 0.4~0.6 之间，且难度系数在 0.9 以上的不应超过 5%，难度系数低于 0.1 的也不要超过 5%，这样的难度结构可使试卷有良好的区分度，使测验成绩呈正态分布。难度与区分度的计算请参考第二章有关内容。

第三节 体育教学效果和质量评估

体育教学效果和质量评估是体育教学过程中的一个重要环节。其评价的主要途径有两种：一是基于教学过程的评价，二是基于教学结果的评价。前者包括对教师的教学能力、态度的评价及学生的学习能力、态度的评价，后者则包括对学生学习成绩和成绩的进步幅度的评价。

一、教师教学能力的评价

对教师教学能力的评价，传统的方法是采用专家（同行）随堂观察方法和学生评价法，专家随堂观察法是由几位同行专家根据对某一次课的整个教学过程的观察评定教师的教学能力和水平，其优点是评价结果比较客观准确，但前提必须是同行专家，否则对教学内容的科学性很难作出客观评价。由于这种评价只是通过一次课的教学情况得出的结论，所以这种评价往往带有一定的片面性和局限性。学生评价法是在教学结束后通过让每个学生对任课教师的教学水平和能力的问卷形式（匿名）进行评价。其优点在于能对教师的教学态度、教学方法、专业水平和道德修养等方面作出全面评价，是一种在大学较为普遍使用的评定教师教学能力和水平的方法。教师教学能力评价的内容主要包括以下几个方面：

(1) 专业知识水平。教师对教材内容的掌握和理解程度。
(2) 备课。包括场地器材的准备、教案质量等。
(3) 教学方法。包括讲解、示范的准确性，教法运用的合理性及教学的态度等。
(4) 课的组织。教师的教学组织能力，课的密度、运动量和课的时间安排及教学应变能力等。
(5) 教学任务完成情况及思想教育。如完成教学任务情况、课堂纪律、考勤、对学生的思想教育等。

按照以上内容对教师的教学能力进行综合评价，基本可以反映一位教师的教学能力。但对于不同性质的教学，评价的内容和各方面的权重应有所不同。下面给出一个示例供参考。

实习教师教学能力评价示例
目的：评价体育教师的教学能力。
对象：体育专业大学生（中学体育课的教学实习）。
方法：专家定性评价法，评价内容及标准如表 7-2 所示。

表 7-2 体育教学能力评价内容及标准

内容＼评价分值	优秀 10 分	良好 8~9 分	中 6~7 分	合格 4~5 分	不合格 1~3 分
教案质量					
教学态度					
讲解					
示范					
教法运用					
教学组织					
运动量					
时间分配					
教学任务完成情况					
思想工作					
累计分数					
总分					

按照以上标准评价出每位实习教师的分数（100 分制）。然后可根据分数高低制定等级标准评价。

二、学生学习进步幅度的评价

学生学习进步幅度的大小反映了学生的学习状况，也与教师的教学效果有密切的关系。尤其在体育技术教学过程中，由于水平较高学生的成绩提高的难度增大，如果采用 T 分进行比较，他们必然吃亏，所以采用黑尔（Hale）指数法或累进计分法对 T 分进行转化评定学生进步幅度，有利于客观公正地对学生进步幅度作出评价，从而提高教学效果。

黑尔指数法是用指数方程确定进步幅度的评价方法。这种指数法的优点是根据初始水平的高低不同，给以不同的进步难度权重，使得评价的结果较为合理。具体评价的步骤如下：

（1）将学生始末的成绩用公式 $T = 50 + \dfrac{10(x - \bar{x})}{s}$ 转化为 T 分。

（2）按照表 7-3 将两种 T 分转化为进步分，然后把两个进步分相减得出实际进步分。

（3）按照进步分的大小评定进步幅度。

例：某校学生 100 米跑的初试成绩平均值为 13.2 秒，标准差为 0.4 秒，终末成绩平均值为 13.0 秒，标准差为 0.5 秒，甲、乙两名学生的 100 米跑初始成绩分别为 12.8 秒、

表 7-3 T 分与进步分换算表

T 分	进步分	T 分	进步分	T 分	进步分	T 分	进步分
20	2.56	35	5.03	50	10.05	65	20.09
21	2.64	36	5.25	51	10.52	66	21.03
22	2.76	37	5.51	52	11.03	67	22.02
23	2.89	38	5.77	53	11.54	68	23.07
24	3.03	39	6.09	54	12.09	69	24.14
25	3.17	40	6.34	55	12.66	70	25.29
26	3.32	41	6.65	56	13.25	71	26.46
27	3.48	42	6.95	57	13.87	72	27.72
28	3.64	43	7.27	58	14.53	73	29.09
29	3.81	44	7.62	59	15.23	74	30.42
30	3.99	45	7.98	60	15.94	75	31.86
31	4.18	46	8.35	61	16.70	76	33.37
32	4.38	47	8.75	62	17.48	77	31.92
33	4.59	48	9.16	63	18.31	78	36.58
34	4.80	49	9.69	64	19.16	79	38.31
						80	40.13

13.6 秒,终末成绩分别为 12.4 秒、13.2 秒,试评价这两名学生的进步情况。

解:计算甲、乙两名学生的 T 分

$$\text{甲初始 T} = 50 + \frac{10(\bar{x} - x)}{s} = 50 + \frac{10(13.2 - 12.8)}{0.4} = 60$$

$$\text{甲终末 T} = 50 + \frac{10(\bar{x} - x)}{s} = 50 + \frac{10(13.2 - 12.4)}{0.4} = 65$$

$$\text{乙初始 T} = 50 + \frac{10(\bar{x} - x)}{s} = 50 + \frac{10(13.2 - 13.6)}{0.4} = 40$$

$$\text{乙终末 T} = 50 + \frac{10(\bar{x} - x)}{s} = 50 + \frac{10(13.0 - 13.2)}{0.4} = 45$$

根据 T 分查出进步分可得:

学生	初始成绩	T 分	进步分	终末成绩	T 分	进步分
甲	12.8 秒	60	15.94	12.4 秒	65	20.90
乙	13.6 秒	40	6.34	13.2 秒	45	7.98

两学生的实际进步分提高幅度分别为:

甲:20.90 - 15.94 = 4.36

乙:7.98 - 6.34 = 1.65

两学生 100 米跑成绩提高的幅度均为 0.4 秒，甲生和乙生 T 标准分提高的幅度均为 5 分。由于甲生初始水平较高，成绩提高的难度比乙生大得多，因此甲生进步分的提高幅度比乙生大，说明甲生进步比乙生快。这种进步幅度评价方法在运动训练中评价运动员成绩提高幅度时特别适用。

思考题：

1. 简述理论知识测验的编制过程。
2. 举例说明理论知识测验试题类型。
3. 试说明试卷分析的主要内容。
4. 说明体育教学效果和质量评估的内容。

（袁尽州）

第八章 运动技术测量与评价

运动技术是指运动员运用自身的能力完成体育动作的方法,也是决定运动员竞技能力水平的重要因素。不同体育项目的活动需要完成不同的体育动作,因此,运动员也需要学习和掌握不同的技术。

合理、正确、有效的运动技术须遵循人体运动的科学规律,符合项目运动规则的要求,有利于运动员的生理、心理能力的充分的发挥,有助于运动员取得好的竞技效果。运动技术测量作为检验学生和运动员对技术动作掌握程度的一种手段,是体育教学和运动训练中必不可少的内容。

第一节 运动技术测量概述

一、运动技术测量常用方法

运动技术测量常用的两种基本方法是直观法和仪器设备法。

直观法是指在技术动作测量中,对受试者完成技术动作的质量与效果进行直接测定的方法,如球类、体操、武术、花样游泳、摔跤、拳击等。此方法多采用专家评定,即聘请一定数量的专家直接观察学生或运动员的技术动作,并按预定的标准进行定性和定量的评价。应注意的是,专家评定的程序和结果必须达到测量的可靠性、有效性和客观性。

仪器设备法是指利用摄影、录像、图片等仪器设备对学生或运动员所做技术动作的时间、速度、身体各环节的运动过程等录制后,再进行解析和数理统计的一种测量方法。随着科学技术的发展,摄影和录像技术被广泛应用于体育测量中,使得各运动项目的技术动作系统,不仅可以被真实地记录下来后进行动态的分析与研究,而且还可以排除由于教学、训练和比赛环境对监测过程的影响,使对技术动作的分析更加可靠和客观。

二、运动技术测量的分类

运动技术水平一般包括技术质量、技术容量和技术效果几个方面。运动技术测量的目的是对学生或运动员技术动作完成的质量、掌握的数量以及运用技术动作的实效性所进行的检验。所以，运动技术测量可分为技术质量、技术容量和技术效果 3 种类型。各类型的具体内容如图 8-1 所示。

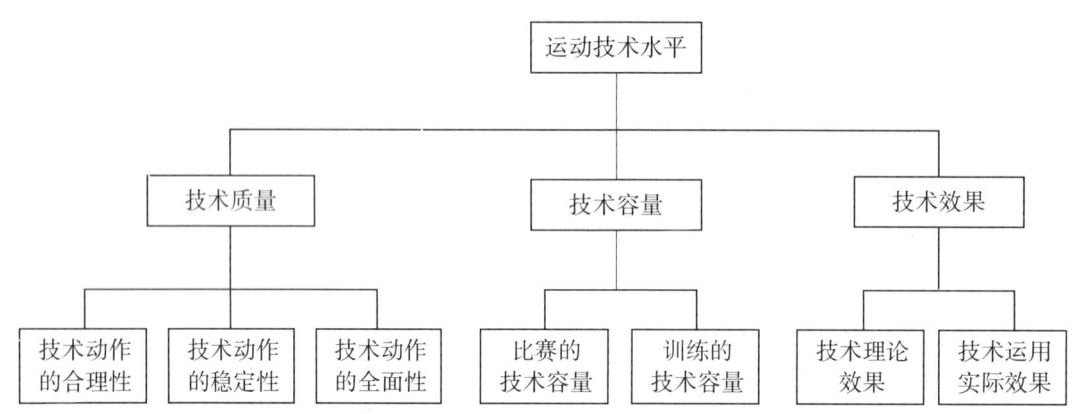

图 8-1　运动技术测量分类示意图

三、运动技术测量内容

（一）技术质量的测量

1. 技术动作的合理性

一般用运动成绩和运动动作的生物力学特征来评价。通过观察技术动作的时效性、经济性和协调性来评价是否合理。技术动作的时效性是指在完成动作时能发挥最大的能力，并能产生最大的作用以获得最大的效果，与运动成绩密切相关。技术动作的经济性是指在时效性前提下消耗身体能量的多少，越少越经济。技术动作的协调性是指技术动作之间、动作要素之间以及动作与人体机能之间在时间、空间上的有效配合。

2. 技术动作的稳定性

采用无干扰或有干扰条件下的多次重复某一技术动作，观察其动作是否变形或测量成绩是否稳定，也可在训练测验或比赛测验中采用连续重复和有间隔后重复做某一技术的方式。有无干扰条件指是否有相对稳定的习惯条件，运动员情绪和疲劳状况，器械、环境、场地、气候等要素的干扰。

在有干扰的条件下测评技术稳定性更为有效，比赛中因情绪波动、疲劳加深、对手和外界条件改变时，保持技术动作的稳定性更为重要，可通过技术动作效果下降的程度来评定。

3.技术的全面性

技术的全面性是指学生或运动员所掌握运动项目各种运动技术动作的多样性程度。技术的全面性可分为训练技术全面性和比赛技术全面性，分别指训练或比赛中掌握和运用技术动作的多样性程度。一般情况下训练技术全面性要高于比赛技术的全面性，因为比赛中运动员采用的技术动作必须是有针对性和代表性的。在许多运动项目中，学生或运动员在训练过程中所掌握的技术动作的种类越多，技术越全面，其比赛的成绩也就越好。

（二）技术容量的测量

运动技术容量是指学生或运动员在训练和比赛中所完成技术动作的总量。训练技术量通常高于比赛技术量，训练的技术量能证明运动员的潜在能力，而比赛技术量与训练的技术量之比，则表明这类潜力的发挥程度。在周期性的运动项目中，其比赛的技术容量就是一个多次重复的动作，而在非周期项目中（尤其是在表现性和对抗性项目中），则包含很多不同的技术动作。

技术容量对评价不同项目运动员技术水平的信息价值不同，如非周期性比周期性运动项目技术容量指标价值高，非周期性运动项目中，技巧性、对抗性强的项目，其技术容量的评价价值就高。也就是说，这类项群运动员的技术容量越多，在一定程度上运动员的技术水平越高。当然，这些技术应符合上述技术质量测量的要求。

（三）技术效果的测量

技术效果是指个人动作技术与这一技术最佳方案的接近程度。凡能保证达到最高成绩的动作技术，一般认为具有最大效果。但由于成绩取决于多种因素，所以把运动成绩作为评价技术效果的标准是有局限性的，而更多的是采用与某些具体的标准进行比较，如生物力学标准、优秀运动员的技术动作等。

技术效果可分为理论效果和实际效果两种。技术的理论效果是指该技术的理论体系与生物力学、生理学、心理学、美学和竞赛特点等诸多因素要求的接近程度，越接近则其理论效果越好。技术的实际效果是指该技术动作在比赛中所达到的效果与理论上应达到的效果的接近程度，两者越接近，则其实际效果越好。

第二节 部分运动项目技术测量与评价方法示例

一、篮 球

1. 三点移动

测量受试者三点区间快速移动的能力。使用秒表测量移动的时间，每个圆圈的直径为 0.5 米，每两个圆圈的圆心间的距离为 5 米。场地布置如图 8-2 所示。

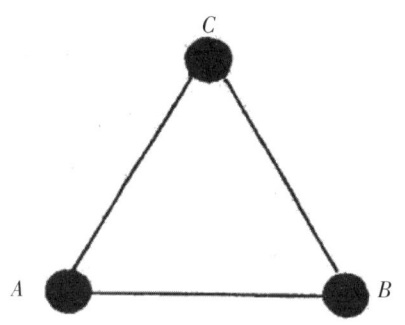

图 8-2 三点移动测验

受试者左脚站于 A 区圆圈内。听到开始信号后向右做横向滑步，右脚触 B 区，左脚向前滑步（进攻步），左脚滑步触 C 区，改做后撤步，再向 A 区滑步移动。循环往复做 10 次。最后一次触 A 区时停表。测验 3 次，记录最佳一次为测验成绩。评价标准如表 8-1 所示。

表 8-1 三点移动测验评价标准（单位：秒）

男	女	评价等级
34.5 以下	36.5 以下	优
34.6～35.5	36.6～37.5	良
35.6～36.5	37.6～38.5	中
36.6～37.5	38.6～39.5	下
37.6 以上	39.6 以上	差

注意事项：受试者在三点之间必须按规定步法移动；每移动到一点，脚若未分别触及 A、B、C 三点圆圈内，每次扣 1 秒。

2. 移动技术综合测量

测验受试者综合移动技术的能力。使用秒表测量移动时间，场地布置如图 8-3 所示。

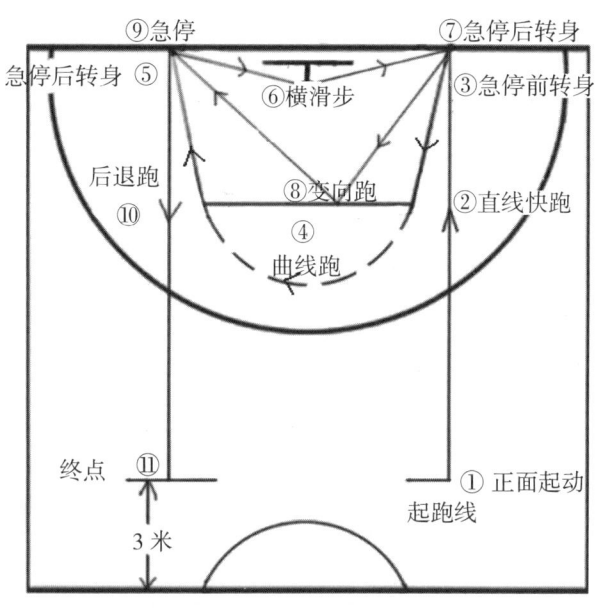

图 8-3 综合移动技术测验

受试者站立于起跑线处，听到开始信号后，即依图 8-3 所示路线做各种移动技术动作，当受试者以后退跑至终点时停表。测验 3 次，记录最佳一次为成绩（秒）。评价标准如表 8-2 所示。

表 8-2 综合移动测验评价标准（体育专业，单位：秒）

男	女	评价等级
15.5 以下	17.5 以下	优
15.6～17.5	17.6～18.5	良
17.6～19.5	18.6～20.5	中
19.6～21.4	20.6～22.4	下
21.5 以上	22.5 以上	差

注意事项：①受试者必须按路线中所规定的移动技术跑完全程。②受试者在测试过程中若移动技术出错或跑错路线，均不记录成绩。

3. 运球绕杆

测量受试者运球穿越障碍的能力。场地布置如图 8-4 所示，在平坦地面上画一条

20 米长的直线，起始线距第一标志杆 4 米，每根标志杆之间的距离为 2 米，使用秒表测量运球绕杆时间。

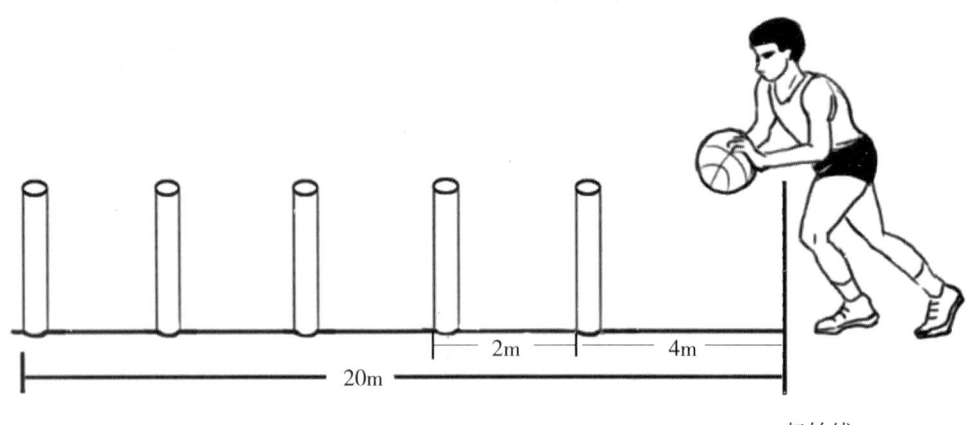

图 8-4　运球绕杆测验

受试者持球站立于起始线后，听到开始信号后即开始运球，从右边运球绕过第一根标志杆，然后从左绕过第二根标志杆，按此方法右左交替运球绕过其余的标志杆，直至运球返回起始线。测验 3 次，取最佳一次为成绩（秒）。评价标准如表 8-3 所示。

表 8-3　运球绕杆测验评价标准（单位：秒）

男	女	评价等级
13.5 以下	15.5 以下	优
13.6～14.5	15.6～16.5	良
14.6～16.5	16.6～18.5	中
16.6～18.4	18.6～20.4	下
18.5 以上	20.5 以上	差

注意事项：①运球动作必须符合规则要求。②绕标志杆时至少运球一次。③若运球违例或将标志杆碰倒均不记成绩。

4. 左、右手控制运球

测量受试者移动运球中控制球的能力。场地布置如图 8-5 所示。使用秒表测量运球时间。

受试者持球站于开始线后，听到开始信号后，运球至 B 点，然后沿规定运球路线依次运球至结束线。记录完成全程运球的时间，左右手各测验 3 次。以按正确运球路线完成的时间为测验成绩（秒）。取左右手运球测验最佳值之和。评价标准如表 8-4 所示。

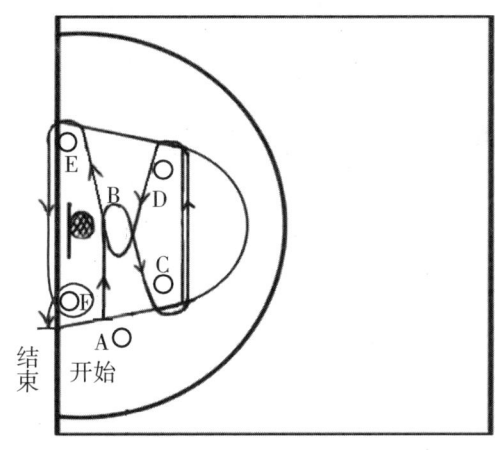
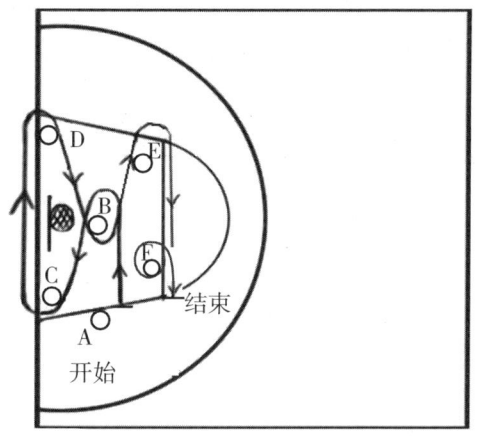

(a) 右手控制运球　　　　　　　　(b) 左手控制运球

图 8-5　控制运球测验（"○"为障碍物）

表 8-4　控制运球测验评价标准（单位：秒）

男	女	评价等级
27 以下	33 以下	优
28～30	34～36	良
31～35	37～40	中
36～39	41～44	下
40 以上	45 以上	差

5．双手胸前传、接球

测量受试者双手胸前传、接球的准确性。场地布置如图 8-6 所示。

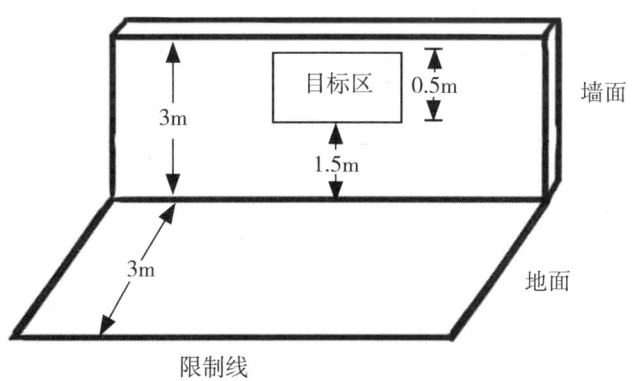

图 8-6　双手胸前传、接球测验

受试者持球站于限制线外，面对传球目标区。听到开始信号后，将球传向目标区，待球从目标区弹回地面接反弹球后再将球传向目标区。按此方法持续做传、接球动作，每传球击中目标记 1 分。时间 30 秒。测验 2~3 次。记录传球击中目标的次数，取最佳成绩。评价标准如表 8-5 所示。

表 8-5 双手胸前传、接球测验评价标准（单位：分）

男	评价等级	女
20 以上	优	16 以上
17~19	良	13~15
13~16	中	9~12
10~12	下	6~8
9 以下	差	5 以下

注意事项：①受试者传球时双脚均不得踩限制线。②在限制线内接反弹球后，必须运球到限制线外再做传球动作，否则无效。

6. 单手肩上传球

测量受试者单手肩上传球的准确性。场地布置如图 8-7 所示。

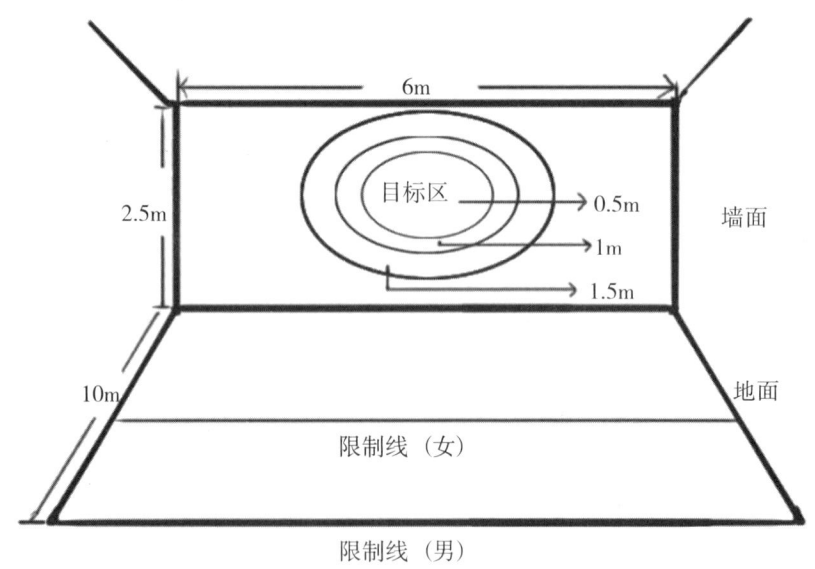

图 8-7 单手肩上传球测验

受试者持球面对目标区站于限制线外，用单手肩上传球动作将球传向目标区 3 个不同直径的圆圈内。传球击中内圈得 3 分、中圈得 2 分、外圈得 1 分。每次测验传球 10 次，测验 3 次。记录 3 次测验中得分最佳的一次为成绩（分）。评价标准如表 8-6 所示。

注意事项：①所有传球动作必须标准、规范。②必须在限制线外传球。③传球触击环线记录其高分环的成绩。④脚踩限制线传球或在限制线以内传球均不记成绩。

表 8-6　单手肩上传球测验（单位：分）

男	女	评价等级
22 以上	18 以上	优
19～21	15～17	良
15～18	11～14	中
12～14	8～10	下
11 以下	7 以下	差

7. 移动传球

测量受试者移动传球的准确性。平坦墙面（宽 7 米，高 2.5 米），场地布置如图 8-8 所示。

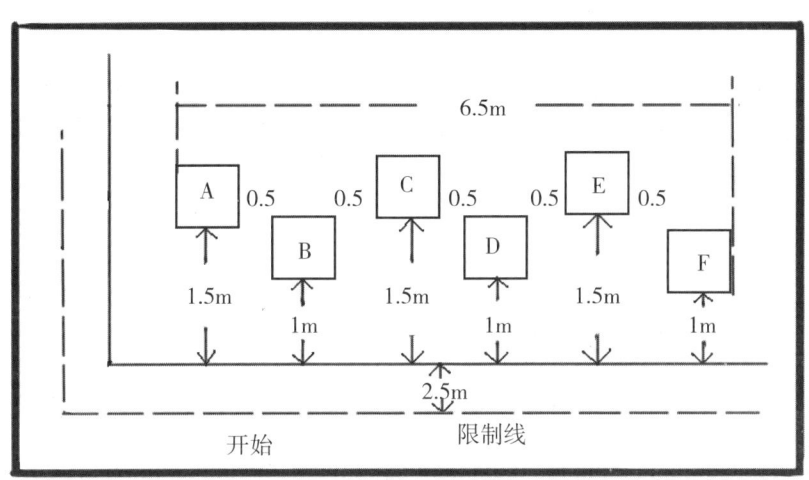

图 8-8　移动传球测验

受试者持球站于限制线（离墙根 2.5 米）外的左端，面对目标区 A。听到开始信号后，即向目标 A 点传球，接反弹球后，依次向 B、C、D、E、F 目标区传接球。在 F 区接反弹球后，再从 E 点依次传球返回至 A 点。以此程序持续传球 30 秒。每传中目标一次得 1 分。测验两次，取最佳成绩（分）。评价标准如表 8-7 所示。

表 8-7　移动传球测验评价标准（单位：分）

男	女	评价等级
45 以上	40 以上	优
42～44	37～39	良
37～41	32～36	中
34～36	29～31	下
33 以下	28 以下	差

8. 1分钟投篮（男子跳投、女子原地投）

测量受试者投篮的准确性。场地为篮球场（以篮圈中心垂直点为圆心，取 4.22 米半径画一条弧线为限制线）。受试者持球站于限制线外的任何一点，听到开始信号后，连续投篮 1 分钟并记录投中的次数。测验 3 次，取最佳成绩。评价标准如表 8-8 所示。

表 8-8　1 分钟投篮测验评价标准（体育专业，单位：次）

男	女	评价等级
9 以上	8 以上	优
7~8	6~7	良
5~6	4~5	中
3~4	2~3	下
3 以下	2 以下	差

注意事项：①男生用跳起单手肩上投篮，女生用原地单手肩上投篮。②每次投篮后自己抢篮板球，并运球到限制线外继续投篮。③脚踩线、运球违例，均不记成绩。但球离手后脚可以触线。

9. 半场运球上篮

测量受试者运球上篮的快速性和准确性。场地为篮球场。

受试者持球站于中圈，听到开始信号后，用右手运球上篮，投中后再运球至中圈，急停转身用左手运球上篮。往返 4 次投中 4 个球为止。最后一球入篮即停表，记录完成测验的时间。测验 3 次，取最佳成绩（秒）。评价标准如表 8-9 所示。

表 8-9　半场运球上篮测验（体育专业，单位：秒）

男	女	评价等级
27.3 以下	29.5 以下	优
27.4~28.5	29.6~30.4	良
28.6~30.5	30.5~32.5	中
30.6~31.5	32.6~33.4	下
31.6 以上	33.5 以上	差

注意事项：①若上篮不中，可以用任何一手补篮，直至补中为止。②运球违例或脚未触及中圈区域内，均不记录成绩。

10. 5 点移动投篮

测量受试者在 5 个点上快速移动投篮的能力。篮球场地标志如图 8-9 所示。将 5 个标志物分别放置在 A、B、C、D、E 5 个点上。标志线距离篮板 3 米，适合于中学女生；3.5 米，适合于中学男生；4.5 米，适合于大学男女生。

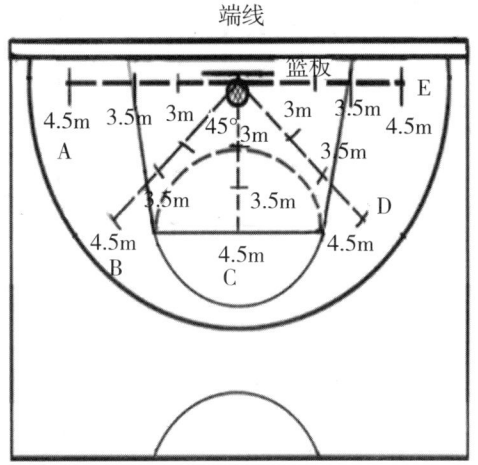

图 8-9　5 点移动投篮测验

受试者站于适合自己的年龄组的标志线后。听到开始信号后，从 A 点开始投篮，然后依次移动到 B、C、D、E 点上投篮。测验两次，每次 30 秒。投中一次记 2 分，两次得分的总和为测验成绩。评价标准如表 8-10 所示。

表 8-10　5 点移动投篮测验评价标准（体育专业，单位：分）

男	女	评价等级
30 以上	26 以上	优
26～28	22～24	良
18～24	16～20	中
14～16	10～14	下
12 以下	8 以下	差

注意事项：①男生用跳起单手肩上投篮，女生用原地单手肩上投篮。②每次投篮后自己抢篮板球，并运球到标志线外继续投篮。③运球违例或未到标志线处的投篮均无效。

11. 篮球成套技术测验

测量受试者成套技术运用的能力。篮球场地布置如图 8-10 所示。

受试者持球站于端线处。听到开始信号后，运球至限制线并将球传给站在中圈内的同伴，然后，做侧身跑至另一半场的限制线再接同伴的传球，运球上篮。自抢篮板球后从端线运球至限制线再将球传给站在中圈内的同伴，侧身跑至原半场的限制线接同伴传球，运球 1～2 次，急停跳起单手肩上投篮。往返两次，最后一次投篮可补投。测验 2～3 次，取最佳值为测验成绩（秒）。评价标准如表 8-11 所示。

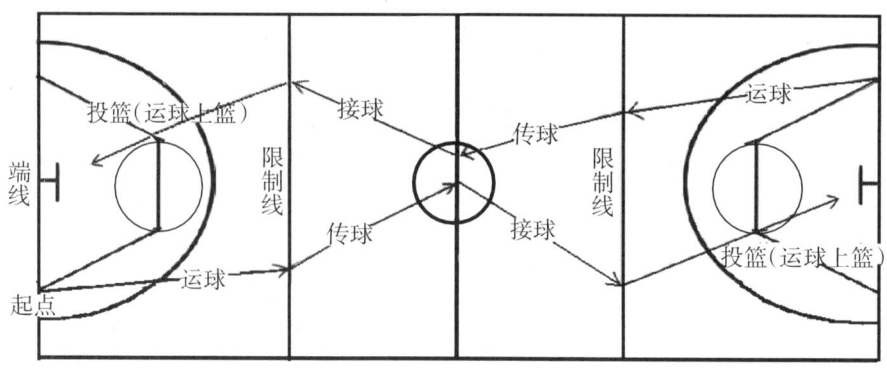

图 8-10 篮球技术成套测验

表 8-11 篮球成套技术测验评价标准（体育专业，单位：秒）

男	女	评价等级
35.5 以下	40 以下	优
35.6~37.4	40.1~42.4	良
37.5~41.5	42.5~47.4	中
41.6~45.4	47.5~50.4	下
45.5 以上	50.5 以上	差

注意事项：①前 3 次运球上篮（或跳投）不得补投，最后一次上篮（或跳投）可补篮补中为止。②运球、传（接）球、上篮（或跳投）违例，均不记成绩。

二、排　球

1. 对墙传球

测量受试者传球的准确性。平整墙面（高 3 米、宽 5 米），场地布置如图 8-11。

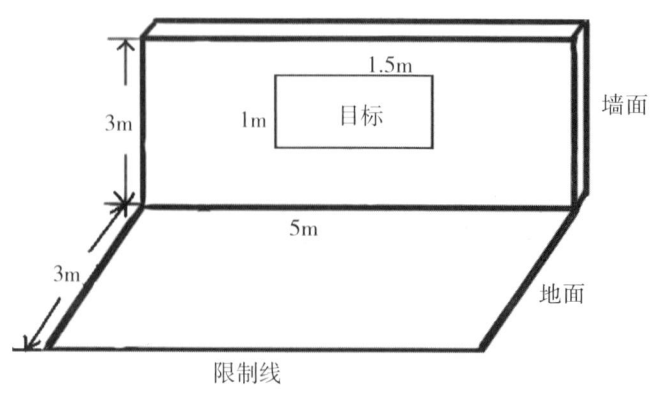

图 8-11 对墙传球测验

受试者持球面对目标区在限制线外站立。施令开始向目标区做传球。时间 1 分钟，受试者在 1 分钟内尽可能多地将球传中目标。测验 3 次，取最佳成绩（次）。评价标准如表 8-12 所示。

表 8-12　排球对墙传球评价标准（单位：次）

男	女	评价等级
45 以上	40 以上	优
42～44	37～39	良
38～41	33～36	中
35～37	30～32	下
34 以下	29 以下	差

2. 定向传球

测量受试者定向传球的准确性。场地布置如图 8-12 所示。

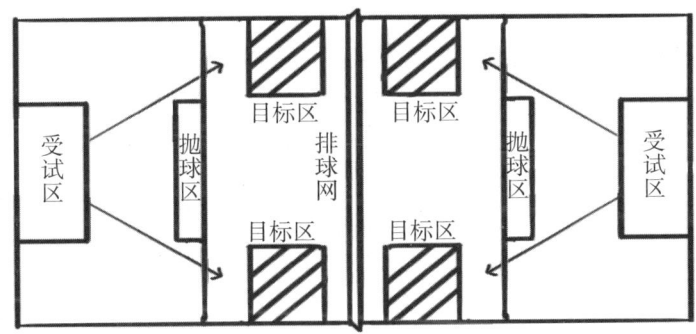

图 8-12　定向传球测验

受试者站于受试区内，抛球者由抛球区将球抛向受试者（抛出的球高度为 2～2.5 米），受试者将球传向目标区。左右两侧各传球 10 次，每传中一次得 1 分，共 20 分。测验 3 次，取最佳成绩（分）。评价标准如表 8-13 所示。

表 8-13　定向传球测验评价标准（单位：分）

男	女	评价等级
15 以上	12 以上	优
12～14	9～11	良
8～11	6～8	中
5～7	4～5	下
4 以下	3 以下	差

3. 垫球

测量受试者控制垫球的能力。场地布置如图8-13所示。

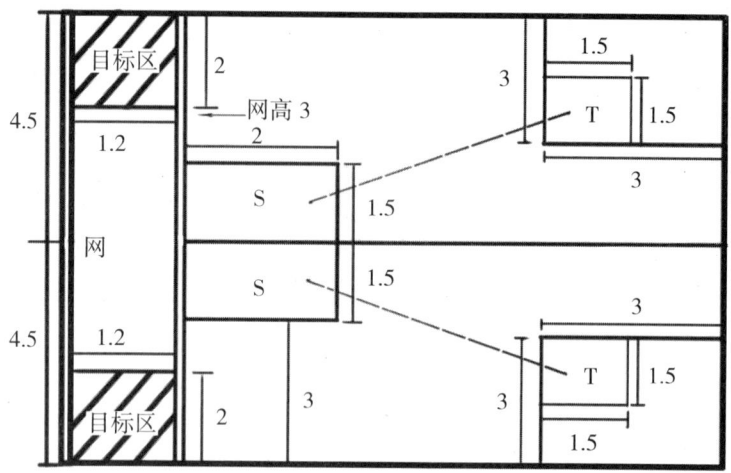

图8-13 排球垫球测验（单位：米）

传球者在"S"场区抛一高球给站于"T"场区的受试者，受试者将球垫过网（或限制绳），使垫出的球落入目标区内。同时测两人，各垫20个球，凡落入目标区的垫球得1分，共20分。测量两次，取最佳成绩（分）。评价标准如表8-14所示。

表8-14 排球垫球测验评价标准（单位：分）

男	女	评价等级
17以上	15以上	优
15~16	13~14	良
11~14	10~12	中
8~10	7~9	下
7以下	6以下	差

注意事项：①传球者若未能将球传到"T"区，可重新传球。②垫球若触网（或绳）或垫球违例均不记成绩。

4. 发球

测量受试者发球的准确性。场地布置如图8-14所示。

受试者站于发球线外发球。男生用上手或勾手发球，女生用下手、上手或勾手发球。要求按规则将球发到对方场地不同的分值区。连续发球10次，满分为40分。发球违例不计分值。取最佳值为测量成绩（分）。评价标准如表8-15所示。

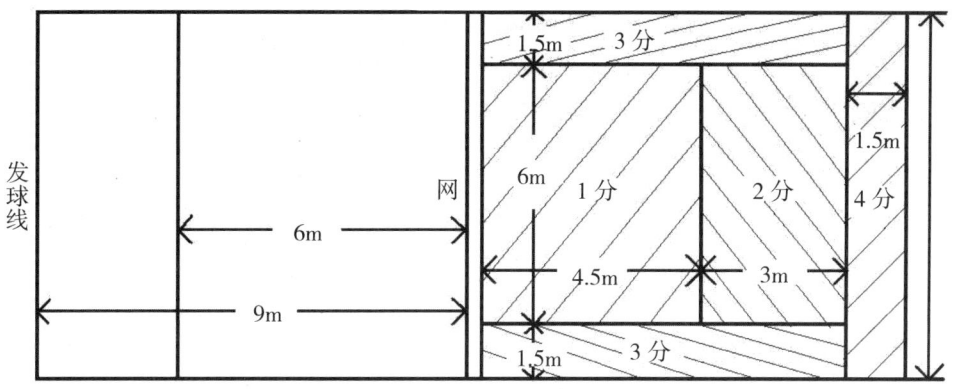

图 8-14 发球测验

表 8-15 发球测验评价标准（单位：分）

男	女	评价等级
35 以上	33 以上	优
32~34	30~32	良
27~31	26~29	中
24~26	23~25	下
23 以下	22 以下	差

5. 正面扣球

测量受试者正面扣球的能力。场地布置如图 8-15 所示。

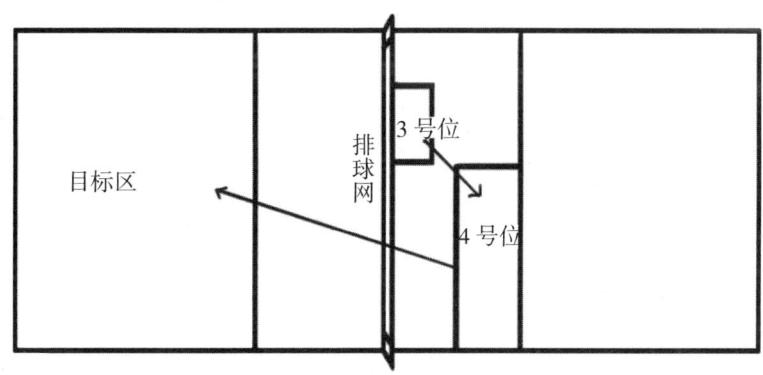

图 8-15 排球扣球测验

受试者站于 4 号位，测试者从 3 号位供球给受试者，受试者从 4 号位将球扣过网（网高：男 2.30 米，女 2.10 米）。连续扣球 10 次。每次成功的扣球得 10 分，满分为 100 分。符合动作规格的扣球次数为测验成绩（分）。评价标准如表 8-16 所示。

表 8-16　正面扣球测验评价标准（单位：分）

评价等级	成绩（分）
优	90 以上
良	80～89
中	70～79
下	60～69
差	59 以下

注意事项：①按规则要求将球扣到对方场区。②扣球要有一定速度和力量。③扣球动作要规范、正确。若扣球违例则不计其分数。

6. 海尔曼（Helmen）排球成套测验

测量受试者的排球综合技术。测验场地为 4.5 米×4.5 米的正方形。在场地的一端有一堵至少高 3.5 米、宽 4.5 米的墙。传球和垫球测验的限制区域一样，其边线的长和宽都是 4.5 米。对墙扣球测验的限制线离墙 4 米，限制区域的边线和扣球限制线要用不同的颜色加以标明。在进行传球和垫球测验时，还需要在墙上距地面 3.5 米处画一条与墙底基准线平行的标志线（这条标志线与对墙扣球测验没有关系）。场地标志如图 8-16、图 8-17 所示。

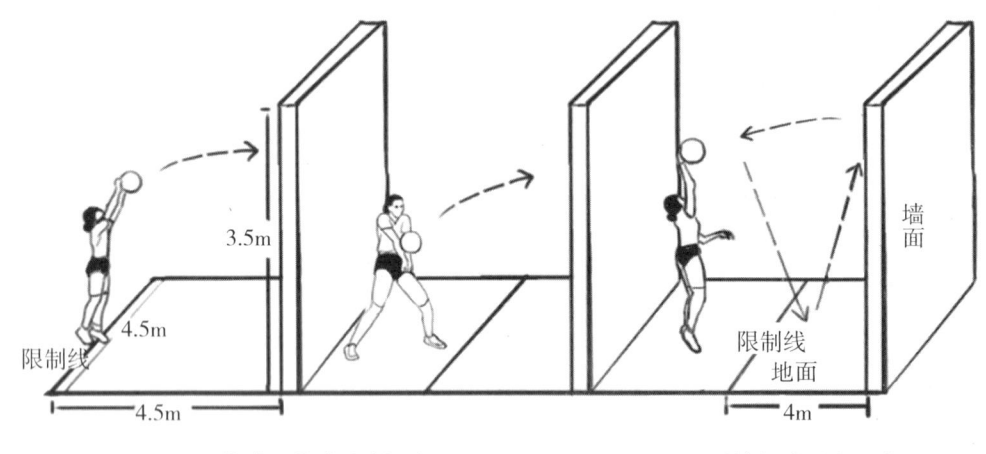

图 8-16　传球、垫球测验场地　　图 8-17　对墙扣球测验场地

（1）传球。测量受试者以双手的手指为击球点，进行二传、传球和控制球能力的测验。

测试开始时，受试者把球向上抛出，然后以双手手指为击球点，在头的上方传球。传球时，用手指尖控制球，两臂尽量向前伸展。传起的球只有达到或超过 3.5 米的高度，并且至少有一只脚保持在限制线外才能给予记分。若控球失败，受试者须重新开始传球，并从"0"开始累计传球次数。球落地、持球、用一只手垫球或用手掌低手击球等，都判定为控球失败。如果受试者让球在手上出现明显的停留，第一次警告，第二次即判控球失败。如果球未击到墙上、或低于 3.5 米的高度、或传球时双脚都跨进了限制线内，均不予记分。但不必重新从"0"开始计数，待改正后，可继续计数。测验两次，每次测验为 30 秒钟。记录每次测验中符合规则连续传球的最高次数，最后成绩为两次测验得分的总和。

注意事项：①墙上 3.5 米的高度线，仅是测试者用来判断受试者传球垂直高度的。②两次测验之间可安排适当的时间间隔。

(2) 垫球。测量受试者用垫球方式控制球的能力。测量方法与传球测验相同，只是做垫球。评价方法同传球测验。

注意事项：①受试者在测验中按照正确的动作要领进行垫球，即双手重叠并握，用前臂接、垫球；②球落地、持球、只用一只手垫球或用手掌低手击球、双手头上传球，都算控制球失败。

(3) 对墙扣球。测量受试者对墙扣球时控制球、击球力量和准确性。

测验开始时，受试者先将球向上抛出，然后由下向上抡臂将球向地面上扣击。球的运动路线是，先被扣击在地面上，然后弹到墙上，再直接反弹给受试者。每次只要球被反弹回来，受试者就按照扣球的动作要领将球扣回地面，使其重复前一次的运动路线。如果球从墙上弹回直接落地，则判控球失败，需按上面的程序重新开始，但扣球的计数可在原计数的基础上累计。测验 3 次，每次测验 20 秒。记录 3 次测验中符合规则的扣球次数，最后分数为 3 次扣球测验次数的总和。排球综合测验评价标准如表 8-17 所示。

表 8-17 排球综合测验评价标准（体育专业、女）

项目 等级	传球（分）	垫球（分）	对墙扣球（分）
优	45 以上	37 以上	31 以上
良	40～44	33～36	27～30
中	35～39	25～32	20～26
下	30～34	20～24	15～19
差	29 以下	19 以下	14 以下

三、足 球

1. 颠球

测量受试者颠球的能力。受试者用正脚背连续颠球，球若落地为测验一次，共测 3 次，记录最多的一次为成绩。评价标准如表 8-18 所示。

表 8-18　足球颠球测验评价标准（体育专业，单位：次）

评价等级	成绩（次）
优	25 以上
良	20～24
中	12～19
下	8～11
差	7 以下

2. 目标定向踢球

测量受试者踢球的准确性。平坦墙面，场地布置如图 8-18 所示。

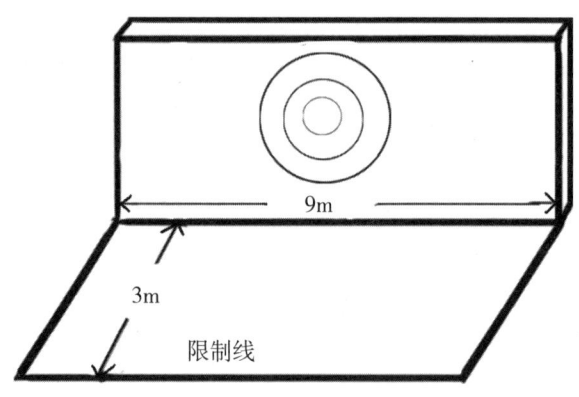

图 8-18　目标定向踢球

受试者将足球置于限制线上，用正脚背向目标踢球，以球的落点计成绩。每次连续踢 10 球，命中内圈得 3 分，中圈得 2 分，外圈得 1 分。测验 3 次，以 3 次测验的累计得分为成绩。评价标准如表 8-19 所示。

表 8-19　目标定向踢球测验评价标准（单位：分）

评价等级	成绩（分）
优	22 以上
良	18～21
中	13～17
下	9～12
差	8 以下

3. 运球绕杆

测量受试者运球绕杆的能力。场地布置如图 8-19 所示。

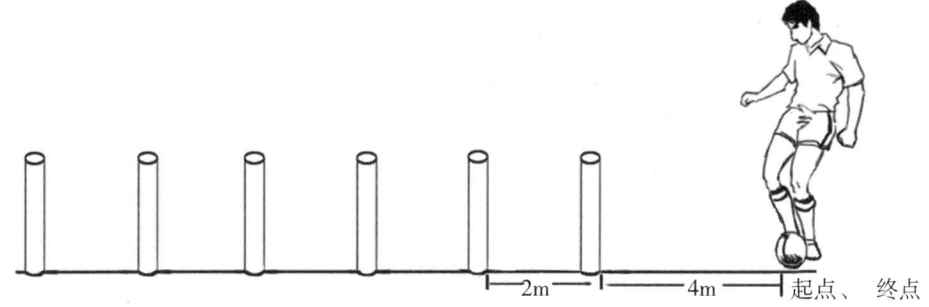

图 8-19　足球运球绕杆测验

受试者从起点开始运球，脚触球计时。运球呈"8"字形绕过 6 根标志杆，然后返回至终点，计时停止。要求：绕杆时若身体碰杆或漏杆都不记成绩。测验 3 次，取最佳成绩（秒）。评价标准如表 8-20 所示。

表 8-20　绕杆运球测验评价标准（单位：秒）

评价等级	成绩（秒）
优	15 以下
良	16～18
中	19～22
下	23～25
差	26 以上

4. 莫尔–克里斯琴（Mer–Christian）足球综合技术测验

（1）带球。平坦地面，场地布置如图 8-20 所示。将足球放于起始线上，受试者听到开始信号后，即刻带球沿环形路线绕过每个标志物，直至回到起始线。共测验 3 次，第一次做顺时针方向带球，第二次做逆时针方向带球，第三次自选带球方向。尽可能在最短的时间内完成测验。以 3 次测试中最好的两次得分作为测验成绩（秒）。

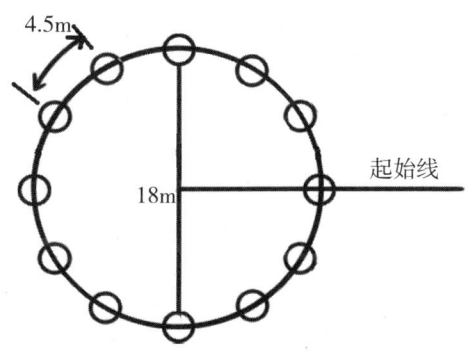

图 8-20　足球带球测验

(2) 传球。用两个锥形物（高 0.5 米）做门柱（图 8-21），用一根绳子（长 1 米）连接两门柱的顶端形成球门的横木，以此组成一个宽 1 米、高 0.5 米的小球门。再由球门线的中点引出 3 条放射线（各长 14 米），它们与球门的角度分别为 45°、90°、135°，在每条放射线的远端点分别放上一个锥形标志物。受试者用优势脚分别从放射线远端的锥形物处把定位球传进小球门。每个角度传 4 次，共 12 次。球进球门得 1 分。测验两次，取最佳成绩（分）。

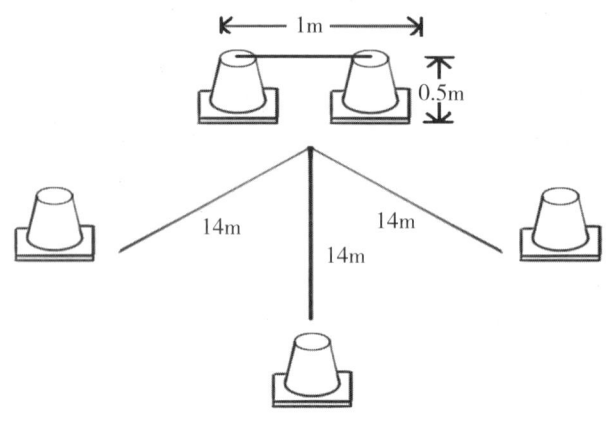

图 8-21　足球传球测验

(3) 射门。在球门横木上距两边门柱 1.2 米处各悬挂一根绳子，划分成两个得分区域。每个得分区域由两个直径为 1.2 米的圆环构成射门目标。在距目标区域 16 米处画一条平行于目标的直线（图 8-22）。受试者在距目标区 16 米处用优势脚对定位球进行射门。每个圆环射门 4 次，共射门 16 次。瞄准哪个圆环并且射中，得 10 分。若瞄准这个圆环而射中另外一个圆环时，只能得 4 分。球滚动或弹跳通过目标区域时，记为 0 分。取 16 次测试的总分为测验成绩。

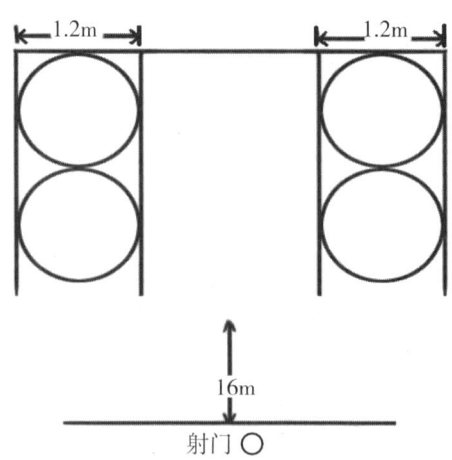

图 8-22　足球射门测验

四、乒乓球

1. 反手平挡球

测量受试者反手平挡球的能力。以对方球台左右两角为圆心，分别以 20 厘米、30 厘米、40 厘米、50 厘米为半径画 4 条弧线，弧线区域的分值为 5 分、4 分、3 分、2 分、1 分（图 8-23）。

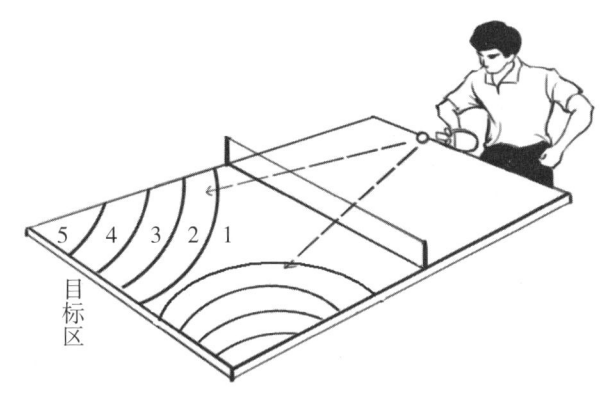

图 8-23 乒乓球反手平挡球测验

测试者站于目标区一侧给受试者送球。当来球跳至上升期时，受试者前臂和手腕稍向前迎击，拍面接近垂直时击球中部，并将球平挡到弧线区域最佳分值区内。球触弧线，计其高分分值。测验两次，每次连续平挡 20 次球，取最佳成绩（分）。评价标准如表 8-21 所示。

表 8-21 乒乓球反手平挡测验评价标准（单位：分）

男	女	评价等级
80 以上	80 以上	优
75~79	75~79	良
68~74	65~74	中
60~67	55~64	下
59 以下	54 以下	差

2. 正手挡球

测量受试者正手挡球的准确性。球台布置同图 8-23。

测试者站于目标区一侧给受试者送球。当来球跳至上升期时，受试者前臂和手腕稍向前迎击，拍面接近垂直时击球中部，并将球平挡到弧线区域最佳分值区内。球触弧线，计其高分分值。测验两次，每次连续平挡 20 次球，取最佳成绩（分）。评价标准如表 8-22 所示。

表 8-22　乒乓球正手挡球测验评价标准（单位：分）

男	女	评价等级
85 以上	80 以上	优
80～84	75～79	良
70～79	65～74	中
65～69	60～64	下
64 以下	59 以下	差

3. 正手快攻

测量受试者正手快攻的能力。在对方乒乓球台上画 3 条限制线，标明分值区域（图 8-24）。

图 8-24　正手快攻测验

受试者以准备姿势站于球台一侧，测试者站于分值区一侧为受试者送球。当来球跳至高点时，受试者按正确动作要领快点击球于最佳分值区内。连续击球 20 次。共测验两次，取最佳成绩（分）。评价标准如表 8-23 所示。

表 8-23　正手快攻测验评价标准（单位：分）

男	女	评价等级
80 以上	80 以上	优
77～79	75～79	良
70～76	65～74	中
65～69	60～64	下
64 以下	59 以下	差

4. 正手中台攻球

测量受试者正手中台攻球的能力。在两边球台右角各画一个50厘米见方的目标区（图8-25）。

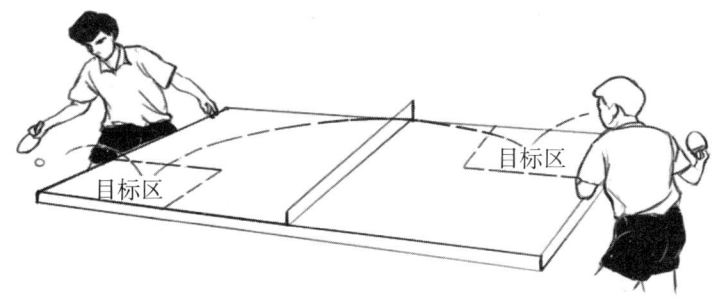

图 8-25　正手中台攻球测验

两名受试者，各站于球台目标区一侧，用正手在中台连续对攻。要求：攻球落点必须在对方目标区内才算成功。测验时间为30秒。测验两次，以双方攻球最多的一次为测验成绩（次）。评价标准如表8-24所示。

表 8-24　正手中台攻球测验评价标准（单位：次）

男	女	评价等级
50 以上	45 以上	优
45～49	40～44	良
35～44	30～39	中
30～34	25～29	下
29 以下	24 以下	差

5. 正手扣球

测量受试者正手扣球的准确性。在球台另侧左右角各画50厘米见方的目标区（图8-26）。

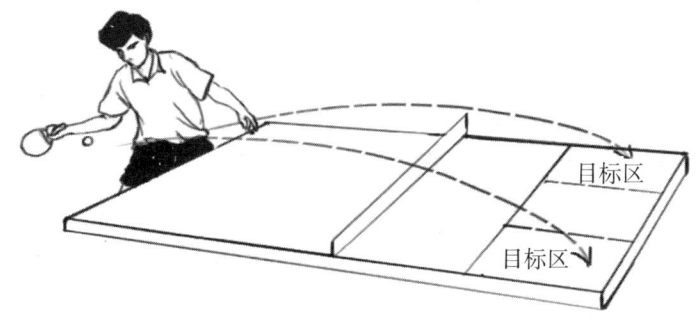

图 8-26　正手扣球测验

受试者站于目标区对侧,测试者在目标区一侧为受试者送球。当来球跳至高点时,受试者用正手将球扣至目标区内,按左右顺序依次进行。左右目标区各扣球 20 次,共测验两次。若扣球顺序出现错误,则不计入成功次数。以两次测试中扣球成功次数最多的一次为测验成绩(次)。评价标准如表 8-25 所示。

表 8-25 正手扣球测验评价标准(单位:次)

男	女	评价等级
35 以上	30 以上	优
30~34	25~29	良
20~29	15~24	中
15~19	10~14	下
14 以下	9 以下	差

6. 反手扣球

测量受试者反手扣球的准确性。球台布置同图 8-26。

受试者站于目标区对侧,测试者在目标区一侧为受试者送球。当来球跳至高点时,受试者用反手将球扣在目标区内。按左右顺序依次进行。其他同正手扣球。评价标准如表 8-26 所示。

表 8-26 反手扣球测验标准(单位:次)

男	女	评价等级
30 以上	25 以上	优
25~29	20~24	良
15~24	10~19	中
10~14	6~9	下
9 以下	5 以下	差

7. 弧圈球

测量受试者接击弧圈球的能力。球台布置同图 8-26。

受试者站于目标区对方球台处,测试者拉弧圈球。当来球跳至下降前期时,受试者提踵,前脚掌蹬地,腰、髋向左上方转动带动上臂和前臂,同时右手直拍者手腕做伸的动作,横拍者手腕外展,加速向左前上方发力,拍面稍前倾,击球中部偏上,接弧圈球于目标区内。按左右目标区依次回击球。每区各击弧圈球 10 次。共测验 2 次,取最佳成绩(次)。评价标准如表 8-27 所示。

表 8-27　弧圈球测验评价标准（单位：次）

男	女	评价等级
15 以上	13 以上	优
12～14	10～12	良
8～11	6～9	中
5～7	4～5	下
4 以下	3 以下	差

8. 反手搓球

测量受试者反手搓球的能力。在距球网上沿 20 厘米处拉一条细绳，以标志搓球的限制区（图 8-27）。

图 8-27　反手搓球测验

受试者站于球台前，测试者用攻球手法将球连续供给受试者，受试者用反手搓球技术将球从网与绳之间穿过。未穿不计。测验 2 次，每次搓球 20 次，取最佳成绩（次）。评价标准如表 8-28 所示。

表 8-28　反手搓球测验评价标准（单位：次）

男	女	评价等级
15 以上	13 以上	优
12～14	10～12	良
8～11	6～9	中
5～7	3～5	下
4 以下	2 以下	差

五、网　球

1. 对墙连续抽击球

测量受试者连续抽击的能力。平坦墙面，场地布置如图 8-28 所示。

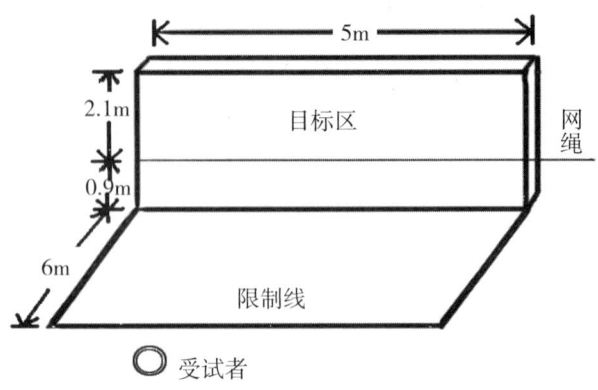

图 8-28 对墙连续抽击球测验

受试者站于限制线后以低手发球开始,将球击向目标区,待球从墙面弹回触地弹起时,再将球击向目标区。在连续抽击过程中,受试者只能抽击从目标区弹回到空中尚未落地或落地一次反弹起来的球。若球在地上连续弹跳两次以上即为失误,不得再抽击球。测验 3 次,取最佳成绩(次)。评价标准如表 8-29 所示。

表 8-29 对墙连续抽击球测验评价标准(单位:次)

男	女	评价等级
45 以上	37 以上	优
40～44	32～36	良
30～39	25～31	中
25～29	20～24	下
24 以下	19 以下	差

2. 发球

测量受试者发球的准确性。标准网球场地,布置如图 8-29 所示。

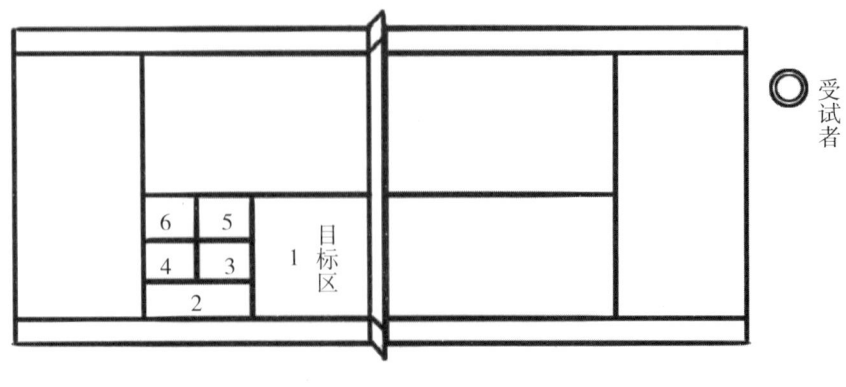

图 8-29 发球测验

受试者站于目标区对侧发球区，以正确发球技术要领发 10 次球。球的落点必须在目标区的分值区内算发球成功。测验 3 次，取最佳成绩（分）。评价标准如表 8-30 所示。

表 8-30　发球测验评价标准（体育专业，单位：分）

男	女	评价等级
35 以上	30 以上	优
30 ~ 34	25 ~ 29	良
20 ~ 29	15 ~ 24	中
15 ~ 19	10 ~ 14	下
14 以下	9 以下	差

3. 正、反手击球

测量受试者正、反手击球的准确性。标准网球场地，布置如图 8-30 所示。

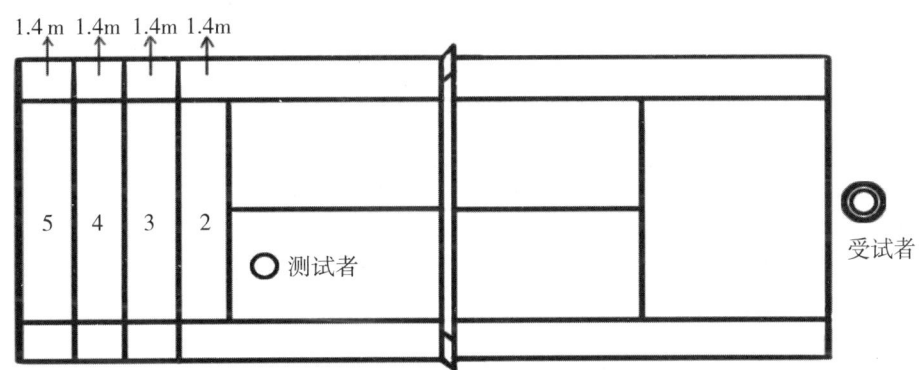

图 8-30　正、反手击球测验

受试者站于端线中点处，测试者位于对方场区发球给受试者正、反手各 10 个球，受试者按来球方向用正、反手击球，落点在相应分值区内计成绩。测验 3 次，取最佳成绩（分）。评价标准如表 8-31 所示。

表 8-31　正、反手击球测验评价标准（单位：分）

男	女	评价等级
40 以上	37 以上	优
35 ~ 39	33 ~ 36	良
25 ~ 34	25 ~ 32	中
20 ~ 24	20 ~ 24	下
19 以下	19 以下	差

4. 扣球

测量受试者扣球的能力。标准网球场地，布置如图 8-31 所示。

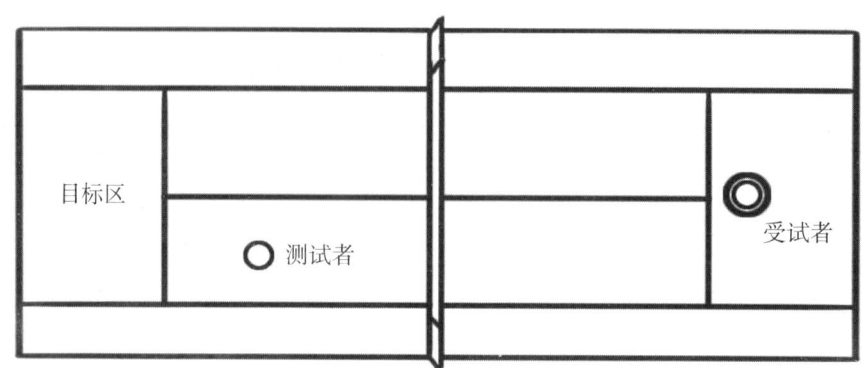

图 8-31 扣球测验

受试者根据测试者给球的位置和高度做好扣球的准备动作。当来球下落至最佳点时，受试者按正确扣球技术要领将球扣杀到对方场区的单打场地内。每次扣球 10 个，成功 1 次得 1 分。测验 3 次，取最佳成绩（分）。评价标准如表 8-32 所示。

表 8-32 扣球测验评价标准（体育专业，单位：分）

男	女	评价等级
10	9	优
8~9	7~8	良
5~7	4~6	中
3~4	2~3	下
1~2	0~1	差

六、游 泳

伯瑞斯（Burris）自由泳速度与划水次数测验

受试者要用最少的划水次数、最快的速度游完 22.86 米（25 码）游程。每一次打水和划臂要最大程度地发挥自己的力量。在深水区，受试者以一只手抓住水槽、两腿直立水中而不接触池壁的姿势准备。听到"开始"的口令后向前游出，但不能用脚蹬池壁。采用浅打水、两臂划水各一次、呼吸一次的配合动作。受试者一触及终点的池壁，测试即行结束。

评价：

（1）速度记分。从"开始"的口令下达起计时，受试者身体的任一部位触及终点处的池壁，立刻停表。计时精确到 0.1 秒。

(2)划水次数记分。两手各划水一次，记为两臂划水一周。在触及终点池壁时，尽管最后一周的划水动作只做了一部分或仅仅开始，也要算作两臂划水一周。从起点出发时，抓住水槽的那只手的第一次划水动作，也应该作为两臂划水第一周的组成部分。在22.86米的游程中，受试者所用的两臂划水的总周次，为其划水次数的最后成绩。

速度和划水次数的原始成绩要分别转换成T分。受试者在整个测验中的最后得分为这两种T分之和。计分方法如表8-33、表8-34所示。

表8-33 男子22.86米自由泳速度—划水测验计分表

项目	计分参照标准	单项计分	综合计分
划水成绩（次）	10 11 12 13 14 15 16 17 18 19 20 21 22 23 24 25 26 27 28 29 30 31 32 33 34 35 36 37 38 39 40 41 42		
划水T分	92 89 85 83 80 77 75 72 70 68 66 64 62 60 58 56 54 52 50 48 46 44 42 40 38 36 34 32 31 30 28 27 25		
速度成绩（秒）	10 11 12 13 14 15 16 17 18 19 20 21 22 23 24 25 26 27 28 29 30 31 32 33 34		
速度T分	90 85 80 75 70 65 61 58 55 52 50 47 45 42 40 38 36 35 33 31 29 28 27 26 25		

（引自全国体育学院教材编写组《体育测量评价》，人民体育出版社，2008）

表8-34 女子22.86米自由泳速度—划水测验计分表

项目	计分参照标准	单项计分	综合计分
划水成绩（次）	14 15 16 17 18 19 20 21 22 23 24 25 26 27 28 29 30 31 32 33 34 35 36 37 38 39 40 41 42 43 44 45 46 47 48		
划水T分	89 85 82 80 78 75 73 71 68 66 64 62 60 57 55 53 51 49 47 45 44 42 41 40 39 37 36 35 34 33 31 30 28 26 25		
速度成绩（秒）	16 17 18 19 20 21 22 23 24 25 26 27 28 29 30 31 32 33 34 35 36 37 38 39 40 41		
速度T分	91 85 80 75 70 66 62 58 55 53 51 49 48 46 44 43 42 40 39 38 36 34 33 31 30 27		

（引自全国体育学院教材编写组《体育测量评价》，人民体育出版社，2008）

表8-33和表8-34中所列的常模应根据本地的情况进行调整。

七、体　操

体操基本能力和基本技术测验

由体操基本能力和基本技术两部分的测验组成。测验项目评分标准及要求如表8-35和表8-36所示。

表8-35　体操基本能力测验项目与评分要求

动作名称	分值	要求
引体向上	10	正握悬垂开始，屈臂拉引，下颌超过杠面，身体伸直，连续做20次为满分
纵劈腿	5	基本下去（下裆距离地10厘米）
横劈腿	5	同上
体前屈	6	两臂伸直，手掌撑地
两臂靠拢上举后伸	4	两臂伸直，超过耳后

（引自全国体育学院教材编写组《体育测量评价》，人民体育出版社，2008）

表8-36　体操基本能力测验项目与评分要求

项目	动作名称	分值	要求
技巧20分	倒立前滚翻	3	经倒立过程，身体伸直，滚动圆滑
	侧手翻	3	身体直，经分腿倒立，方向正
	头手翻	5	推手后稍有腾空，挺身落地
	前手翻	5	推手后有明显腾空，身体较直
	侧手翻向内转体90°	4	动作连贯，不偏，不歪，推手后上体立起
双杠20分	前摆上	4	前摆上后，臀部最低点超过肘关节水平面以上
	后摆上	4	后摆上后，脚超过肩水平以上
	长振屈伸上	5	直角悬垂向前放浪，肩拉开，身体伸直，直臂摆上成支撑臀部过肘
	支撑摆动手倒立	7	直臂摆成倒立，身体较直，肩顶开立稳（2秒以上）
单杠20分	屈伸上（低杠）	5	直臂压上
	支撑后回环（低杠）	4	动作圆滑，身体直，动作结束时腿的位置超过杠下30°
	弧形下（低杠）	5	身体摆正，臀部位置超过杠水平面
	后摆上（高杠）	6	后摆两脚过杠水平面，直臂压上
跳马10分	分腿腾越	10	后摆过肩，推手后有明显腾空，身体伸展

（引自全国体育学院教材编写组《体育测量评价》，人民体育出版社，2008）

成套测验成绩的评价：基本能力占 30%，规定的基本技术动作占 70%，满分 100 分。

注意事项

(1) 在规定动作的评分中，5 分以下的动作，轻微错误扣 0.5 分，显著错误扣 0.5~1 分，严重错误扣 1~1.5 分。6 分以上的动作，轻微错误扣 0.5~1 分，显著错误扣 1~1.5 分，严重错误扣 1.5~2 分。

(2) 受试者做动作时，可以要求保护，但不得助力完成动作。

(3) 为使评分客观，至少要用两名专业教师进行评分。

思考题：

1. 运动技术测量常用的方法有哪些？
2. 运动技术测量是如何分类的？
3. 运动技术测量的内容有哪些？
4. 思考并掌握篮球、排球、足球、乒乓球、网球各项目的基本技术测量与评价的方法。

(方　程)

第九章 运动员选材的测量与评价

运动员选材的核心是把具有从事体育运动先天能力和条件的少年儿童选拔出来，进行专门的运动训练，使其先天能力和条件得到充分的发挥和发展，获得高水平的竞技能力。

随着先进的训练理论、技术和战术知识与训练方法手段在世界范围的推广，使各国的训练条件、方法手段的差异在逐渐缩小，运动员先天能力和条件的重要性越来越突出，因此，运动员选材就显得格外重要。世界上的体育强国无一例外都把运动员科学选材看做是取得优异运动成绩的重要因素。传统的"自然淘汰"和"层层筛选"等经验选材方法，已不能适应当前体育运动发展的需要，做好运动员选材工作，通过严格筛选、重点培养、层层衔接，不仅大大减少了人力、物力、财力的浪费，而且降低了淘汰率，提高了成才率，从而产生了更大的效益。

运动员选材的测量与评价是实现科学选材的重要途径和前提条件，测量与评价是选拔运动员科学的、客观的依据，通过科学合理的测量方法和手段，收集反映运动员先天能力和条件的各方面数据，然后利用成熟的、科学的评价系统对获取的数据进行分析，从而筛选出符合运动项目发展规律、具备运动潜能和条件的运动员苗子。

第一节 运动员选材概述

一、运动员选材的内涵

运动员选材就是依据科学的原理与方法，挑选优秀运动员苗子的过程。科学选材就是要在充分研究和认识儿童少年生长发育规律及遗传学特征基础上，根据不同运动项目的特点和要求，综合运用有关学科的知识，采用调查、测试、评价和预测等科学的方法，把具有发展前途的天才儿童少年选拔出来，进行科学的训练，以取得高水平的运动成绩。在理解运动员选材内涵时，应明确以下几个关系：

（一）优秀运动员苗子与优秀运动员的关系

优秀运动员，是指经过培养已具备较高竞技能力水平的人才；优秀运动员苗子，是指可以进行后天继续培养、可能成才的少年儿童。经过科学选材，有天赋的少年儿童可确定为优秀运动员苗子，而优秀运动员苗子经过科学训练就可能成为优秀运动员。

（二）先天因素与后天因素的关系

从竞技运动的角度看，先天因素是指通过亲代遗传获得的稳定的竞技能力因素。而后天因素包括两方面，一方面是在后天生活效应中获得的竞技能力因素；另一方面是通过专门的运动训练获得的竞技能力。一个优秀的运动员所具备的高水平竞技能力水平，应从上述几方面获得，缺一不可。而先天因素及后天因素中，因生活效应具备的竞技能力水平，主要是通过科学的选材去发现，将优秀的人才选拔出来经过后天专门科学的运动训练，运动员才可能具备高水平的竞技能力。

（三）当前评测与未来预测的关系

当前评测是指运用科学的选材手段对候选人才进行测试评价；未来预测是指运用当前评测的数据预测候选人才经过培养，将来在某一运动项目上能否成才。当前评测只是手段和过程，而未来预测才是运动选材的最终目的，也是选材的核心所在。

（四）选材与选拔的关系

从竞技运动的角度看，选材是针对尚未进行过专门组织的运动训练的人进行的选择，对象主要是少年儿童。选拔是针对已经经过了一定专门运动训练的人，看其是否能进入到更高水平的运动队伍中进行的选择。

（五）运动选材与运动训练的关系

运动选材、运动训练都是一个长期的过程，一名优秀的运动员总是要经过最初的选材和不断的层层选拔，去适应更高水平的训练，运动训练的过程本身就是一个选材、训练、选拔、再训练的过程，直到最高水平竞技能力的出现。

二、运动员选材要素

（一）决定竞技能力的主要因素

竞技能力是运动员有效地参加训练和比赛所具备的本领，是运动员在体能、技能、战术能力、心理、智能等能力在专项运动过程中一种有机的表现。运动员的体能表现在形态、机能和素质 3 方面，形态和机能水平是运动素质的基础条件，良好的形态与机能水平能通过运动素质表现出来，而运动素质主要包含一个人的力量、速度、耐力、柔韧和灵敏 5 个方面的水平。技能是指按一定技术要求完成动作的能力，需要以一定的体能水平为基础。战术能力是指运动员在战术运用方面所表现出来的一种综合能力，需要以一定的技能水平为基础。心理能力是指运动员与训练竞赛有关的个性心理特征，以及依训练竞赛的需要把握和调整心理过程的能力。智能是智力与能力的结合，即保证运动员能有效地认识客观事物和成功地进行实践活动的相对稳定的心理特点的结合体。竞技能力的这 5 个方面缺一不可，运动员选材的过程中对这 5 个因素也要充分考虑，而且要结合不同专项特点、不同阶段，对运动员制定出切实可行的选材和选拔手段与评价指标。

（二）影响运动员选材的主要因素

影响运动员选材的主要因素包括 4 个方面，即选材对象个人因素、各选材（训练）层次的衔接、选材人员能力水平、选材物质条件因素（图 9-1）。

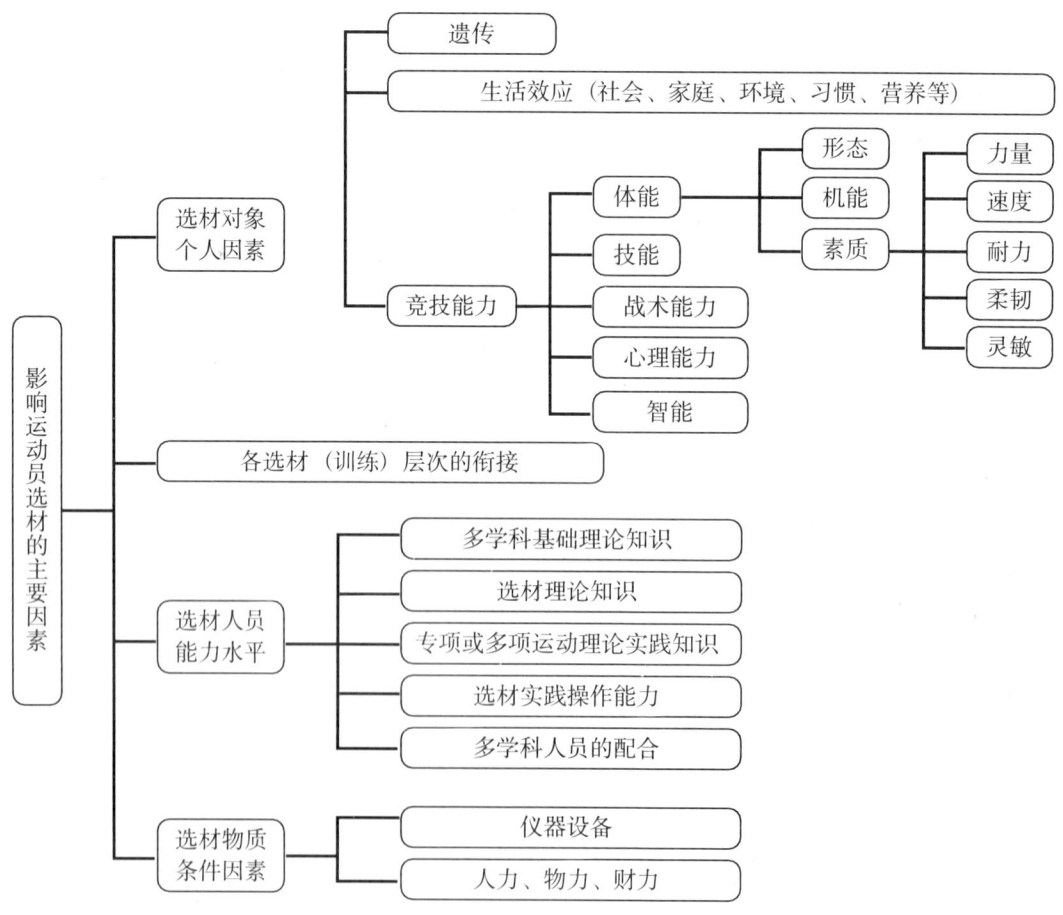

图 9-1　影响运动员选材的主要因素

影响选材对象个人的因素主要有遗传、生活效应、竞技能力。遗传主要是亲代赋予子代较为稳定的各种因素,从竞技运动的角度来看,主要是指运动员未经过后天专门训练从亲代获得的竞技能力。生活效应是指候选对象在生活中因社会、家庭、环境、习惯、营养等因素对其自身在竞技能力方面的影响,比如生活在海拔较高地区的人,虽未经过专门的运动训练,但因长期生活适应性的变化,耐力水平会好于同等条件下海拔较低地区的人。竞技能力包括体能、技能、战术能力、心理能力、智能5方面,体能的选材主要考虑候选对象的身体形态、机能与素质,而身体形态与机能通过素质表现出来,在初级选材过程中,候选对象未经专门的训练,对其已有的竞技能力水平进行测试与预测,这种竞技能力水平主要来自遗传和生活效应,在高一级的选拔过程中,主要对已经一定专门训练的候选对象竞技能力水平进行测试与预测,这种竞技能力水平主要来自后天专门的运动训练。

各选材(训练)层次的衔接是指一个运动队在运动员新老交替过程中选材与选拔工作的开展情况,高一级的运动队总是要从基层运动队伍中选择可用之才。运动选材工作贯穿运动员的整个成长过程,基层运动队的输送、高级别运动队的选拔相互之间衔接是否顺畅会影响到运动员选材工作,影响优秀运动人才作用的发挥。

选材人员能力水平包括参与选材的专业人员对多学科基础理论、选材理论、专项或多项运动理论实践等方面在深度与广度上的把握程度、选材的实践操作能力水平的高低(比如对先进选材仪器设备的操作能力水平)、与相关学科人员协作配合情况等等。这些因素都会直接影响选材过程中的测试、预测的精度与准度。

选材物质条件因素主要包括选材所使用的仪器设备是否科学、精密、先进,所投入的人力、物力、财力以及组织机构是否能保障选材工作的顺利开展,这些都是科学选材不可缺少的保障因素。

三、运动员选材的测量学任务

以上运动员选材的内涵,在一定意义上又决定了运动员科学选材的有关体育测量学方面的具体任务。

(一) 鉴别青少年运动员的发育程度

骨龄(即生物年龄)是真正能够准确地反映青少年发育程度的指标之一。根据日历年龄与骨龄之差,可区分为早熟型、正常型、晚熟型3种发育分型。早熟型:日历年龄小于骨龄(生物年龄)一年以上者。正常型:日历年龄与骨龄同年者。晚熟型:日历年龄大于骨龄一年以上者。同时,又可根据青春期发育开始时间(提早、正常、推迟)和青春期高潮持续时间(缩短、正常、延长)确定其运动潜在能力大小和成材率高低。经过实践检验，青春期发育开始时间正常且青春期高潮持续时间延长类型的运动员往往成材率高且运动潜能大。

(二) 获取青少年运动员现时状态的各种信息

青少年运动员是否具备了从事某个专项运动的天赋条件、其运动的潜在能力如何，是通过各种形态学、遗传学、生物学、心理学和运动能力的特征客观地反映出来的。要把握这些特征的现实状态，就要利用各种科学的测试和实验手段，通过对各种具体指标的测量，并对测量结果进行科学的分析，才能对上述特征作出准确的定量描述。同时，通过对各个运动项目优秀运动员人群的调查测试，可以建立该项优秀运动员的理想状态模式。

(三) 确定青少年运动员现实状态的水平

把对某个体实际测量的结果与某个专项少年运动员群体的选材标准进行比较，从而确定该个体所处的水平，这种评价叫做相对评价。如果个体评价的结果达到了标准中规定的优秀以上的等级标准，则说明该个体具备从事这一专项运动的优越条件和发展的潜力。

把对某个体实际测量结果与某个专项优秀运动员群体的特征数据进行比较，从而确定该个体距离成为一名优秀运动员存在的差距，这种评价叫做绝对评价。如果比较的结果与优秀运动员的特征数据越接近，则说明该个体通过科学系统训练达到高水平运动成绩的可能性越大，潜在能力越强。

第二节　运动员选材的组织

一、运动员选材的层次和阶段

选材的层次是指以行政管理层次不同而区分的选材类别的高低和前后的顺序位置。选材的阶段是指选材过程中的段落。不同层次、阶段选材的任务和要求应有相应的差别。我国一般将运动员选材分为基础、初级、中级和高级 4 个层次，每个层次都有初选、复选、定向、决选 4 个阶段，中高级层次选材可无定向阶段。

（一）基础与初级选材层次

1. 初选阶段

了解儿童少年运动能力的天赋条件，广泛发现运动人才，此时要对大量的群体进行观测。主要内容有遗传与家系调查；发育程度或发育分型的鉴别；运动员形态和机能测评，对某些心理素质进行测评；家庭和环境对其进行系统训练的态度及其对未来生活、学习和训练的影响。

2. 复选阶段

通过训练和考查，验证儿童少年运动员的天赋条件，并对其主要因素进一步评价预测。主要内容有对入选队员发育程度和发育高潮期长短的进一步鉴别、集训期运动水平和成绩提高幅度的测量、承受大运动负荷能力和潜力的测量等。

3. 定向阶段

根据初选、复选中运动员表现出来的能力、爱好、兴趣和训练的项目、教练员的状况等因素，为运动员选择一个或几个适合于他的专项，确定其未来方向和发展指标。定向正确与否直接影响运动员的成长与成才。定向阶段主要适用于基础或初级选材层次，而运动转项（在其他层次中也存在）实际上是定向后的再定向。

运动转项是指运动员在专业队从事某项竞技体育运动训练一年以上或在业余队训练两年以后，又转入另一运动项目训练和比赛的情况。不同等级运动员转项人数、次数及其百分率不同，运动等级越高，转项人数越少，个人的转项次数越少；在有限的运动生涯中，转项次数越多，运动成绩越差。

4. 决选阶段

通过一定时间的实践考查，在以上 3 个阶段的基础上最终确定入选对象。此时对入选对象有以下一些要求：

（1）现有的成绩水平。通过各种手段来测定运动员在决定成绩的诸因素方面是否拥有足够高的成绩参数。如在前段训练中，运动成绩应优秀或超过平常水平；必须具备与所选项目特点相适应的身体能力；具有相应的技术水平和特别的战术能力；机能适应能力超过平均水平，表现在生理机能好、身体和心理负荷能力强、有关器官系统的工作高度节省、能承受频率较高的负荷量和较大强度的训练、体型符合专项要求等方面。

（2）成绩提高的速度。比一般运动员提高得快，能较快地进入更高的竞技等级，能以较快的速度发展专项所需的心理竞技素质。

（3）成绩的稳定性和继续提高的能力。具有持续提高的运动能力，能不断创新纪录和保持较好成绩；连续检查生理机能指标时都有明显的优势，在大运动负荷后，生化和机能指标都能较快恢复到静止时的指数；心理竞技能力比较优秀和稳定。

（二）中级与高级选材层次

中级与高级选材是运动选材的高级层次，其任务是最终选拔出优秀运动人才。在这个层次中，测评先天的、相对稳定的因素比例相应减少，而主要是测评那些后天的、可控的、相对变化的因素，比如技术、战术、运动素质、心理和智能等方面的因素，选拔出接近于世界优秀运动员模式的人才。而且选材层次越高，各指标标准就越高，测评考查越细致。

综上所述，可以看出各层次运动选材的共性特征是挑选优秀运动员的后备人才，在个别选材指标和方法上可能相同，但具有明显的层次性差异特征：

（1）选材层次越低则越应注重通过对那些先天的、不可控的和相对稳定的因素进行测定和评价，揭示儿少的发育潜力和训练潜力，预测其运动能力的发展前景，初步地挑选运动人才。相反，选材层次越高则越应注重测评那些后天的、可控的和相对变化的因素，比如技术、战术、运动素质、心理及智能等方面的因素，测评其竞技能力的现状和由训练效应而得到的发展能力，逐步选拔出接近于优秀运动员模式的人才。

（2）选材层次越低，则备选人数相对越多，且年龄越小，测试指标体系越简单，测试指标的可行性和可操作性越强，测试精度要求也相对越低，入选标准也越低，便于较大规模地组织实施。而选材层次越高则相反，测评考查也越全面而细致。

二、运动员选材的类别

运动员选材类别就是按照一定的标准，将选材区分为不同的类型。通过分类可以更深刻地认识选材不同层次、类别的本质属性和固有规律，以便进行相应的研究，同时，可避免在选材概念、层次、内容和任务等方面的混乱，从而更清晰地分辨各类别的共同点和差异点。

（1）依选材层次：基础、初级、中级和高级选材。

（2）依选材内容：遗传选材、年龄选材、体型选材、身体素质选材、生理机能选材、生化特征选材、心理智能选材和运动技能选材等。

（3）依选材科学的发展阶段：自然选材、经验选材、多学科综合选材和科学化选材等。

（4）依选材的研究水平：整体或个体水平选材、组织或器官水平选材、细胞或分子水平选材等。

（5）依运动项目：个体、集体、体能和技能类项目选材等。

（6）依选材方法：经验法选材、追溯法选材、综合法选材及科学化法选材等。

三、运动员选材的程序

对运动员选材全过程需要进行科学的控制，这一过程包括确定选材目标、建立选材模式、制定选材计划、实施选材计划、总结检验反馈等工作环节。

（一）确定选材目标

选材目标是根据对本专项、本层次运动员现状调查和运动成绩发展趋势，确定备选对象（人数、年龄、性别、生源等），并预测其未来发展前景，从而设计的本次选材期望结果。应根据运动员选材的不同类别、特定任务以及在现状调查与分析的基础上，科学地确定选材目标。

（二）建立选材模式和模型

选材模式主要是指入选队员应达到的具体要求和标准。对这种要求或标准的系统描述称为选材模型。在确定明确的选材目标以后，应建立起该级或各级优秀运动员模型，为运动员选材提供参照依据。

（三）制定选材计划

运动选材计划的制定应根据确定的目标和建立的模型进行，还应考虑运动选材的影响因素和运动队的更新节律等。

（四）实施计划

实施计划就是将制定的计划付诸现实。按照计划的要求成立选材机构、明确分工、统一要求，并按照计划规定的步骤对选材对象进行测评，及时反馈、调整、修正计划。

（五）检验

检验的主要内容包括对入选队员的再评价、对优秀运动员最佳模式评价与修正、对选材工作中的测试内容和指标等方面评价与修正；对选材方法的评价与鉴定；对选材组织机构的评价；对选材所用的仪器、设备及其操作程序的科学性评价等。

第三节 部分运动项目的选材指标体系

一、不同运动项群运动素质选材要点

不同运动项群对运动员在运动素质方面的要求不一样，同一项群各项目的运动素质也有一定差别（表9-1）。

表9-1 不同项群运动素质选材要点

项群	项目	运动素质选材要点
体能主导类快速力量性项群	举重	全身力量好，爆发力强，各关节固定、支撑能力强，握力强大，肩关节柔韧性好
	跳跃类	腿部爆发力好，腰腹力量强（撑竿跳还对肩带、上肢力量要求高），柔韧性好，短程加速能力强
	投掷类	全身力量强，动作速度快，爆发力强，协调性好，对肩带柔韧性有特殊要求，标枪要求短程加速能力强
体能主导类速度性项群	短距离跑、游泳、自行车、滑冰、滑雪	反应快，起动速度快，加速能力强，动作频率高。跑、滑冰、自行车等对下肢力量、髋关节柔韧性要求高；短游、滑雪对臂力、腰腹力、背力、握力、腿力、平衡能力和全身柔韧性要求高，专项耐力好
体能主导类耐力性项群	短时	维持最高速度、动作频率的能力强，绝对力量和力量耐力好，专项柔韧性好
	中时	无氧和有氧耐力强，力量耐力好，有一定速度和绝对力量。中长跑（滑冰、自行车）要求下肢、腰腹力量大，髋、踝关节柔韧性好。中长游（划艇、滑雪等）要求全身力量大，柔韧性好
	长时	有氧（速度和力量）耐力能力强，专项柔韧性好
技能主导类表现难美性项群	竞技体操、技巧	全面而灵活，各种跳跃、支撑、悬垂的动（静）力性力量强，动作速度快，臂、腿、腰、腹、背肌相对力量大，握力大，柔韧性好，平衡能力强
	武术（套路）	动作速度快，臂、腿、腰、腹、背肌相对力量大，握力大，柔韧性好，灵活协调性好，弹跳力好，专项耐力强
	艺术体操	灵活性、节奏感、协调性、柔韧性好，有一定的弹跳力
	跳水	本体感觉好，平衡能力强，弹跳力强，柔韧性好，转体翻转等整体动作速度快，腰腹力量大
技能主导类表现准确性项群	射击、射箭、射弩	臂力、握力、腰背力量大，静止站立保持性力量和耐力强，肩关节柔韧性好

（接续表）

(续表)

项群	项目	运动素质选材要点
技能主导类隔网对抗性项群	排球、乒乓球、网球、羽毛球	反应速度快，动作速度快（判断快、起动快、移动快、摆臂快、制动快、还原快、变向快），动作爆发力大，柔韧素质好，协调灵活性强，有一定的专项耐力，身体有关部位的相对力量大。排球需要较强的专项助跑弹跳和原地弹跳力
技能主导类同场对抗性项群	篮球、冰球、排球、垒球、足球、棒球、手球、水球	反应速度、动作速度、对抗中的短距离往返位移速度快，全身力量较强，弹跳力好，速度耐力和其他专项耐力强，灵敏性、柔韧性及本体感觉好
技能主导类对抗格斗性项群	击剑	反应速度快，下肢快速力量强，动作速度及短距离位移速度快，灵敏性好，各主要关节的柔韧性好
	摔跤、柔道	全身力量、快速力量好，动作速度快，以肩、腰、髋关节为主的关节柔韧性好，本体感觉优秀，动作保持力及肌肉耐力好，专项反应快
	拳击、散打、跆拳道	反应速度、动作速度快，快速击打力量大，弹跳力强，保持性站立力好，抗击打能力强，专项耐力好，相应关节的柔韧性好

（引自王金灿《运动选材原理与方法》，人民体育出版社，2005）

二、主要运动项目运动素质选材测评指标

主要运动项目运动素质选材测评指标如表9-2所示。

表9-2 主要运动项目运动素质选材测评指标

项目		运动素质选材主要指标
田径	短跑	站立式起跑30米和60米跑，立定跳远，立定三级跳远或立定十级跳远，后抛铅球，纵跳，30米单足跳，专项成绩（100米、200米或400米），步频
	中长跑	60米跑，十级跳远，后抛铅球，步频，专项成绩（800米或1500米）
	跨栏跑	站立式起跑30米或60米跑，快速10秒原地高抬腿，步频，体前屈手触地，双腿前后劈叉和左右劈叉，后抛铅球，立定跳远，立定三级跳远或立定十级跳远，400米跑，专项成绩（80米、100米或110米、400米栏跨栏跑与平跑成绩差距）
	跳远、三级跳远	60米跑，10米途中跑，立定跳远或立定三级跳远，后抛铅球，4步助跑五级跨步跳远，专项成绩（跳远或三级跳远）
	跳高	站立式起跑30米跑，助跑摸高（净跳高度），后抛铅球，4步助跑五级跨跳远专项成绩
	撑竿跳高	站立式起跑60米跑，立定跳远，引体向上，4步助跑五级跨跳远，专项成绩
	铅球	30米跑，立定跳远，后抛铅球，原地推铅球或掷铁饼，卧推（骨龄16~17岁测），深蹲，直腿坐，上体前屈触地，专项成绩（铅球）滑步推和原地推差值

（接续表）

(续表)

项目		运动素质选材主要指标
田径	铁饼	30米跑，立定跳远，后抛铅球，原地推铅球或掷铁饼，卧推，深蹲，专项成绩（铁饼）旋转投和原地投差值
	标枪	30米跑，立定跳远，掷小垒球（125克），后抛铅球，后桥/身高×100（12～15岁），转肩宽度，抓举（16～17岁），双手投实心球（16～17岁），专项成绩（标枪）助跑投与原地投差值
	链球	30米跑，立定跳远，立定三级跳远，后抛铅球，深蹲，卧推，专项成绩（链球）
体操		30米跑，立定跳远，引体向上，30秒悬垂举腿，提倒立（直臂屈体慢起手倒立），后桥（女），体前屈（男），专项成绩（按体操教学训练大纲考核）
游泳		纵跳，体后屈，立位体前屈，踝关节屈伸度（屈伸），展臂上举，反臂体前屈，浮力平衡力。专项成绩：（1）四式50米手、腿基本动作计时游，（2）四式50米配合计时游，（3）400米、800米、1500米自由泳计时游，（4）100米、200米个人混合泳计时游，（5）四式10米出发计时游
跳水		30米跑，立定跳远，纵跳摸高，悬垂举腿，肩关节柔韧性，踝关节柔韧性，后桥，协调性
举重		60米跑，立定跳远，后抛铅球，体前屈，横竖叉，握力，背力，负重深蹲，纵跳，专项成绩（举重）、总成绩
篮球		100米跑，助跑摸高，收腹举腿，十字跳，800米或1500米跑
排球		60米跑，助跑摸高，20次仰卧起坐计时，36米移动
足球		守门员：30米跑，灵敏（滑步摸地），立定跳远，引体向上（男），或屈臂悬垂（女）。锋卫线队员：30米跑，立定跳远，灵敏（3米往返），12分钟跑
乒乓球		30米跑，立定跳远，400米跑，30秒或45秒单摇或双摇跳绳，羽毛球掷远，移步换球
羽毛球		50米跑，立定跳远，800米或1500米跑，单摇或双摇跳绳，握力，羽毛球掷远，5次左右两侧跑和5次直线进退跑或10次低重心四角跑，10秒钟快踏步频率
网球		30米跑，起动计时跑，纵跳，立定跳远，4×8.23米往返跑，肩关节柔韧性
击剑		1分钟双摇跳绳，立定跳远，100米、800米或1500米跑
赛艇		俯卧拉，负重深蹲，下蹲伸臂距，800米、1500米或3000米跑，3分钟立卧撑，纵向踩木
皮划艇		俯卧拉，俯卧撑，引体向上，卧推，100米跑，下蹲伸臂距，800米或2000米跑，纵向踩木
蹼泳		1分钟快速仰卧起坐，纵跳，踝关节屈伸度
自行车		立定跳远，二十级蛙跳，仰卧抱头起，踏蹬频率（原地高抬腿），引体向上（俯卧撑、屈臂悬垂），200米行进（100米跑），1000米计时（400米跑），公路30公里或20公里（1500米，800米跑）
帆船		3000米（1500米）跑，引体向上，1分钟仰卧起坐，背力指数（背力/体重×100%），平衡能力（纵向踩木）
帆板		引体向上，屈臂悬垂，卧撑屈伸腿，1500米跑，纵向踩木
射击		800米、1000米跑，俯卧撑
射箭		拉弓稳定性时间/体重，下肢静力（马步下蹲），转肩距，纵向踩木

（引自王金灿《运动选材原理与方法》，人民体育出版社，2005）

三、主要运动项目身体形态、机能选材测评指标

主要运动项目身体形态、机能选材测评指标如表 9-3 所示。

表 9-3　主要运动项目身体形态、机能选材测评指标

项目		身体形态、机能选材主要指标
田径	短跑	身高（厘米），体重/身高×1000（克/厘米），下肢长 A/身高×100%，（下肢长 B－小腿长 A）/小腿长 A×100%，下肢长 C/下肢长 H×100%，踝围/跟腱长×100%，心功指数，肺活量/体重（毫升/千克），声反应时（毫秒）
	中长跑	身高（厘米），体重/身高×1000（克/厘米），下肢长 A/身高×100%，（下肢长 B－小腿长 A）/小腿长 A×100%，踝围/跟腱长×100%，心功指数，肺活量/体重（毫升/千克），声反应时（毫秒）
	跨栏跑	同中长跑
	跳远、三级跳远	身高（厘米），体重/身高×1000（克/厘米），下肢长 A/身高×100%，（下肢长 B－小腿长 A）/小腿长 A×100%，踝围/跟腱长×100（%），心功指数，视反应时（毫秒）
	跳高	同跳远、三级跳远
	撑竿跳高	身高（厘米），体重/身高×1000（克/厘米），指距－身高（厘米），下肢长 A/身高×100%，（下肢长 B－小腿长 A）/小腿长 A×100%，踝围/跟腱长×100（%），骨盆宽/肩宽×100%，心功指数，视反应时（毫秒）
	铅球、铁饼、链球	身高（厘米），体重/身高×1000（克/厘米），指距－身高（厘米），骨盆宽/肩宽×100%，手长（厘米），心功指数，被动反应时（秒）
	标枪	身高（厘米），体重/身高×1000（克/厘米），指距－身高（厘米），上臂围松紧差（厘米），骨盆宽/肩宽×100%，后桥高/身高×100%，心功指数，被动反应时（秒）
体操		身高（厘米），胸围/身高×100%，下肢长 B/身高×100%，指距，身高（厘米），髂前上棘宽/肩宽×100%，心功指数
游泳		身高（厘米），体重/身高×1000（克/厘米），指距－身高（厘米），体型指数〔即（肩宽－骨盆宽）/骨盆宽×身高〕，手面积指数（即手掌×手宽），心功指数，憋气时间（秒），纵跳（厘米），体前屈（厘米），体后屈（厘米），踝关节屈伸度（伸度），踝关节屈伸度（屈度）
举重		身高（厘米），体重/身高×1000（克/厘米），坐高/身高×100%，拇指长（厘米），上臂围松紧差（厘米），骨盆宽指数〔即骨盆宽/肩宽×100%〕
篮球		身高（厘米），指距（厘米），右眼视野（度），左眼视野（度），心功指数，手动稳定性（孔数），综合反应（秒）
排球		身高（厘米），指距－身高（厘米），下肢长 A/身高×100%，跟腱长/小腿加足高×100%，被动反应（秒）
足球		守门员：身高（厘米），指距－身高（厘米），肺活量（毫升），神经类型（808 表），视反应时（毫秒），视－脚反应时（毫秒）。锋卫线队员：身高（厘米），体重/身高×1000（克/厘米），肺活量/体重（毫升/千克），心功指数，神经类型（808 表），视－脚反应时（毫秒）

（接续表）

(续表)

项目	身体形态、机能选材主要指标
乒乓球	身高（厘米），体重/身高×1000（克/厘米），心功指数，光反应（毫秒），综合反应平均时（秒），综合反应最优组（秒）
羽毛球	身高（厘米），体重/身高×1000（克/厘米），上肢长（厘米），前臂长/上肢长×100%，下肢长B/身高×100%，心功指数，肺活量/体重（毫升/千克），视动简单反应时（毫秒），视动选择反应时间（毫秒），视动选择反应错次（次），操作思维时间（秒），操作思维步数（步），动作控制能力（厘米）
自行车	身高（厘米），体重/身高×1000（克/厘米），体脂%，大腿围（厘米），肺活量（毫升），最大摄氧量（升/分），最大摄氧量/体重（毫升/千克·分），无氧功率（瓦），神经类型（808）
射击	身高（厘米），体重/身高×1000（克/厘米），肘间距（厘米），肺活量/体重（毫升/千克），屏息时间（秒），心功指数，视觉稳定性（毫秒），视反应稳定性（毫秒），手动稳定性孔数，悬臂点圆（个），时间知觉（秒），肩关节方位觉（度），腕关节方位觉（度），操作思维步数（步），操作思维时间（秒）

思考题：

1. 运动员选材的任务是什么？
2. 运动员选材的程序及内容包括哪些？
3. 结合运动项目实际，掌握不同运动项群运动素质选材要点。
4. 联系运动专项掌握一至两个运动项目的运动素质选材测评指标。
5. 联系运动专项掌握一至两个运动项目的身体形态、机能选材测评指标。

（方　程）

第十章 体质测量与评价

体质是社会生产力的重要组成要素，是国家综合国力的具体表现。国民体质的水平，也是反映一个国家社会发展、进步和文明的重要标志。本章主要介绍体质的概念、体质与健康的关系；并从学生体质健康监测和国民体质监测两个方面来阐述中国国民体质监测的发展历程、指标体系和监测方法，为全民健身计划的实施效果和国家制定体育政策法规提供依据。

第一节 体质与健康概述

一、体质的概念及理想体质

体质是指人体的质量。它是在遗传性和获得性基础上表现出来的人体形态结构，生理机能和心理因素综合的、相对稳定的特征。

遗传是人的体质发展变化的先天条件，人的体型、性格、机能、免疫力、寿命等，都与遗传有着密切的关系。体质强弱与后天的环境、营养、体育锻炼和卫生保健条件等也有着密切的关系。

体质的范畴主要包括以下5个方面（表10-1）。

表10-1 体质的范畴

1. 身体形态发育水平	体格、体型、姿势、营养、身体成分等
2. 生理功能水平	机体新陈代谢水平及各器官系统效能
3. 身体素质和运动能力水平	速度、力量、耐力、灵敏、协调、柔韧和走、跑、跳、投、攀、爬等能力
4. 心理发育水平	本体感知能力、个性、意志、情感等
5. 适应能力	对内外环境的适应能力和对疾病的抵抗能力

体质所包含的各个方面，是互相联系和互相促进的，形成了一个完整统一的整体。这一整体各种功能水平的体现均需在人体物质代谢的基础上进行。

理想体质是指人体具有的良好质量，是在遗传潜力充分发挥的基础上，经过后天的努力，达到人体形态结构、生理功能、心理智力，以及对内外环境适应能力全面发展的、相对良好的状态。同时，理想体质也具有明显的人群与个体差异（例如种族、地域、性别、年龄、职业等）。

理想体质的主要标准是：

(1) 身体健康，主要脏器无疾病。

(2) 身体发育良好，体格健壮，体型匀称，体姿端正。

(3) 心血管、呼吸与运动系统具有良好的功能。

(4) 有较强的运动与劳动等身体活动能力。

(5) 心理发育健全，情绪乐观，意志坚强，有较强的抗干扰、抗不良刺激的能力。

(6) 对自然和社会环境有较强的适应力。

评价理想体质，必须进行多指标综合评价，而且原则上应以同质人群的较高水平的数据作为理想体质的评价依据。

二、健　康

健康是每一个人所追求的目标，不同时期的人们对健康的含义有不同解释。古老的健康常以是否有病作为分界线，有病为不健康，无病则为健康。现代人对健康的概念是根据医学模式、生物医学模式发展成为生物、心理、社会医学模式提出来的。1948年，联合国世界卫生组织给健康下的定义是："健康不仅是没有疾病或身体缺陷，而且是身体上、精神上和社会适应方面的完满状态。"它把人体健康同生物的、心理的和社会的关系联系在一起认识，明确提出健康的内涵应该是体格的、心理的和社会适应能力的良好状态。也就是说，一个人只有在身体、心理、社会适应等方面保持良好的状态，才算得上是健康的人。

我国《辞海》中健康的概念是："人体各器官系统发育良好、功能正常、体质健壮、精力充沛并具有良好效能的状态。"

有研究学者对上述的健康概念进一步细化为以下5个方面：

(1) 身体健康。身体健康不仅指无病，而且还包括体能。体能是一种满足生活需要和有足够的能量完成各种活动任务的能力。

(2) 情绪健康。情绪健康的主要标志是情绪稳定性。情绪稳定性是指个体应对日常生活中人际关系和环境压力的能力。

(3) 智力健康。即长期的学习和工作中，大脑始终保持活跃状态。

(4) 精神健康。即理解生活基本目的的能力，以及关系和尊重所有生命体的能力。

(5) 社交健康。即形成与保持和谐人际关系的能力。

由此可见，我们关注自己健康的同时，还要努力保持良好的心理状态，并与他人友好相处，这样才会精力充沛、乐观开朗，才能健康地学习和生活。也就是说，评价一个人的健康，要用身体健康、情绪健康、智力健康、心理健康和社会适应能力等方面加以综合评价。

三、体质和健康的关系

体质和健康是从不同的侧面、不同的范畴来看待人体状况的两个相互关联的概念。从某种程度上讲，体质是一种特征，健康是一种状态；体质是健康的物质基础，健康是体质的外在表现，二者联系密不可分。

体质具有长期性、相对稳定性等特点，而健康是一种动态平衡，维持这种动态平衡的能力就是体质。任何事物都有质量，体质就是人体的质量，而健康是这种质量的外在表现，是一种状态，影响体质的诸多因素便是人体维持这种状态的能力。相对于体质而言，健康的概念更广泛，也更抽象些。

体质和健康都涉及到人体的形态发育、生理机能、运动能力和心理状况及对社会（包括人际关系）的适应能力等方面，它们之间既有所不同，又有所联系。体质是生命活动的最基本要素，也是健康的物质基础。从研究角度看，体质侧重于体格、体型、身体素质、运动能力等，而健康则侧重于研究人体的心、肝、脾、肺、肾及血管组织结构和生理功能的疾病、异常和死亡。体质是从"外观"上研究人体，健康是从"内部"研究人体。体质是人体的质量，健康则是体质状况的反映和表现，所以在评价体质和健康状况时，有些指标很难说成是纯属检测体质的指标，另一些指标也很难说成纯属健康检查的指标，应予以综合评价。

四、影响体质的主要因素

（一）遗传

遗传是人体身心发育和发展的先天条件，对体质的强弱产生十分重要的影响。研究表明，人体的形态结构、神经类型、有氧代谢能力等都在很大程度上取决于遗传因素。

（二）环境

人类生存的自然环境和社会环境，不仅是人类赖以生存的基本条件，而且对人体体质的发育发展也会带来直接或间接的影响。国民经济与社会发展水平是决定人体体质发育发展水平和体质强弱的主要因素，不同自然地理环境对人体体质的发展也会产生不同的影响。

（三）体育锻炼

研究表明，有目的、有计划、科学地进行体育锻炼，对人体体质的发展将产生积极的影响。体育锻炼能改善人体神经系统的功能,提高循环系统和呼吸系统的机能,增强人体运动系统的功能,从而提高机体对环境的适应能力和抵抗疾病的能力。

(四) 行为和生活方式

在众多的影响因素中,行为和生活方式往往被忽视。行为是指人在外界环境的刺激下所引起的反应,包括内在的生理和心理变化。生活方式是指人们长期受一定的文化、民族、经济、社会、风俗、家庭等影响而形成的生活习惯、生活制度和生活意识。几乎所有影响体质和健康的因素都与行为和生活方式有关,而行为和生活方式又是最有可能被改变的因素之一。

(五) 心理因素

经常处于心理不健康的状态会使机体的植物性神经紊乱、免疫力下降、内分泌失调,因此,在日常生活中要经常保持愉快、高兴的积极情绪。

(六) 营养与睡眠

主要表现在营养缺乏和过剩造成营养失衡对机体健康的影响;而人体通过睡眠,使躯体和精神的疲劳得以消除,睡眠的质量对体质健康都有着重要的影响,特别是对青少年儿童显得尤为重要。

五、国内外体质研究的发展

党和政府十分关心广大人民群众的身心健康,把关心人民群众生活、增强人民体质作为国家发展体育事业的立足点和出发点。新中国成立后,多次开展对学生的体质调研的工作。1979 年,首次在全国 16 个省市,对汉族 7~22 岁青少年儿童的体质状况进行了调查。1985 年扩大到 29 个省市、28 个民族,获取了大量的测试数据。之后每 5 年一次,又进行了 3 次。通过这几次大规模的体质监测,取得了丰硕的成果,为体质监测工作积累了丰富的经验,推动了体质研究的发展。

成年人体质监测开展较晚,1994 年开展的职工体质调研,是有史以来对我国成年人体质现状的第一次大规模调查摸底。此次测试制定了《中国成年人体质测定标准》。1997 年,我国首次在全国系统地进行了 20~60 岁(男)、20~59 岁(女)成年人体质测试。此后,国家体育总局根据《中华人民共和国体育法》和《全民健身计划纲要》等有关法规,建立了国民体质监测系统,规定每 5 年进行一次全国性的国民体质监测，获取我国国民体质状况的资料。2000年国家体育总局会同国家10个有关部门对我国3～69岁的国民进行了首次全国性体质监测，发布了新中国第一个《国民体质监测报告》。这些成果对推进全民健身事业的科学化进程和构建面向大众的体育服务体系起到了重要的作用。

国外学生体质测量与评价工作开展得较早，其中比较有代表性的是美国、日本和前苏联。美国在体质与健康研究上有较长的历史，学科发展比较完善，基本完成了由"测试运动技术指标"向测试"健康指标"的过渡。日本的青少年儿童体质调研不仅开展得早，而且是拥有资料最全的国家。日本把体质称为体力，将青少年体力测定作为中小学体育课法定内容，并把它作为体育科学研究和衡量学校体育工作成就的重要依据。前苏联制定并实施的《劳卫制》，以测定学生的身体素质和运动能力为主，对培养青少年儿童准备劳动和保卫祖国发挥了重要作用。我国最早的《劳卫制》《青少年体育锻炼标准》等都受到前苏联《劳卫制》的影响。

第二节 体质测试的内容及综合评价

一、体质测试的概念和内容

体质测试是研究人们体质状况的手段，是指选择能够客观地反映体质状况的各种指标和恰当的方法，对人体进行定量的测试，获得反映体质状况的资料，为更好地进行身体锻炼和促进健康成长提供科学依据。

体质测试包括以下内容：

（1）身体形态发育水平。包括身高、体重、胸围、腰围、臀围和皮褶厚度等，是人体生长发育的重要指标。

（2）生理功能水平。一般以脉搏、血压、肺活量和台阶试验作为评价心血管和呼吸机能水平。

（3）身体素质基本活动能力水平。包括力量素质：握力、纵跳、背力、俯卧撑、仰卧起坐、网球掷远（幼儿）和立定跳远等。耐力素质：1000米跑（男）、800米跑（女）。速度灵敏素质：10米折返跑（幼儿），双脚连续跳（幼儿）和25米×2往返跑等。平衡素质：走平衡木（幼儿）、单脚闭眼站立。柔韧素质：坐位体前屈。反应能力：反应时。

（4）身体健康水平。以心、肺、肝、脾等内脏器官和眼睛、牙齿、脊柱的健康状况，反映人体是否有疾病与生长发育是否正常。

（5）心理发展水平。包括智力、情感、性格、意志等方面。

(6) 适应能力。包括对环境的适应能力和对疾病的抵抗能力等。

二、体质综合评价的基本原则

体质综合评价是指对构成体质成分的各类指标进行定量描述，并对其价值作出全面的综合判断。体质综合评价要遵循以下基本原则：

第一，科学性。综合评价指标应具有较高的可靠性、有效性和客观性，并能较全面、准确而有效地反映个体或群体的体质状况。

第二，标准性。尽可能选用国际、国内通用的指标，尽可能与现行的测验制度相吻合。

第三，一致性。所选指标既能适应年龄、性别特征，又使之尽可能一致，以便进行纵向和横向研究。

第四，鉴别性。应充分考虑评价对象的年龄、性别、能力和水平等，指标应用较好的区分度，能反映个体差异。

第五，经济性。评价指标要简便易行，既少又精，能全面反映评价对象的体质状况。

三、体质监测的意义

体质测试是对国民个体的体质水平进行定量测试。它是大众体育的产物，又为大众体育发展服务。我国推行的《全民健身一二一工程》中，对国民倡导"每天参加一次健身活动，学会两种以上的健身方法，每年参加一次体质测试"。其目的就是激励广大群众积极参加体育健身活动，把体质和健康掌握在自己手中。

体质监测的意义在于：

第一，国民个体通过参加体质测试可了解自身的体质水平状况。

第二，个体体质测试结果可使国民更好地选择合理有效的健身方法，提高体育锻炼的效果。

第三，可检验全民健身计划的实施效果，了解国民体质的水平，为国家制定体育政策法规提供依据。

第三节 学生体质监测

一、我国学生体质健康监测的发展历程

新中国成立 60 多年来,党和国家一直非常关心和重视广大学生的身体健康,在不同时期先后制定了《劳卫制》《国家体育锻炼标准》《大学生体育合格标准》《中学生体育合格标准》《小学生体育合格标准》及初中毕业生升学体育考试办法等一系列制度,并于 2002 年开始在全国试行《学生体质健康标准》。这些制度的制定和实施,对于增强学生体质、促进我国学校体育工作具有积极作用,这是与我国不同时期社会、经济、科技、文化和教育的发展水平相适应的,是与全国提高青少年的身体健康素质、满足国家对受教育者的全面发展和培养人才战略的基本要求相一致的。

新的《国家学生体质健康标准》是在新的历史条件下,根据社会发展的变化要求,面对新的情况、新的问题所采取的积极措施,对于引导学生正确认识和了解自己的健康状况、有针对地进行身体锻炼起到了非常积极的作用。

二、学生体质监测各年级测试指标

《国家学生体质健康标准》里设置了符合我国学校实际情况、简便易行的测试项目,其可靠性、有效性、客观性、可操作性等在多年来的学校体育实践中得到了证明,这些测试项目涵盖了人体形态、机能、身体素质和运动能力等多个方面。从学生的年龄特点以及场地、器材、费用、时间等考虑,各年级学生的测试项目分为必测类项目和选测类项目。各类选测项目,每年由地(市)级教育行政部门或高等学校在测试前选择确定并公布,选测项目原则上每年不得重复。在实际测试时,各年级的测试项目保持在 4~6 项之间(表 10-2)。

表 10-2 各年级测试项目分类表

年级	必测项目	选测试项目	备注
小学一、二	身高、体重	坐位体前屈、投沙包	选测一项
		50 米跑(25 米×2 往返跑)、立定跳远、跳绳、踢毽子	选测一项
小学三、四	身高、体重	坐位体前屈、掷实心球、仰卧起坐	选测一项
		50 米跑(25 米×2 往返跑)、立定跳远、跳绳	选测一项

(接续表)

(续表)

年级	必测项目	选测试项目	备注
小学五、六	身高、体重、肺活量	400米跑（50米×8往返跑）、台阶试验	选测一项
		坐位体前屈、仰卧起坐、掷实心球、握力	选测一项
		50米跑（25米×2往返跑）、立定跳远、跳绳、篮球运球、足球颠球、排球垫球	选测一项
初中、高中、大学	身高、体重、肺活量	1000米跑（男）、800米跑（女）、台阶试验	选测一项
		坐位体前屈、仰卧起坐（女）、引体向上（男）、掷实心球、握力	选测一项
		50米跑（25米×2往返跑）、立定跳远、跳绳、篮球运球、足球运球、排球垫球	选测一项

摘自《国家学生体质健康标准解读》·人民教育出版社，2007年4月，第1版

（一）测试对象分组

测试对象分为以下组别：小学一、二年级为一组，三、四年级为一组，五、六年级为一组，初、高中每年级各为一组，大学为一组。

（二）测试项目

小学一、二年级测试项目为4项。身高、体重两项为必测项目。选测项目为2项，分别从坐位体前屈、投沙包中选测1项；从50米跑（或25米×2往返跑）、立定跳远、跳绳、踢毽子中选测1项。

小学三、四年级测试项目为4项。身高、体重两项为必测项目。选测项目为2项，分别从坐位体前屈、掷实心球、仰卧起坐中选测1项；从50米跑（或25米×2往返跑）、立定跳远、跳绳中选测1项。

小学五、六年级测试项目为6项。身高、体重、肺活量3项为必测项目。选测项目为3项，分别从400米跑（或50米×8往返跑）、台阶试验中选测1项；从坐位体前屈、仰卧起坐、掷实心球、握力中选测1项；从50米跑（或25米×2往返跑）、立定跳远、跳绳、篮球运球、足球颠球、排球垫球中选测1项。

初中、高中、大学各年级均为必测3个项目，选测3个项目，合计需要测试6个项目。其中身高、体重、肺活量为必测项目。从1000米跑（男）、800米跑（女）、台阶试验中选测1项；从坐位体前屈、掷实心球、仰卧起坐（女）、引体向上（男）、握力体重指数中选测1项；从50米跑（25米×2往返跑）、立定跳远、跳绳、篮球运球、足球运球、排球垫球中选测一项。

选测项目每年由地（市）级教育行政部门、高等学校在测试前两个月确定并公布。

选测项目原则上每年不得重复。学校每学年对学生进行一次本标准的测试,测试方法按《国家学生体质健康标准解读》(人民教育出版社出版)中的有关要求进行。

三、学生体质健康标准测试项目及权重系数

权重是指进行多指标综合评价时,各类指标的相对重要程度,各项指标的合计权重系数为1,根据各类、各项指标在体质总体属性评价中所起作用的大小,来确定它们各自所应占有的比例(表10-3)。

表10-3 测试项目及权重系数

分组	评价指标	权重系数
小学一、二	身高、标准体重	0.2
	坐位体前屈、投沙包	0.4
	50米跑(25米×2往返跑)、立定跳远、跳绳、踢毽子	0.4
小学三、四	身高、标准体重	0.2
	坐位体前屈、掷实心球、仰卧起坐	0.4
	50米跑(25米×2往返跑)、立定跳远、跳绳	0.4
小学五、六	身高、标准体重	0.1
	肺活量体重指数	0.2
	400米跑(50米×8往返跑)、台阶试验	0.3
	坐位体前屈、掷实心球、仰卧起坐、握力体重指数	0.2
	50米跑(25米×2往返跑)、立定跳远、跳绳、篮球运球、足球颠球、排球垫球	0.2
初中、高中、大学各年级	身高、标准体重	0.1
	肺活量体重指数	0.2
	1000米跑(男)、800米跑(女)、台阶试验	0.3
	坐位体前屈、掷实心球、仰卧起坐(女)、引体向上(男)、握力体重指数	0.2
	50米跑、立定跳远、跳绳、篮球运球、足球运球、排球垫球	0.2

摘自《国家学生体质健康标准解读》·人民教育出版社,2007年4月,第1版

四、学生体质监测各年级指标评价

《国家学生体质健康标准》从身体形态、身体机能、身体素质和运动能力等方面综

合评定学生的体质健康水平,是促进学生体质健康发展、激励学生积极进行身体锻炼的教育手段,是学生体质健康的评价标准。

小学一、二年级的评价指标有3项:身高标准体重为必评指标;选评指标为两项,分别从坐位体前屈、投沙包中选评1项;从50米跑(或25米×2往返跑)、立定跳远、跳绳、踢毽子中选评1项。

小学三、四年级的评价指标有3项:身高标准体重为必评指标;选评指标为两项,分别从坐位体前屈、掷实心球、仰卧起坐中选评1项;从50米跑(或25米×2往返跑)、立定跳远、跳绳中选评1项。

小学五、六年级的评价指标有5项:身高标准体重、肺活量体重指数两项为必评指标;选评指标为3项,分别从400米跑(或50米×8往返跑)、台阶试验中选评1项;从坐位体前屈、掷实心球、仰卧起坐、握力中选评1项;从50米跑(或25米×2往返跑)、立定跳远、跳绳、篮球运球、足球颠球、排球垫球中选评1项。

初中、高中、大学各年级的评价指标共有5项:身高标准体重、肺活量体重指数两项为必评指标;选评指标有3项,分别是从1000米跑(男)、800米跑(女)、台阶试验中选评1项;从坐位体前屈、掷实心球、仰卧起坐(女)、引体向上(男)、握力体重指数中选评1项,从50米跑、立定跳远、跳绳、篮球运球、足球运球、排球垫球中选评1项。

(注:评价标准按教育部《学生体质健康测试评分标准》执行)

五、评价方法

本标准各评价指标的得分之和为本标准的最后得分,满分为100分。根据最后得分评定等级:90分及以上为优秀,75~89分为良好, 60~74分为及格,59分及以下为不及格。学生体质健康标准成绩每学年评定一次,按评定等级记入《国家学生体质健康标准登记卡》。

使用评分表对学生的测试结果进行评价可分为两个部分,首先是对各项测试结果分别评分,得出相应评价指标的得分和等级;第二部分是对每一名学生给出一个总的得分和等级。

(1)先按年级、性别,找到对应的评分表,使用该表查出相应指标所处的档次及其得分。

例如:某小学五年级的一位女生的身高为141.5厘米,体重为37公斤,查相应身高标准体重表,在正常体重的31.7~39.0的范围内,得100分;测得台阶试验成绩为64,查表为优秀,得100分;测得肺活量为1850毫升,计算肺活量体重指数为50(1850/37=50),为及格,得分为69;测得50米跑成绩为8.7秒,为优秀,得94分;测得仰卧起坐为38个,属于良好,得分78。

通过这一步对受试者每一项指标进行评价,就可以了解该生在体质健康各个方面的具体情况和等级，如果要进行总体评价，就要对查出的各项指标的分数进行下一步计算。

(2) 等级评价是将各单项的得分相加，用总分进行等级评价，共分为4个等级。

优　秀：总分 90 分以上。

良　好：总分 75 ~ 89 分。

及　格：总分 60 ~ 74 分。

不及格：总分 59 分以下。

例如：上面举例的某小学五年级一位女生的总分 = 100 × 0.1 + 100 × 0.2 + 69 × 0.3 + 94 × 0.2 + 78 × 0.2 = 85.1（分）。依据综合评级标准，该生的体质健康评分等级为良好。

如果个别学生的身高（太高或太低）在表中查不到时，可按下列方法折算后再查表。

当学生身高低于表中所列出的最低身高段的下限值时，实测身高需要加上与下限值之差，并且身高每低 1 厘米，实测体重需加上 0.5 公斤，再查表确定分值。

当学生身高高于表中所列出的最高身高段的上限值时，实测身高减去与上限值的差值，身高每高 1 厘米，其实测体重需减去 0.9 公斤，再查表确定分值。

(摘自《国家学生体质健康标准解读》. 人民教育出版社，2007 年 4 月，第 1 版)

六、学生体质监测的主要研究成果

（一）形态发育水平继续提高

2005 年调研结果显示，我国城乡汉族学生的身高、体重和胸围的生长水平继续呈现增长趋势。学生身高、体重和胸围 2000 年均比 1979 年有明显的提高，增加的幅度远远超过了"平均每 10 年增长 1 厘米、体重增加 0.5 公斤"的世界范围内人群平均增长高度，不过，应该注意的是，2005 年学生身体形态指标的城乡差异依然存在，乡村学生生长水平总体落后于城市学生，而且有逐步扩大的趋势。城市男生体重增长的幅度与身高增长相比较大。

（二）身体机能持续下降

学生的肺活量在 1995 年比 1985 年下降的基础上，2000 年又有所下降。2005 年与 2000 年相比 7 ~ 18 岁汉族城市男、女和乡村男、女的肺活量分别平均下降 285 毫升、303 毫升、237 毫升、259 毫升，19 ~ 22 岁汉族城市男、女和乡村男、女的肺活量分别平均下降 160 毫升、238 毫升、161 毫升、225 毫升。2005 年的调研结果显示，7 ~ 22 岁汉族学生中超重与肥胖检出率继续增加，成为影响学生体质健康状况的一大因素。

（三）身体素质持续下降

2000 年与 1995 年相比，中国学生的速度素质、耐力素质、柔韧素质、爆发力素质、力量素质等均有下降，除了 50 米跑成绩下降幅度较小外，其余各方面素质下降幅度明显。2005 年与 2000 年相比，速度、爆发力、力量、耐力进一步下降，不同指标下降幅度呈现不同特点。

（四）学生营养状况的改变较为明显

2000 年与 1995 年相比，7～22 岁学生低体重及营养不良检出率降低，学生营养状况得到改善，尤其是大学生的营养状况改善尤为明显。2005 年调研结果显示，我国城乡学生低体重及营养不良检出率进一步下降，营养状况继续得到改善，但随之而来的是肥胖学生增多。

（五）少数民族学生生长发育水平与汉族学生同步增长

与 1995 年相比，2000 年少数民族学生的身高、体重、胸围等形态指标水平均有不同程度的提高，其中体重的增长趋势较身高、胸围更为明显；大多数少数民族学生的肺活量也有不同程度的提高。2005 年少数民族学生体质与健康状况变化与汉族学生基本一致，但部分少数民族学生生长发育的绝对水平仍然较低，与汉族学生相比，仍然有较大的差距。

第四节　国民体质监测

我国国民体质监测，按照年龄可以分为幼儿、儿童青少年、成年人和老年人 4 个群体（表 10-4），其中儿童青少年监测标准按教育部《学生体质健康标准》执行。

表 10-4　我国国民体质监测对象分组（单位：岁）

研究对象类型	性别	年龄范围
学龄前儿童（幼儿组）	男、女	3～6
儿童青少年（学生组）	男、女	7～19
成年人组	男、女	20～59
老年人组	男、女	60～69

一、学龄前儿童体质监测

(一) 适用对象与分组

《国民体质测定标准·幼儿部分》的适用对象为 3~6 周岁的中国幼儿。按年龄、性别分组，3~5 岁每 0.5 岁为一组；6 岁为一组。男女共计 14 个组别（表 10-5）。

表 10-5 学龄前儿童年龄分组（单位：岁）

性别	分组						
	1	2	3	4	5	6	7
男	3.0~	3.5~	4.0~	4.5~	5.0~	5.5~	6.0~
女	3.0~	3.5~	4.0~	4.5~	5.0~	5.5~	6.0~

年龄计算方法：

(1) 3~5 岁者

测试时已过当年生日，且超过 6 个月者：年龄 = 测试年 − 出生年 + 0.5

测试时已过当年生日，且不满 6 个月者：年龄 = 测试年 − 出生年

测试时未过当年生日，且距生日 6 个月以下者：年龄 = 测试年 − 出生年 − 0.5

测试时未过当年生日，且距生日 6 个月以上者：年龄 = 测试年 − 出生年 − 1

(2) 6 岁者

测试时已过当年生日者：年龄 = 测试年 − 出生年

测试时未过当年生日者：年龄 = 测试年 − 出生年 − 1

(二) 测试指标

(1) 身体形态指标：身高、体重。

(2) 身体素质指标：10 米折返跑、立定跳远、网球掷远、双腿连续跳、坐位体前屈、走平衡木。

(三) 评定方法与标准

采用单项评分和综合评级进行评定。

单项评分包括身高标准体重评分和其他单项指标评分，采用 5 分制。

综合评级是根据受试者各单项得分之和来确定，共分 4 个等级：一级（优秀）、二级（良好）、三级（合格）、四级（不合格）。任意一项指标无分者，不进行综合评

级（表 10-6）。

表 10-6 综合评级标准

等级	得分
一级（优秀）	>31 分
二级（良好）	28～31 分
三级（合格）	20～27 分
四级（不合格）	<20 分

（注：评分标准参照国民体质测定标准手册（幼儿部分）标准执行）

二、儿童青少年体质监测

儿童青少年属于国民体质监测系统内的一个特殊人群，儿童青少年测试对象分组、测试指标评定方法和评定标准按国家教育部《学生体质健康标准》规定的内容和要求进行（详见本章第三节）。

三、成年人体质监测

（一）基本情况

中国成年人体质监测对象为生活在中华人民共和国境内，从事各行各业生产劳动的正常成年人群，原则上不再区分民族。

19～22 岁的大学生属于本子系统内的一个特殊人群，其体质监测按照国家教育部大学生体质健康监测规定的要求和内容进行。

（二）测试对象分组

中国成年人体质监测对象为 20～59 周岁的中国成年人，按年龄、性别分组，每 5 岁为一组。男女共计 16 个组别。根据测试指标的不同，分为甲（20～39 岁）、乙（40～59 岁）两个组。

年龄计算方法：

测试时已过当年生日者：年龄 = 测试年 − 出生年

测试时未过当年生日者：年龄 = 测试年 − 出生年 − 1

（三）测试指标

测试指标包括身体形态、机能和素质 3 类（表 10-7）。

表 10-7 成年人测试指标

类别	测试指标	
	20～39 岁	40～59 岁
形态	身高、体重	身高、体重
机能	肺活量、台阶试验	肺活量、台阶试验
素质	握力 俯卧撑（男） 1 分钟仰卧起坐（女） 纵跳 坐位体前屈 闭眼单脚站立 选择反应时	握力 坐位体前屈 闭眼单脚站立 选择反应时

(1) 身体形态指标：身高、体重。
(2) 身体机能指标：肺活量、台阶试验。
(3) 身体素质指标：握力、俯卧撑（男）、1 分钟仰卧起坐（女）、纵跳、坐位体前屈、闭眼单脚站立、选择反应时。

（四）评定方法与标准

采用单项评分和综合评级进行评定。

单项评分包括身高标准体重评分和其他单项指标评分，采用 5 分制。

综合评级是根据受试者各单项得分之和来确定，共分 4 个等级：一级（优秀）、二级（良好）、三级（合格）、四级（不合格）。任意一项指标无分者，不进行综合评级（表 10-8）。

表 10-8 综合评级标准

等级	得分	
	20～39 岁	40～59 岁
一级（优秀）	>33 分	>26 分
二级（良好）	30～33 分	24～26 分
三级（合格）	23～29 分	18～23 分
四级（不合格）	<23 分	<18 分

〔注：评分标准参照国民体质测定标准手册（成年人部分）标准执行〕

四、老年人体质监测

(一) 老年人测试对象年龄分组

中国老年人体质监测对象为生活在中华人民共和国境内的正常老年人群,原则上不再区分民族和职业。

按年龄、性别分组,每5岁为一组。男女共计4个组别。
年龄计算方法:
测试时已过当年生日者:年龄=测试年-出生年
测试时未过当年生日者:年龄=测试年-出生年-1

(二) 测试指标

测试指标包括身体形态、机能和素质3类。
(1) 身体形态指标:身高、体重。
(2) 身体机能指标:肺活量。
(3) 身体素质指标:握力、坐位体前屈、闭眼单脚站立、选择反应时。

(三) 评定方法与标准

采用单项评分和综合评级进行评定。
单项评分包括身高、标准体重评分和其他单项指标评分,采用5分制。
综合评级是根据受试者各单项得分之和来确定,共分4个等级:一级(优秀)、二级(良好)、三级(合格)、四级(不合格)。任意一项指标无分者不进行综合评级(表10-9)。

表 10-9 综合评级标准

等级	得分
一级(优秀)	>23 分
二级(良好)	21~23 分
三级(合格)	15~20 分
四级(不合格)	<15 分

〔注:评分标准参照国民体质测定标准手册(老年人部分)标准执行〕

思考题：

1. 试述体质和健康的概念及关系。
2. 影响体质主要因素有哪些？
3. 试述体质监测的概念、内容和意义。
4. 学生体质健康标准测试项目及评价方法。
5. 简述我国国民体质监测发展的历史。

（张明军）

第十一章 测验的编制与实施

测验编制是测量理论与测量实践相结合的实施方法。编制测验时,运用测量评价的基本原理,全面考虑影响测量效果的各种因素,这对测验编制者是极为重要的。本章所阐述的测验编制的基本原则、基本程序、测验的组织与实施就是充分考虑了体育测量评价中的各种有关因素后提出的。其目的是提出测验编制的准绳,从而编制出科学的、规范化的测验。

第一节 编制测验的基本原则

一、科学性原则

科学性原则,是指所编制的测验或所选择的测验方法必须符合测量的有效性、可靠性和客观性。根据这个原则在编制测验时,必须考虑既能有效地测量某种拟测属性,又能保证该测验在对同一批受试者使用相同测量手段进行重复测量时得到前后一致的结果,同时还要保证不同测试者对同一受试者做一次或重复测量都能得到一致的结果。所编制的测验或选择的测验方法只有符合测量科学性的要求,才能准确、客观地测量到欲测事物的真实属性。

二、可比性原则

可比性原则,是要求编制人员按测量与评价的理论和测量标准化测验的编制程序编制出规范化的测验。一般规范化测验,运用国际国内通用的标准化测量手段,对测验内容、拟测属性、测试对象、测验方法等作出统一的、明确的说明和规定。同时,明确规定测验的测试对象,统一规定测验方法和要求,包括场地器材、计量单位、成绩记录、实施细则等。根据这个原则编制的测验,只要在测验规定的相同测量环境条件下,任何测试者对同一总体进行测量,其测量方法和要求等都应是相同的。以此进行测量而获得的测量结果,以及以该测量结果确定的评价标准,是按照标准化测验结果所得到的,具有可比性,都可以用于样本之间的相互比较。

三、适用性原则

测验必须符合受试对象的特点和当地的实际情况。同一测量手段施用于不同年龄、性别、运动能力的受试者,其测量结果也会有很大的差异。另外,同一测验实施于不同特点的受试者,其测验的三性系数也会发生变化,测量的结果也会不尽相同。例如,由于男女身体机能的差异,对于力量耐力测验方法的选择大相径庭。大家知道,青年男子力量测验多选用引体向上,而青年女子多选用仰卧起坐,如果不区别对待,势必影响测量结果。另外,编制测验时,还必须考虑当地的地理环境、膳食结构、教育水平、经济情况、场地设备以及测试者具体情况等。编制者只有充分考虑到这些客观条件,才能编制出适合的测验方法。

四、鉴别性原则

鉴别性,是指所编制的测验对受试者的能力和水平差异的区分程度。根据测量的基本理论可以知道,一个测验的强度、负荷量、操作难度及测验操作要求等,都会影响测验结果。根据测量评价的基本理论,只有难度适中时,才能使测验具有最大的鉴别力,否则就会使优劣受试者的测验成绩误现,影响测验的区分度。因此,在编制测验时,编制者必须根据测验的属性、受试者的特点及测验的特征等,全面地考虑影响测验鉴别力的各种因素,以编制出难度适中、具有良好鉴别力的测验。

五、相关性与独立性原则

成套测验中,包含多个单项测验,每一个单项测验都是成套测验中的子测验,而每个子测验只测量一种事物属性,以体现出这个子测验的效度。因此,在编制成套测验时,就应考虑单项测验的相关性与独立性的问题,以保证整套测验的有效性。

测验的相关性,是指成套测验中各个子测验与总体属性的相关关系。在体育测量中,拟测事物的属性具有综合特征,而一个独立的子测验是难以直接测量获得事物属性综合特征的,因此,要通过成套测验中多个子测验组合而成。而各子测验与总体属性的相关程度越高,其结构有效性就越高。由此可见,测验的相关性主要是反映或研究成套测验的有效性。

测验的独立性,是指成套测验中各个子测验应具备的单一属性和独立性。成套测验中,各子测验能独立测量总体属性的某一部分,同时又是其他子测验所测量不到的。因此,各子测验之间的相关程度越低,就越能体现各测验的单一属性。具有单一属性的测验不仅有效性和可靠性高，而且又能优化成套测验结构，避免子测验过程中的重复和交叉影响。

第二节　测验编制的基本程序

测验编制的程序一般按照包括以下 5 个基本步骤。

一、确定测验目的和拟测属性

编制测验的首要问题是确定测验目的，也是编制测验的期望目标。明确测验目的和拟测属性对体育测量来说是极其重要的，它关系到所选择的测试方法是否科学而又实用。确定测验目的时，应对测验的对象、客观条件、收集数据资料的用途等进行全面分析，然后根据测验目的分析和确定拟测属性，据此选择或设计的测验才具有可行性和实用性。

二、选择测验

（一）分析拟测属性及其结构成分

选择测验指标时，首先要对拟测属性及其结构成分进行科学、全面和系统的分析。如果对拟测属性及其结构成分缺乏全面的认识、了解不清、理解不透甚至错误，那么所选择的测验也就难以实现测量目的。

（二）选择有效的测验手段

1. 定性分析选择测验

根据专业理论和经验，以拟测属性为根本，运用逻辑判断、分析比较来选择测验。它注重对测验内容和测验结构有效性的研究。通常采用专家评定、调查问卷等方式对测验内容和结构进行分析，通过分析，可以编制出一些内容或结构有效性高的测验。一些不能进行定量分析的测验，在选择测验指标时定性分析就十分重要。但是，对于能够作定量分析的测验，则测验时应尽可能进行定量分析。

2. 定量分析选择测验

是在定性分析的基础上运用统计学的方法对待拟定的测验作定量分析或选择的一个过程。定量分析时，首先是要选择或确立效标，以效标测验为自变量，所选测验指标为因变量，采用有效性估价方法对所选测验进行分析选择。对成套测验定量分析选择测验指标时，还可以运用统计学的回归分析、聚类分析、主成分分析等定量分析方法对测验进行分析和选择。

三、编写测验实施细则

测验的实施细则是测验的说明书，是测试者和受试者共同遵守的准则。当所选择的测验经检验确立后，就可以编写测验的实施细则。一个测验并非为编制者所专用，通常被更多的人使用。为此，很有必要将测验的使用标准化和规范化。

测验实施细则应包括以下内容：
（1）测验目的；
（2）受试者的年龄与性别；
（3）测验的科学性（可靠性、有效性、客观性）；
（4）测验场地、器材和设备；
（5）测验方法和要求；
（6）记录评分的方法和要求；
（7）测验的安全措施；
（8）测验的注意事项。

四、预备试验

预备试验主要是对编制的测验进行科学性检验。可抽取与测验对象相类似的小样本，严格按测验编制的实施细则进行。预备试验的任务主要有几下几点：

第一，对编制的测验进行科学性检验，选择测量值稳定、有效性、可靠性、客观性高的测验项目作为所编制测验的子测验，并确定测验的三性系数。

第二，发现测验编制中存在的问题，并加以改正。测验编制中应注意的主要问题有：

（1）测验对象。测验编制是以测验对象为基础的，而测验对象是根据测验目的和拟测属性来确定的，所以根据测验编制的基本原则及统计学基本知识得出不同目的的测量、不同性质的测验对于测验对象的要求是有极大差异的。具体为用于测验的样本数（一般用 n 表示）。习惯上认为 n<30 为小样本，n>30 为大样本。样本越大，代表总体属

性的程度就越高。一般来说，定性测量的样本数多为大样本，而定量测量多为小样本。

（2）测验形式。体育测验的形式繁多，拟测属性分类复杂，加上研究和测验目的不一，使测验手段多种多样，从对编制测验能起到一定参考作用的观点出发，一般测验可分为以下几种形式：

根据测验目的来区分，有教学性测验和研究性测验两种。教学性测验是为教学训练提供有效依据的，如了解和评价学生受教育的程度、检查教学训练效果等。而研究性测验则是为科研专门设计的，其主要目的是探讨体育教学训练中各种因素及其相互作用，研究和确定测验指标、方法及评价标准。两者的主要差异是：研究性测验比较详细、周密和完整；而教学性测验则根据教学训练的需要，随教学训练而进行，比较简单、具体。

根据测验项目来区分，有单项和成套两种测验。单项测验一般只含一个拟测属性，用于测量受试者某方面的单一能力，如身体素质中速度、耐力、力量、灵敏、柔韧的测验。它是体育测量中最基本的测验形式。成套测验是由多个子测验组成的，主要用于测验受试者某方面的总体属性，如运动能力、运动技术、身体机能的成套测验。成套测验不能直接测到拟测的总体属性，所测到的只是构成总体属性的各种成分或特征，它是以多个的测验总和来代表总体属性的。

从测验手段来区别，测验又可分为以下几种形式：

计时性测验。在规定时间或完成规定动作数量的要求内，测试受试者完成这些限定动作的速度或速率。测验成绩是以测验的时间，或在规定的时间内完成动作的次数或距离来计算的。这类测验需要测试者精确地计时或计数。

记数性测验。这类测验主要是测试受试者反复完成某些规定动作的能力。它包括限时和不限时的重复动作，如1分钟仰卧起坐、引体向上、俯卧撑等。这类测验要求受试者按规定重复完成动作，唯有符合规格的动作才记为成绩。

丈量性测验。主要是测受试者克服重力和阻力的能力。测验成绩是量度限制线至落点的人体或物体的移动距离（如跳远、跳高、投掷等）。

专家评分。一般在无法定量测验时使用，如观测某些反应过程、状态、程度或行为的拟测属性。它是基于专家、教师、教练员的经验、知识和评分量表或评分细则来观测的。为增加观测的科学性，编制测验时要制定严格的、统一的评分量表。观测者必须由两名或两名以上，具有一定知识的、经验丰富的教师（教练员）兼任。

操作仪器的测验。尽管这类测验比较准确和客观，但测验时需要专用仪器和受过一定训练的专业人员进行。

理论测验。也称问卷测验。常用于理论知识和某些心理特征的测量，也适用于课程和社会学的测验和调查。在测验实施中，应注意是否是标准化编制，是否由专业人员测试。

临场观测。测验是随比赛进行的。通过统计比赛中某些技、战术情况，及时指导、分析和总结比赛，并为以后的训练提供依据。临场观测的观测者不仅要熟悉所测的运动项目，而且还要准确掌握观测的要求。

（3）测验次数与标准观测值。选择测验时，测验次数的多少和观测值的确定，直接影响能否获得受试者真正能力及真实的测验数据资料，对测验的科学性会产生较大的影响。

测验次数是根据拟测属性，测验实施于受试者的生理、心理负荷量以及可能引起受试者疲劳等情况确定的。只要测验不受疲劳影响，而且时间又允许的情况下，测验次数应尽可能地多。因为测验次数越多，测量结果反映受试者的能力就越真实。

标准观测值是根据测验目的和拟测属性来选择的，是代表受试者真正能力的一种数据，它可以是一项测验的最佳成绩，如立定跳远、投掷和灵敏性测验等；也可以是平均成绩，如波动大、敏感和易受干扰的反应时、感知觉测验。另外，根据需要还可以是若干次测试的众数。最佳成绩是受试者在若干测验中最好的一次成绩，而平均成绩则是受试者在若干次测验中的平均数。由统计学知识可知，用平均成绩作为标准观测值比较理想。因为它是在多次测验的基础上，经累积求商而求得的。它不仅描述了受试者成绩的稳定性和一致性，而且体现了随机性。而最佳成绩只是反映受试者若干次测验的其中一次成绩。若测验条件控制不当，受试者所演示的或测试者所测验的将含较多的偶然性。

测验次数和标准观测值的选择，应在编制测验时认真考虑，而且要反映在测验细则之中。在实际中，可依以下几种情况予以选择：

强度大且需要受试者做极限强度的测验。如绝对力量、耐力、最大摄氧量等测验，一般只测一次，而且以该次成绩为标准观测值。

损伤性、操作难度大的测验。如一些即刻出现、瞬时变化或消失的有关运动生理、生化实验；一些使受试者承受心理压力，甚至恐惧的测验；还有一些组织难、耗时多和耗资大的测验。对于上述测验，一般只可能测一次，而且就取仅有的一次成绩为标准观测值。

强度大而持续时间短以及非极限负荷的测验。如灵敏、短跑、跳跃、投掷等测验，一般应测 2~3 次，或测多次。成绩可选择最佳测验成绩，也可选择平均成绩。

易变、敏感、波动较大的测验。如某些心理测验（感知觉、情感行为状态），为减少随机误差，一般要求测验多次，标准观测值应取平均成绩。

无须受试者操作而直接量度的测验。如形态测量，一般测 1~2 次，标准观测应取准确测量的一次成绩。

理论测验。一般只测一次，标准观测值也就是该次测验成绩。这类测验不宜重复，复测会产生学习效应，使再次测验的成绩失真。

五、测验编排程序

测验编排程序是根据测验时间、内容、项目、人数、测验难易度、测验条件（场地设备）和测试者等方面的情况来编排的。它是测验实施的前后次序。其基本原则是省时，便于组织实施，不使前后测验之间产生不良影响，保证测量结果的真实性。

测验程序的编排，通常有以下 3 种方法：

(1) 逐一编排法

是要求所有受试者逐项完成测验的一种方法。它要求受试者统一完成一项测验后才进入另一项测验。这种编排适用于测验项目少，或测试人数少，或受其他因素限制的测验。

(2) 连续测验编排法

要求受试者连续完成各项测验的一种方法。例如，拟定在一定条件下实施 3 项测验，可将他们按 1—2—3 的次序排列。实施时，所有受试者都从实验 1 开始，然后依次完成 3 项测验。此法适用耗时不一、负荷量不大的测验项目，优点是易组织，受试者无须统一等待测试。

(3) 循环测验编排法

是将受试者按测验项目分组，然后以一定的次序和方向（顺时针或逆时针）轮流完成各项测验的一种编排方法。如编排测 3 个项目，将受试者分成 3 组，令所有受试者随其所在组同时进入各项测验，至各组将所有测验完成为止。如时间、场地仪器、测试人员充裕，则此法还可以同时实施 4~5 项测验。此法最省时，能在短时间内容纳多个项目、多人数的测验。但测验的组织工作相对难些。

通过预备试验，不仅可以对编制的测验进行科学性检验，还可发现编制测验时预想不到的众多问题，及对测验做进一步的修改，使之趋于完善。

第三节　测验的组织与实施

根据测验组织实施的一般性规律，测验组织实施可分为 3 个阶段。

一、测验前的准备工作

1. 组建测试队伍

在组建测试队伍时，应根据测验的内容、性质及工作量等要求来组织测试者，按照测试者的专业特长、能力水平及工作责任感分配工作。

2. 测试者认真学习测验计划、测试细则，统一标准

一般来说，一个测验是由多名测试人员共同完成的，在测试过程中，由于对尺度掌握不一，容易产生系统误差。因此，测验前应对测试人员进行技术培训，统一测试尺度标准，使测试者全面了解测验的各个层面，明确自己的任务和职责。

3. 准备测验场地、设备和仪器

按测验要求，预先布置测验场地、安装和校对仪器。同时根据测验要求，准备成绩记录的表格或测试卡片及用具。

二、测验的组织实施

在测验的具体实施过程中，需要测试者和受试者密切配合，协同合作完成测验任务。为保证测验省时、省力地顺利进行，应注意以下几个环节：

（1）测验前应组织受试者按时参加测验，并使他们了解测验的目的、要求、分组、测验程序等相关的内容。

（2）测试前准备活动及测试后的放松活动，可由测试者集体组织，也可由受试者自己进行。不管哪种做法，活动时间要充分，运动量要适宜。

（3）为使测试的结果尽可能地真实，在正式测验前，应让受试者做必要的练习。

（4）实施测验。在实际测验中，只允许测试者进入测验场区，待测者应远离测验场区，并按顺序在指定处等候。

（5）必要的指导。测验过程中，可对受试者进行必要的指导，在具体实施中，采用简练的语言，对测验的关键、易犯错误处、完成测验的情况等，向受试者进行必要的引导和提示。在进行诸如最大摄氧量等费力而辛苦的极限性测验时，还可以采取一些有效的激励措施，提高受试者完成测验的兴趣和积极性，保证测验的顺利完成。

三、测验后的工作

（1）清理测验场地、设备及仪器。

（2）对记录的成绩卡片进行检查、整理。若发现错漏，应及时列出名单和项目，并安排时间补测。

（3）处理数据。按照试验编制的目的进行数据统计学处理。数据量较大时，可建立数据库，以便于复查、长久保存和长久使用。

思考题：

1. 简述测验编制的基本原则。
2. 定量选择测验指标与定性选择测验指标各有什么优缺点？
3. 举例说明 3 种测验编排程序的应用。

（马相华）

附 表：

附表1 标准正态曲线下的面积表

u	0	1	2	3	4	5	6	7	8	9
0.0	.0000	.0040	.0080	.0120	.0160	.0199	.0239	.0279	.0319	.0359
0.1	.0398	.0438	.0478	.0517	.0557	.0596	.0636	.0675	.0714	.0754
0.2	.0793	.0832	.0871	.0910	.0948	.0987	.1026	.1054	.1103	.1141
0.3	.1179	.1217	.1255	.1293	.1331	.1368	.1406	.1443	.1480	.1517
0.4	.1554	.1591	.1628	.1664	.1700	.1736	.1772	.1808	.1844	.1879
0.5	.1915	.1950	.1985	.2019	.2054	.2088	.2123	.2157	.2190	.2224
0.6	.2258	.2291	.2324	.2357	.2389	.2422	.2454	.2486	.2518	.2549
0.7	.2580	.2612	.2642	.2673	.2704	.2734	.2764	.2794	.2823	.2852
0.8	.2881	.2910	.2939	.2967	.2996	.3023	.3051	.3078	.3106	.3133
0.9	.3159	.3186	.3212	.3238	.3264	.3289	.3315	.3340	.3365	.3389
1.0	.3413	.3438	.3461	.3485	.3508	.3531	.3554	.3577	.3599	.3621
1.1	.3643	.3665	.3686	.3708	.3729	.3749	.3770	.3790	.3810	.3830
1.2	.3849	.3869	.3888	.3907	.3925	.3944	.3962	.3980	.3997	.4015
1.3	.4032	.4049	.4066	.4082	.4099	.4115	.4131	.4147	.4162	.4177
1.4	.4192	.4207	.4222	.4236	.4251	.4265	.4279	.4292	.4306	.4319
1.5	.4332	.4345	.4357	.4370	.4382	.4394	.4406	.4418	.4429	.4441
1.6	.4452	.4463	.4474	.4484	.4495	.4505	.4515	.4525	.4535	.4545
1.7	.4554	.4564	.4573	.4582	.4591	.4599	.4608	.4616	.4625	.4633
1.8	.4641	.4649	.4656	.4664	.4771	.4678	.4686	.4692	.4699	.4706
1.9	.4713	.4719	.4726	.4732	.4738	.4744	.4750	.4756	.4761	.4767
2.0	.4772	.4778	.4783	.4788	.4793	.4798	.4803	.4808	.4812	.4817
2.1	.4821	.4826	.4830	.4834	.4838	.4842	.4846	.4850	.4854	.4857
2.2	.4861	.4864	.4868	.4871	.4875	.4878	.4881	.4884	.4887	.4890
2.3	.4893	.4896	.4898	.4901	.4904	.4906	.4909	.4911	.4913	.4916
2.4	.4918	.4920	.4922	.4925	.4927	.4929	.4931	.4932	.4934	.4936
2.5	.4938	.4940	.4941	.4943	.4945	.4946	.4948	.4949	.4951	.4952
2.6	.4953	.4955	.4956	.4957	.4959	.4960	.4961	.4962	.4963	.4964
2.7	.4965	.4966	.4967	.4968	.4970	.4971	.4971	.4972	.4973	.4974
2.8	.4974	.4975	.4976	.4977	.4977	.4978	.4979	.4979	.4980	.4981
2.9	.4981	.4982	.4982	.4983	.4984	.4984	.4985	.4985	.4986	.4986
3.0	.4987	.4987	.4987	.4988	.4988	.4989	.4989	.4989	.4990	.4990
3.1	.4990	.4991	.4991	.4991	.4992	.4992	.4992	.4992	.4993	.4993
3.2	.4993	.4993	.4994	.4994	.4994	.4994	.4994	.4995	.4995	.4995
3.3	.4995	.4995	.4995	.4996	.4996	.4996	.4996	.4996	.4996	.4997
3.4	.4997	.4997	.4997	.4997	.4997	.4997	.4997	.4997	.4997	.4998
3.5	.4998	.4998	.4998	.4998	.4998	.4998	.4998	.4998	.4998	.4998
3.6	.4999	.4998	.4999	.4999	.4999	.4999	.4999	.4999	.4999	.4999
3.7	.4999	.4999	.4999	.4999	.4999	.4999	.4999	.4999	.4999	.4999
3.8	.4999	.4999	.4999	.4999	.4999	.4999	.4999	.4999	.4999	.4999
3.9	.5000	.5000	.5000	.5000	.5000	.5000	.5000	.5000	.5000	.5000

附表2 测量单位的英制、公制转换表

长度单位：	英寸	英尺	码	毫米	厘米	米
1英寸	1.0	0.083	0.028	24.4	2.54	0.0254
1英尺	12	1.0	0.33	304.8	30.48	0.3048
1码	36	3	1	914.4	91.44	0.914
1毫米	0.039	0.003	0.001	1	0.1	0.001
1厘米	0.3937	0.033	0.011	10	1	0.01
1米	39.37	3.28	1.09	1000	100	1

1英里=5280英尺=1760码=1609公尺=1.609公里

1公里=1000公尺=3281.5英尺=1093.8码=0.6215英里

重量单位：	盎司	磅	克	公斤		
1盎司	1	0.0625	28	0.028	1吨=0.907公吨	
1磅	16	1	448	0.448	1公吨=1.102吨	
1克	0.035	0.0022	1	0.001		
1公斤	35.2	2.2	1000	1		

温度单位：

32°华氏=0°摄氏　　　212°华氏=100°摄氏　　　°F=$\frac{9}{5}$°C+32　　　°C=$\frac{5}{9}$（°F−32）

容量单位：	盎司	夸脱	品脱	立方英寸	立方厘米	分升	公升
1盎司	1	0.0313	0.0625	1.8047	29.574	0.2957	0.0296
1夸脱 液	32	1	2	57.75	946.35	9.4633	0.9463
1品脱 体	16	0.5	1	28.875	473.18	4.4317	0.4732
1立方英寸	0.554	0.346	0.0173	1.0	16.387	0.1639	0.164
1立方厘米				（1立方厘米=1毫升）			
1毫升	0.0338	0.0011	0.0021	0.061	1	0.01	0.001
1分升	3.3815	0.1057	0.2113	6.103	100	1	0.1
1公升	33.815	2.1134	1.0567	61.025	1000	10	1

面积单位

1平方英寸=6.4516平方厘米　　　1平方英尺=929.03平方厘米=0.092平方米

1平方码=0.82平方米　　　1平方厘米=0.155平方英寸=0.0011平方英尺

1平方米=10.764平方英尺=1.196平方码

做功单位：　1英尺·磅=0.13825公斤·米　　　1公斤·米=7.23英尺·磅

能量单位：　1大卡是一公斤水升高摄氏1度所需之热能。　1大卡=3086英尺·磅

　　　　　　1大卡=426.4公斤·米

功率单位：	马力	瓦特	英尺·磅/分	公斤·米/分	英尺·磅/秒	公斤·米/秒
1马力	1	746	33000	4564	550	76.07
1瓦特	0.0013	1	44.236	6.118	0.7373	0.1019
1英尺·磅/分	0.00003	0.0226	1.0	0.1583	0.0167	0.0023
1公斤·米/分	0.0002	0.1634	7.23	1.0	0.1205	0.0167

主要参考文献

［1］ 全国体育学院教材编写组.体育测量评价.北京：人民体育出版社，2008.
［2］ 王金灿.运动选材原理与方法.北京：人民体育出版社，2005.
［3］ 李佑文.体育测量与评价.武汉：中国地质大学出版社，1996.
［4］ 全国体育院校教材编写组.运动训练学.北京：人民体育出版社，2000.
［5］ 王家宏.运动选材学.桂林：广西师范大学出版社，2005.
［6］ 陈骏良.体育测量与评价.北京：人民体育出版社，1991.
［7］ 王汉澜.教育测量学.郑州：河南大学出版社，1987.
［8］ 邵象清.人体测量手册.上海：上海辞书出版社，1985.
［9］ 奚振，译.人体测量手册.北京：中国标准出版社，1983.
［10］ 戴忠恒.心理与教育测量.上海：华东师范大学出版社，1987.
［11］ 袁庆成.人体测量与骨龄.大连：大连工学院出版社，1987.
［12］ 赵秋蓉.体育测量评价.西安：陕西人民教育出版社，1992.
［13］ 邢文华，等.中小学生体质测定与评价.北京：人民体育出版社，1983.
［14］ 巴罗，等.体育实用测量学.叶国雄，译.长沙：湖南科学技术出版社，1992.
［15］ 野口义之，等.体育的测定评价.第一法规出版株式会社，1986.
［16］ 日本体育学会测定评价专门分科会.体力诊断与评价.东京：大修馆书店，1987.
［17］ 松蒲义行.体力测定法.大阪：朝仓书店，1989.
［18］ JERRY R. THOMAS, JACK K. NELSON Research Methods in Physical Activity Fourth Edition, Human Kinetics, 2001.